Karl Reitter
GEMEINSAM DIE WELT RETTEN?

Bibliografische Information der Deutschen Bibliothek:
Die Deutsche Bibliothek verzeichnet diese Publikation
in der Deutschen Nationalbibliografie.

© 2024 Promedia Druck- und Verlagsgesellschaft m.b.H., Wien
Alle Rechte vorbehalten

Coverfoto: Guillaume de Germain/unsplash.com

Druck: CPI – Clausen und Bosse, Leck
Printed in Germany
ISBN: 978-3-85371-530-7

Promedia Verlag
E-Mail: promedia@mediashop.at
Web: www.mediashop.at | www.verlag-promedia.de

Karl Reitter

GEMEINSAM DIE WELT RETTEN?

Vom Klimaalarm zum Green New Deal

Über den Autor

Karl Reitter, Jahrgang 1953, war langjähriger Lektor für Philosophie an den Universitäten Wien und Klagenfurt. Er ist Mitherausgeber des Jahrbuches für marxistische Gesellschaftstheorie. Im Promedia Verlag gab er – gemeinsam mit Stefan Kraft – den Band »Der junge Marx. Philosophische Schriften« heraus.

Inhalt

Einleitung 7

I. Von einem, der auszog,
   um sich im Dschungel der Klimadebatte zu orientieren. 10
1. Einige Fakten und Ergebnisse 10
2. Was das Klima antreibt. CO_2 und andere Faktoren 27
3. Temperaturentwicklung, Temperaturmessung
   und das 2-Grad-Ziel 46
4. Ozeane und der Meeresspiegel 59
5. Arktis, Antarktis und das Schicksal der Eisbären 69
6. Extreme Wetterereignisse, prophezeite Flüchtlingsströme
   und die Berichterstattung darüber 78

II. Die Protagonisten: Alarmismus und Panikmache 102
7. Der Weltklimarat IPCC 102
8. Das Potsdam-Institut für Klimafolgenforschung.
   Über Kipppunkte und Heißzeiten 125
9. Von Al Gore zu Greta Thunberg 139
10. Die Informationslobbys und der 97 %-Konsens 154
11. Club of Rome 170
12. Klima und Corona 178

III. Die Illusionen der Linken und der Green New Deal 188
13. Die Linke und der Klimawandel. Illusionen und Regressionen ... 188
14. Green New Deal 233
15. CO_2, das Maß aller Dinge 255

Literatur 261

Einleitung

Dieses Buch besteht aus drei Abschnitten. Der erste ist notwendigerweise etwas trocken geraten, gesellschaftliche und politische Aspekte werden nur indirekt angesprochen. Es geht um wichtige Eckdaten der Klimaforschung, um die Dokumentation von Studien, Statistiken und Untersuchungen zur Entwicklung des Klimas. Allerdings zeigt sich schon hier der Einfluss gesellschaftlicher und politischer Interessen. Die wissenschaftliche Forschung erfolgt keineswegs in einem ruhigen, unaufgeregten Klima, sondern erweist sich als vermintes Gebiet. Die Debatte geschieht konfrontativ, das Interesse, die Entwicklung der Erdtemperatur und des Meeresspiegels zu dramatisieren, ist bei bestimmten AutorInnen offensichtlich. Insbesondere die Auseinandersetzung um die inzwischen widerlegte Hockey-Stick-Theorie, die eine zweitausendjährige konstante Temperatur in der nördlichen Hemisphäre der Erde behauptete, wird bis zur Gegenwart emotional und mit administrativen Manövern geführt. Anhand meiner Recherchen lässt sich auch zeigen, dass die behauptete Zunahme von extremen Wetterereignissen nicht auf Fakten, sondern auf einer alarmistischen Interpretation beruht. Das Schwergewicht der Darstellung in diesem Kapitel beruht somit auf Begriffen, Daten und Analysen. Um jedoch die politische Dimension der Klimadebatte einschätzen zu können, ist Grundwissen über das Klima und seine Faktoren unumgänglich.

Im zweiten Abschnitt geht es um die Schnittmenge zwischen wissenschaftlichem Anspruch, politischen und ökonomischen Interessen sowie medialer Vermittlung. Der alarmistische Klimadiskurs ist keinesfalls *die* Botschaft *der* Wissenschaft, sondern wird hoch institutionell organisiert und propagiert. Daher beschäftigt sich dieser Teil ausführlich mit den wichtigsten Protagonisten, wie dem IPCC (Intergovernmental Panel on Climate Change) oder dem PIK (Potsdam-Institut für Klimafolgenforschung), die für sich die Kompetenz reklamieren, die Klimawissenschaft an sich zu repräsentieren – als auch mit wichtigen Akteuren im Bereich der Medien, wie der *World Weather Attribution Initiative* oder der Webseite *coveringclimatenow.org*. Arbeitsweise, Finanzierung und die zahlreichen Querverbindungen werden in ihren grundlegenden Strukturen dargestellt.

Weiters beschäftigt sich dieser Abschnitt mit der Physiognomie der Klimabewegung, die sich auf die genannten Akteure zwischen Wissenschaft, Medien und Politik beruft und zugleich von diesen indirekt, aber auch direkt ermuntert wird, die Botschaft der drohenden Klimakatastrophe zu verbreiten. Sozialpsychologisch bedeutsam ist der Generationsbegriff, den der Wechsel von Al Gore zu Greta Thunberg als Leitfigur ermöglichte. Die Klimabewegung mutierte zu einer pauschalen, undifferenzierten Anklage gegen die ältere Generation, diese würde unachtsam und ignorant den drohenden Untergang der Zivilisation verursachen. Zugleich nahm die Klimabewegung die Züge einer religiösen Weltrettungssekte an, beruhend auf ideologischer Unduldsamkeit, Märtyrertum, Sendungsbewusstsein und Fanatismus. Eine derartige Entwicklung ist wohl nur in einer Gesellschaft möglich, in der Herrschaftsausübung mit Angst und Schuldgefühlen operiert. Wenig überraschend beziehen sich Alarmisten-Kreise auf den inzwischen implodierten Corona-Diskurs, der als Blaupause für die gesellschaftliche Durchsetzung von Maßnahmen zur vorgeblichen Rettung des Planeten fungiert.

Der dritte Teil stellt die sozialpolitischen Aspekte des Klimadiskurses in den Mittelpunkt. Dieser Abschnitt bildet den eigentlichen Kern des Buches, aufbauend auf den zwei vorhergehenden. Ein Teil der Linken vermeint, das Klimathema als Basis für eine sozialökonomische Transformation der Gesellschaft nutzen zu können. Dazu ist sie allerdings gezwungen, den alarmistischen Klimadiskurs unkritisch und unhinterfragt zu übernehmen. Denn die Dringlichkeit eines alternativen ökosozialen Gesellschaftsmodells wird nur plausibel, wenn ein drohender Klimakollaps unterstellt wird. Die Sichtweise der herrschenden politischen Kräfte kann daher nicht infrage gestellt werden – stattdessen gilt: Zu wenig und zu zögerlich würden die Maßnahmen erfolgen. So avanciert diese Linke zur kritischen Flankendeckung des von der EU geplanten und bereits auf den Weg gebrachten Green New Deals. Legitimiert durch den hegemonialen Klimadiskurs wurde ein umfassendes Investitionsprogramm beschlossen, welches nicht nur sachlich-technisch ungelöste Probleme mit sich bringt, sondern auch massive finanzielle und logistische Belastungen insbesondere für die ärmeren Teile der Bevölkerung. Wirtschaftspolitisch bedeutet der Green New Deal, vornehmlich bei der Energieversorgung, eine tendenzielle Entkopplung vom Weltmarkt, was geopolitisch wiederum die aktuelle Konfrontationspolitik des transatlantischen Blocks gegenüber Russland und China verstärkt. Auf den letzten Seiten dieses Buchs wird aufgezeigt, dass sowohl die Klimapolitik als auch die kapitalistische Wirtschaftspolitik (Kapitalakkumulation) ein gemeinsamer Weltzugang eint: die Mathematisierung der Realität. Sind es im ersten Fall die Ppm-Zahlen der CO_2-Konzentration in der Atmosphäre, so im anderen Fall die Geldwerte, die die reale Welt hinter Zahlen und Formeln versinken lassen.

Ich hoffe, mit diesem Buch einen Beitrag zu leisten, die Diskussion um das Klima wieder auf eine unaufgeregte, sachliche Basis zu stellen. An die Stelle von Panik und Angst sollte eine abwägende Debatte über sinnvolle Maßnahmen treten, wie mögliche negative Folgen des Klimawandels abgefedert werden können. Zugleich ist es angebracht, auch positive Wirkungen zur Kenntnis zu nehmen.

Wien, im Jänner 2024,
Karl Reitter

Danksagung

Ich danke Ernst Hammel für seine wertvollen Informationen und Rückmeldungen, Maria Gössler für die Korrektur der Rohfassung und Stefan Kraft für die unproblematische und zugleich fruchtbare Zusammenarbeit mit dem Promedia Verlag. Vor allem danke ich auch den zahlreichen Postern und KommentatorInnen, die mit Ruhe und Gelassenheit alarmistische Falschaussagen mit Sachverstand und Verweis auf wissenschaftliche Quellen zurückweisen, obwohl sie damit riskieren, als Klimawandelleugner denunziert zu werden.

I. Von einem, der auszog, um sich im Dschungel der Klimadebatte zu orientieren

1. Einige Fakten und Ergebnisse

Von staatlichen Medienanstalten, der Tagespresse, den Nachrichten und Talk-Shows, linken, gesellschaftskritischen Publikationen, Workshops bis zu akademischen Veranstaltungen, politischen Manifestationen und zahlreichen Einträgen in der deutschsprachigen Wikipedia herrscht eine seltsame Übereinstimmung, die Erde sei in Gefahr. Die Treibhausgase, insbesondere CO_2, würden die Temperaturen nach oben treiben. Zu Beginn der Industrialisierung lag die Konzentration von CO_2 in der Atmosphäre unter 300 ppm (Parts per Million), 2023 beträgt sie 420 ppm. Weitere, ungebremste CO_2-Emissionen würden die Erde in einen glühenden Planeten verwandeln, die Ozeane signifikant steigen lassen und ein für Menschen angemessenes Klima gäbe es nur noch an den Küsten Grönlands. Hinzu kämen extreme Wetterereignisse wie Dürre, Überschwemmungen, Taifune und Hurrikans, die sich mit der steigenden Erwärmung intensivieren würden.

Man sollte konsequent sein: *Wenn* das so ist, *dann* ist der CO_2-Ausstoß das alles überragende Problem, von der Problematik bestenfalls einem weltweiten Atomkrieg gleichzustellen. Ob soziale Herrschaft, Ausbeutung und Unterdrückung, Diktatur und politische Willkür, Ungleichheit und selbst die Verschmutzung der Umwelt, all diese drängenden Probleme werden zu sekundären Themen angesichts der Notwendigkeit, den Planeten Erde selbst zu retten. Denn ohne bewohnbare Erde auch keine befreite Gesellschaft, kein Frieden und kein wahrhaft demokratisches Gemeinwesen. *Wenn* das also so ist, *dann* muss jedes politisch verantwortliche Handeln sich an einer Priorität orientieren: die Welt durch eine klimaneutrale Produktion retten. Koste es, was es wolle.

Ich stellte mir also die Frage: Stimmt es, dass ein weiterer Anstieg der Ppm-(parts per million)-Konzentration von CO_2 das Ende der bewohnbaren Erde bedeutet? Ich will die LeserInnen über meine Schlussfolgerungen nicht im Unklaren lassen. Nach all dem, was ich an Texten und an

Zusammenfassungen von wissenschaftlichen Artikeln gelesen, an Statistiken und Grafiken studiert und aus Büchern gelernt habe, meine ich sagen zu können: Der Klimawandel, an dem die CO_2-Emissionen wahrscheinlich einen sehr bedeutenden Anteil haben, ist zweifellos *ein* Problem, aber keinesfalls *das* Problem der Menschheit. Ich werde in den folgenden Kapiteln eine ganze Reihe von Studien, Grafiken und Untersuchungen zitieren, die diese Schlussfolgerung nahelegen. In diesem ersten, einleitenden Kapitel geht es um meine Eindrücke über die Art und Weise der Debatten und rhetorischen Figuren im Klimadiskurs.

Zuvor möchte ich den aktuellen Stand wichtiger und unbestreitbarer Fakten festhalten. Als Ausgangspunkt für die Angabe der Erderwärmung wie des Ansteigens der Ozeane wird zumeist der Beginn der Industrialisierung Europas und Nordamerikas gewählt, zugleich das Ende der Kleinen Eiszeit, also die Jahre um 1860. Warum die damals in der nördlichen Hemisphäre gemessenen Temperaturen die »richtigen« für die Erde sein sollen und nicht etwa die weit höheren der Römischen Warmzeit, wird nicht weiter diskutiert.[1] Jene, die davon ausgehen, dass der Klimawandel seither zu 100 % vom Menschen bewirkt wurde, müssten die Frage beantworten, warum seit Ende des 19. Jahrhunderts der Einfluss natürlicher Prozesse auf das Klima offenbar schlagartig erloschen ist, wo doch natürliche Prozesse in der Vergangenheit zu massiven Veränderungen der Temperaturen und des Meeresspiegel geführt haben.

Wie auch immer, in der internationalen Klimadebatte wurden die letzten Dezennien des 19. Jahrhunderts als Referenzphase gewählt. Wählt man dieses Datum als Messbasis, so hat sich seitdem die Erde um circa 1,2 Grad erwärmt, allerdings variieren die Berechnungen etwas. Wobei die Ozeane langsamer, das Festland schneller wärmer wurde. Die folgende Grafik stammt vom *National Centers for Enviromental Information* (NOAA).

---

[1] Fritz Vahrenholt und Sebastian Lüning haben nach eigenen Angaben das »Basisniveau« der Klimaziele kritisch hinterfragt; ihre Überlegungen wurden auch in einem IPCC-Sonderbericht zitiert, offenbar ohne weitere Folgen. Quelle: Lüning, Vahrenholt 2021, 268.

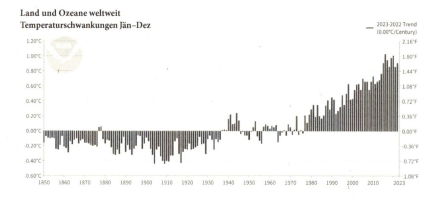

(Quelle: https://www.ncei.noaa.gov/access/monitoring/climate-at-a-glance/global/time-series)

Interessant ist auch die Frage, wie der weitere Temperaturanstieg eingeschätzt wird. Ich werde dies im nächsten Kapitel ausführlicher dokumentieren. Ich zitiere die von Roy Spencer durchgeführten Satellitenmessungen seit 1979. Diese ergeben einen Temperaturanstieg von insgesamt +0,14 Grad alle 10 Jahre, wobei sich die Meere um +0,12 Grad, das Land um +0,19 Grad erwärmt.[2] Hält dieser Trend an, würde sich die Erde insgesamt ab 2023 bis 2100 um ein Grad erwärmen. Was nun die sogenannten 1,5- und 2-Grad-Ziele betrifft: Oftmals wird nicht klargestellt, dass sich die Begrenzung auf den Ausgangspunkt der Messungen Ende des 19. Jahrhunderts bezieht, und nicht auf die Gegenwart. Bis dato wurden von den geplanten 1,5 Grad bereits je nach Messung 1,2 Grad »verbraucht«.

Obwohl wir uns mit Temperatur und Temperaturmessung ausführlich beschäftigen werden, noch ein Wort zum Jahr 2023. Dieses wird wahrscheinlich zu den Jahren mit den höchsten Temperaturen seit 1850 zählen. Die Ursache ist nicht die Erderwärmung, sondern wie schon beim Rekordjahr 2016 das Phänomen El Niño. Diese Erwärmung des Oberflächenwassers des Meeres vor Peru bewirkt weltweit sowohl massive Regenfälle wie Dürre und einen bedeutenden, aber vorübergehenden Temperaturanstieg. Bei El Niño handelt es sich um ein seit Jahrhunderten bekanntes Phänomen. Wie sich El Niño 2023/24 konkret auswirken wird, lässt sich nicht vorhersagen. »Das liege daran, dass die Forschung bisher noch keinen Zusammenhang

2   https://www.drroyspencer.com/

zwischen der vom Menschen verursachten Erwärmung des Planeten und El Niño oder seinem Gegenstück La Niña direkt geklärt habe, so die *Washington Post*. Auch die Schwankungen zwischen El-Niño-Ereignissen machten es schwierig, die Auswirkungen genau vorherzusagen.«[3]

Was nun den Anstieg des Meeresspiegels betrifft: »Die Vorhersagen des Weltklimarates für die nächsten 100 Jahre sprechen von 20 bis 60 Zentimetern, so dass ein Wert von 50 Zentimetern vielleicht ein realistischer Richtwert ist.« (Ganteför 2012, 243) Im IPCC-Bericht[4] *Klimawandel 2021, Naturwissenschaftliche Grundlagen. Zusammenfassung für die politische Entscheidungsfindung* wird gesagt: »Der mittlere globale Meeresspiegel ist zwischen 1901 und 2018 um 0,20 (0,15 bis 0,25) m gestiegen. Die durchschnittliche Geschwindigkeit des Meeresspiegelanstiegs betrug zwischen 1901 und 1971 1,3 (0,6 bis 2,1) mm pro Jahr, stieg zwischen 1971 und 2006 auf 1,9 (0,8 bis 2,9) mm pro Jahr und zwischen 2006 und 2018 weiter auf 3,7 (3,2 bis 4,2) mm pro Jahr (hohes Vertrauen).«[5] (IPCC 2021a, 4) Wenn wir also den vom IPCC angegebenen aktuellen Durchschnitt von 3,7 mm pro Jahr annehmen, so ergäbe dies einen um 37 Zentimeter gestiegenen Meeresspiegel in 100 Jahren. Nur um die Dimensionen zu vergegenwärtigen: Es geht beim Temperaturanstieg um hundertstel Grad pro Jahr und beim Meeresspiegel um Millimeter pro Jahr.

Ein vermintes Gebiet

Wer den Dschungel der Klimadebatte betritt, ist sofort mit einem befremdlichen Faktum konfrontiert. Man findet sich in einem verminten Gebiet wieder, das von heftigsten Polemiken, aggressiven Wortgefechten und Denunziationen geprägt ist. Das war einer meiner ersten Eindrücke, die klar im Kontrast zu den Berichten in den Leitmedien stehen. Eine ausgewogene, sachliche Diskussion wird in der Öffentlichkeit ebenso wenig geführt wie in der wissenschaftlichen Gemeinschaft. Ich werde bei den entsprechenden Themen immer wieder auf dieses Faktum verweisen, hier erst mal einige

---

3   https://orf.at/stories/3332931/
4   Mit dem IPCC, Intergovernmental Panel on Climate Change, als Weltklimarat bekannt, werden wir uns in einem eigenen Kapitel beschäftigen.
5   Das ist IPCC-Terminologie. Die Einschätzungen der zukünftigen Entwicklungen werden mit geringem, mittlerem oder hohem Vertrauen klassifiziert, im englischen Original lauten die Ausdrücke: low, medium und high confidence.

allgemein gehaltene Wortmeldungen. So spricht die international anerkannte Klimaforscherin Judith Curry von hoch problematischen Verhältnissen in der Forschungsgemeinschaft.

»In einem Interview mit Guy Sorman vom *City Journal* spricht die Klimatologin Judith Curry über ihre Gründe, 2017 ihre Karriere im Bereich der institutionalisierten Forschung zu beenden. Seit dieser Zeit ist die frühere Professorin für Geo- und Atmosphärenwissenschaften am Georgia Institute of Technology unabhängige Forscherin und lebt in Reno, Nevada. (…) Auch dass der menschliche Faktor und Kohlendioxid dazu [zum Klimawandel] beitrügen, stellt sie nicht grundsätzlich in Abrede. Allerdings hält sie es für gänzlich ungeklärt, in welchem Umfang dies tatsächlich der Fall sei. (…) So habe es beispielsweise zwischen 1910 und 1940 eine Phase der Erwärmung gegeben, die sich fast auf das Grad genau mit der heutigen decke. Allerdings waren die Kohlenstoffemissionen durch Verbrennung fossiler Energieträger damals deutlich geringer und deshalb könne diese Erwärmung nicht der Industrie zugeschrieben werden. (…) ›Wer nicht den UN-Konsens zur menschengemachten Erderwärmung teilt oder auch nur die leiseste Skepsis daran anmeldet, ist ›Klimawandelleugner‹, Steigbügelhalter Trumps und ein Quasi-Faschist, der aus der wissenschaftlichen Community ausgeschlossen werden muss‹, so Curry.«[6]

Der spanische Paläoklimatologe Eduardo Zorita, der unter anderem mit Hans von Storch, langjähriger Professor am *Institut für Meteorologie der Universität Hamburg* und Leiter des *Instituts für Küstenforschung* am Helmholtz-Zentrum Geesthacht zusammengearbeitet hat, spricht in einem Interview mit *The Wall Street Journal* über die Verhältnisse in der Klimaforschung:

»Ich kann bestätigen, was schon an anderer Stelle geschrieben wurde: Die Forschung in einigen Bereichen der Klimawissenschaft war und ist voller Intrigen, Verschwörungen und Absprachen, wie jeder Leser aus

---

6   https://www.epochtimes.de/umwelt/klimatologin-judith-curry-klimaforschung-zu-korrumpiert-und-politisiert-um-noch-serioes-zu-sein-a2946659.html

den CRU-Akten [Climatic Research Unit; eine Abteilung der University of East Anglia; K. R.] herauslesen kann. Sie zeichnen ein realistisches, ich würde sagen, sogar harmloses Bild dessen, was die wirkliche Forschung im Bereich des Klimas des letzten Jahrtausends in den letzten Jahren gewesen ist. Die wissenschaftliche Debatte ist in vielen Fällen missbraucht worden, um andere Ziele zu erreichen. Ich glaube nicht, dass der anthropogene Klimawandel ein Schwindel ist. Im Gegenteil, das ist eine Frage, der wir uns sehr wohl bewusst sein müssen. Aber ich bin mir auch bewusst, dass in dieser dichten Atmosphäre – und ich spreche jetzt nicht von Treibhausgasen – Redakteure, Gutachter und Autoren alternativer Studien, Analysen und Interpretationen, selbst auf der Grundlage derselben Daten, die uns zur Verfügung stehen, schikaniert und subtil erpresst werden. In dieser Atmosphäre werden Doktoranden oft dazu verleitet, ihre Daten so zu verändern, dass sie in das ›politisch korrekte Bild‹ passen. Einige oder viele Fragen im Zusammenhang mit dem Klimawandel sind noch immer nicht ausreichend bekannt. Politische Entscheidungsträger sollten sich der Versuche bewusst sein, diese Ungewissheiten unter einem einheitlichen Bild zu verbergen. Ich hatte das ›Vergnügen‹, all dies in meinem Forschungsbereich zu erleben.«[7]

Ein weiteres Beispiel mag als Illustration dienen. Es ist die Geschichte von einem angeblichen Zusammenhang zwischen erhöhten Kohlendioxidwerten und dem Verhalten von tropischen Fischen. Roger Pielke Jr., Professor für Environmental Studies an der *Universität Colorado* und Träger des Eduard-Brückner-Preises für herausragende Leistungen in der interdisziplinären Klimaforschung, schreibt dazu:

»Kurz gesagt geht es bei der Kontroverse um die Erforschung der angeblichen Auswirkungen eines erhöhten Kohlendioxidgehalts auf das Verhalten tropischer Fische – und ja, das bedeutet, dass es einen direkten Zusammenhang mit dem Klimawandel gibt. Professor Dixson und ihre Mitarbeiter, darunter ihr Doktorvater Philip Munday von der James Cook University (inzwischen im Ruhestand) in Townsville, Australien,

[7] Der Link zum Interview findet sich unter: https://en.wikipedia.org/wiki/Eduardo_Zorita

haben Dutzende von Arbeiten veröffentlicht, die sehr große und ökologisch schädliche Auswirkungen des steigenden Kohlendioxidgehalts auf das Verhalten von Fischen nahelegen. Es überrascht nicht, dass diese Forschungsergebnisse in großen Fachzeitschriften veröffentlicht und in den Medien vielfach zitiert wurden und zu einer beträchtlichen öffentlichen Finanzierung von Folgestudien führten. Weitere darauffolgende Studien konnten diesen Zusammenhang jedoch nicht bestätigten. (...) Vor einigen Jahren äußerte eine andere Gruppe von Forschern unter der Leitung von Timothy Clark von der Deakin University in Australien Bedenken hinsichtlich der Integrität dieser Forschung. Clark und Kollegen dokumentierten ihre Bedenken in einem Papier aus dem Jahr 2020, in dem sie versuchten, die Ergebnisse einer signifikanten Auswirkung des erhöhten Kohlendioxids im Ozean, der sogenannten ›Ozeanversauerung‹, auf das Verhalten von Fischen zu wiederholen. Die erneuten Forschungen von Clark und Kollegen konnte die ursprünglichen Ergebnisse nicht reproduzieren.«[8]

Auch führende Autoren des IPCC vertreten differenzierte Positionen, in der Wissenschaft eigentlich eine Selbstverständlichkeit. Ein Beispiel dafür ist John Christy. Er arbeitet als US-amerikanischer Klimatologe, Distinguished Professor of Atmospheric Science und Director of the *Earth System Science Center* an der *University of Alabama*, und war in führender Position am Zustandekommen des dritten Sachstandsbericht des IPCC im Jahre 2001 beteiligt. Allerdings äußerte er Kritik an den Positionen des IPCC und formulierte Zweifel an der These, die CO_2-Emissionen seien die primäre oder einzige Ursache der Erderwärmung.

Auch wenn der Druck aus Politik und Medien groß ist, sich klar zur »richtigen Position« zu bekennen, so gibt es doch viele besonnene ForscherInnen, die differenzierte Positionen bezüglich des Klimawandels vertreten. Auf einer allerdings schon älteren Internetseite teilt die *Connolly Scientific Research Group* die zahlreichen Blogger zum Klimathema bezüglich der Ursachen des Klimawandels in 5 Gruppen ein. Gruppe 1 würde die Ursache ausschließlich vom Menschen verursacht annehmen, Gruppe 5 vermeint

---

[8] https://rogerpielkejr.substack.com/p/fish-and-foul

ausschließlich natürliche Ursachen zu erkennen. In der Mittelstufe 3 werden folgende WissenschaftlerInnen angeführt: Steve McIntyre, Lucia Liljegren, Judith Curry, Eduardo Zorita, Hans von Storch, Keith Kloo, Dorland, Crok & Verheggen, Roger Pielke, Jr, Roger Pielke, Sr, Tom Fuller, Clive Best, Mike Hulme.[9] Die Einteilung ist wohl etwas oberflächlich, aber sie zeigt, wie breit das Spektrum von Positionen tatsächlich ist.

Es gibt kein akademisches Fach »Klimaforschung«

Es sollte doch selbstverständlich sein, dass es bei einem derartigen komplexen Thema wie dem Klima keine unhinterfragbaren Selbstverständlichkeiten gibt. »Klimaforschung ist kein fest umrissenes Forschungsgebiet, eigentlich auch keine eigene Disziplin.« (von Storch 2023, 21) In der Klimaforschung verbinden sich so unterschiedliche Disziplinen wie Geographie, Physik, Ozeanographie, Meereskunde, Statistik und Mathematik, Meteorologie und Geodynamik, Astronomie und Astrophysik, Botanik und Chemie mit Wissenschaften, die die gesellschaftlichen und ökonomischen Entwicklungen zu verstehen suchen. Es gibt WissenschaftlerInnen, die sich mit Klimafragen beschäftigen, aber keine KlimawissenschaftlerInnen im eigentlichen Sinne. Und vor allem, die Forschung zu Klimathemen ist keineswegs abgeschlossen. Das Bild hingegen, das die öffentliche Debatte beherrscht, ist ein anderes. Science is settled, also die Wissenschaft des Klimas sei hinsichtlich ihrer Methoden und dem Verständnis der grundlegenden Prozesse abgeschlossen, wird behauptet. Die Vielfältigkeit der Forschungsfelder, der Ergebnisse und Positionen wird in der öffentlichen Debatte nicht berücksichtigt. Da es viele Zugänge zum Thema Klima gibt, können in vielen Disziplinen Bezüge zum Klima hergestellt werden, und das geschieht auch. Insbesondere für jüngere ForscherInnen ist es von hohem strategischem Wert, ihre Untersuchungen in den Kontext des Klimawandels zu stellen. Auch das Interesse der Medien und der Öffentlichkeit ist garantiert. Und leider gilt: Je schriller, ja alarmistischer die Aussage, desto mehr Aufmerksamkeit. Umgekehrt haben es skeptische Stimmen sehr schwer, sowohl das Gehör der Öffentlichkeit als auch die Unterstützung

---

[9] https://globalwarmingsolved.com/links/

der Wissenschaftsgemeinde zu finden. Im Buch *Die Klimafalle: Die gefährliche Nähe von Politik und Klimaforschung* schreiben Hans von Storch und Werner Krauß: »Wer die Konzentration auf die einzig richtige politische Linie – Emissionsminderung zur Vermeidung des Klimawandels – in Frage stellt, wird verdächtigt, ein Gegner der ›richtigen‹ Klimapolitik zu sein.« (Krauß, von Storch 2013, 52) Das hat naturgemäß Auswirkungen auf Bewilligungen von Forschungsgeldern, es hat auch Auswirkungen auf wissenschaftliche Karriereverläufe. »Die einzelnen Disziplinen lernen schnell, in ihren Förderanträgen die besondere Relevanz für den Klimawandel zu betonen. Viele Dissertationen in der Ozeanographie, der Meteorologie oder Geographie beanspruchten nun, im Zeichen des Klimawandels zu stehen, selbst wenn der Zusammenhang nur sehr vage war.« (Krauß, von Storch 2013, 48) Und nicht zu vergessen: Hunderte, weltweit wohl tausende Journalisten und MitarbeiterInnen von Instituten verdanken ihren Job der »richtigen« Position zum Klimawandel.

Ich verstehe, dass die Arroganz, mit der Aussagen zum Klima als »unwiderlegbar« bezeichnet werden, empören kann. Auch mich hat diese Haltung irritiert. Insbesondere jene, die ein extrem alarmistisches Bild der Klimaentwicklung zeichnen, neigen zu einer simplen Gegenüberstellung der Positionen, die es nach meinen Recherchen so nicht gibt. Auf der einen Seite stünden die selbstlosen, nur der objektiven Erkenntnis verpflichteten WissenschaftlerInnen, deren Einsichten von vor allem jungen AktivistInnen in die Welt getragen werden, auf der anderen die von der Erdöl- und Autoindustrie bestochenen und korrupten Wissenschaftler, die den Klimawandel kleinreden oder gar leugnen würden. Eine wahre Leugner-Industrie sei entstanden, die mit Millionen Dollars Zweifel und Zwietracht säen würde, nur um die Profite zu sichern. Inzwischen spielt die Industrie für erneuerbare Energien eine immer bedeutendere Rolle und siehe da, auch Personen der Rockefeller-Dynastie agieren heftig für die Reduktion der Treibhausgase. An Geld scheint es für die Verbreitung der »richtigen« Botschaft nicht zu fehlen. Nur ein Beispiel: Eine wichtige Webseite des Alarmismus lautet *klimafakten.de*, die seit 2011 besteht. *klimafakten.de* ist eine gemeinsame Initiative der *European Climate Foundation* und der Stiftung *Mercator* unter dem Dach der gemeinnützigen *2050 Media Projekt gGmbH*. »Die *European Climate Foundation* verfügt über ein Jahresbudget von ungefähr 25 Millionen Euro.

2012 wurden von ihr 181 Förderungen an 102 Organisationen vergeben.«[10] Die Geldgeber sind miteinander verbundene Organisationen und Institute: Auch IKEA, der *Rockefeller Brothers Fund*, Michael R. Bloomberg, ehemaliger Bürgermeister von New York, und insgesamt 17 Organisationen und Stiftungen sind dabei. Und selbst das *World Economic Forum* darf nicht fehlen.[11] Zweifellos gibt es Institute, wie etwa das *Heartland Institute* in den USA, die von der Ölindustrie gesponsert werden. In der Regel ist der Hinweis auf die Finanzierung schon das Argument. Wenn ein Wissenschaftler oder ein Institut Gelder von derartigen Einrichtungen erhält, dann *müssen* seine Aussagen falsch sein. Die Gesinnung entscheidet über die Wahrheit? Es ist ebenso eine millionen-, ja milliardenschwere Informationsindustrie entstanden, verstreut auf zahllose Institute, Thinktanks, Sponsoren, MeinungsproduzentInnen und Lobbys, die ineinander verschachtelt die wahre Botschaft vom drohenden Untergang der Welt verbreiten. Wobei auch vor Unterdrückung kritischer Positionen nicht zurückgeschreckt wird. In der Wissenschaft spielt dabei die Praxis des Peer-Reviewed-Verfahrens eine besondere Rolle. Insbesondere bei wissenschaftlichen Zeitschriften eingereichte Artikel werden zumeist von zwei anonymen Gutachtern beurteilt. Es liegt auf der Hand, dass die Herausgeber der Zeitschriften oder die LeiterInnen von Wissenschaftsfonds durch die Wahl von Gutachtern das gewünschte Ergebnis in gewissem Grad beeinflussen können. »Wenn ein Klimaforscher andeutet, er stehe nicht hundertprozentig hinter der Erklärung des Klimawandels durch die Emission der Treibhausgase, dann wird seine Publikation meist von den Gutachtern des Journals geschlachtet.« (von Storch 2023, 66) Insbesondere im Umfeld des IPCC ist Kritik zumeist unerwünscht, selbst wenn diese intern auf Zustimmung stößt. »Erst kürzlich sagte mir ein anderer hochrangiger IPCC-Beamter, dass er mit unserer jüngsten, von Fachleuten geprüften Kritik an veralteten Klimaszenarien voll und ganz übereinstimmt, aber: ›Das kann ich natürlich nie öffentlich sagen.‹«[12]

Das simple Bild, hier willfährige WissenschaftlerInnen vom fossilen Kapital bezahlt und bestochen, dort integre, nur der wissenschaftlichen Erkenntnis verpflichtete WissenschaftlerInnen, ist schlichtweg unrichtig. Nicht nur,

10 de.wikipedia.org/wiki/European_Climate_Foundation
11 https://www.weforum.org/impact/first-movers-coalition-is-tackling-the-climate-crisis/
12 https://rogerpielkejr.substack.com/p/fish-and-foul

dass längst eine milliardenschwere Industrie für nicht-fossile Energieproduktion entstanden ist, es macht sich insbesondere für junge WissenschaftlerInnen durchaus bezahlt, sich in den Chor jener einzureihen, die eine kommende Klimakatastrophe beschwören. Da ich die akademische Welt recht gut kenne, weiß ich, wie schwierig die Situation für jüngere KollegInnen ist. Befristete Verträge, unsichere Arbeitsplätze und zunehmender politischer Druck bestimmen den Alltag auf den Universitäten.

Zensur

Zum Druck innerhalb der wissenschaftlichen Gemeinschaft tritt die Zensur. Seitdem der Green New Deal zur Staatsraison der EU erkoren wurde, fehlt es nicht an Versuchen, abweichende Meinungen zu denunzieren und zu zensurieren. »Versteckt hinter einer ›Nichtregierungsorganisation‹ koordinieren die Regierungen ihre Anstrengungen, Äußerungen im Internet zu zensieren, die ihr Klima-Narrativ und ihre Klimapolitik konterkarieren. Umweltverbände und Propagandaexperten werden daran beteiligt, zusätzlich versteckt hinter einem ›Aktionsbündnis gegen Klima-Desinformation‹.«[13] Eine besondere Rolle spielt dabei das *Institute for Strategic Dialogue (ISD)*, welches wiederum mit dem *Digital Policy Lab (DPL)* zusammenarbeitet. Der deutsche Wirtschaftsjournalist Norbert Häring hat auf die Aussagen auf der Webseite des ISD aufmerksam gemacht:

> »Zur Bekämpfung von bösartigen Beeinflussungskampagnen, Desinformation und klimafeindlichen Bestrebungen benötigt *der Sektor* detaillierte und fortlaufende Daten aus dem digitalen Raum, an denen es bisher noch mangelt. In Zusammenarbeit mit unseren Technologiepartnern CASM, LSE Arena und *einer Reihe von Klimapartnern, darunter die European Climate Foundation, Greenpeace UnEarthed und DeSmog*, entwickelt die ISD innovative Instrumente, die auf die Zielgruppen in der Tschechischen Republik, Deutschland, Ungarn, Italien, Polen, der Slowakei, dem Vereinigten Königreich und den Vereinigten Staaten zugeschnitten sind.«[14]

---

13 https://norberthaering.de/propaganda-zensur/isd-klima/
14 Zitiert nach https://norberthaering.de/propaganda-zensur/isd-klima

Die Fäden des ISD führen wiederum zur *Climate Action Against Disinformation*, die auf ihrer Webseite stolz verkündet, eine Zusammenarbeit mit »über 50 führenden Klima- und Anti-Desinformationsorganisationen wie dem Institute for Strategic Dialogue, Climate Disinformation Coalition, Code for Africa, Center for Countering Digital Hate, Conscious Advertising Network, Check My Ads, ACT For Climate Truth, Stop Funding Heat, Purpose, Reset Australia« zu betreiben.[15]

Ich wiederhole es gerne: Auch wenn, insbesondere in den USA, die Öllobby eine Reihe von Institutionen und Organisationen sponsert, von denen sie erwartet, in ihrem Interesse zu argumentieren, so sind inzwischen auch die KlimaalarmistInnen international auf allen Ebenen bestens organisiert und üppig finanziert. Der sachliche Dialog bleibt da leider zumeist auf der Strecke. Eine besonders üble Rolle spielen wichtige klimarelevante Einträge in der deutschsprachigen Wikipedia. Viele der Stichworte werden bis zu 80 % von einer einzigen Person mit dem Pseudonym »Andol« verfasst, nach eigenen Angaben Absolvent eines Geschichtsstudiums.[16] Zur Illustration seiner Haltung mag vorerst folgendes Zitat genügen: »Leugner zu Skeptikern zu machen, ist keine Neutralisierung, sondern eine Verfälschung.«[17] Dass Sprache das Denken beeinflusst, ist trivial. Die Auseinandersetzung beim Klimathema beginnt bereits bei den Bezeichnungen. SkeptikerInnen und KritikerInnen kann es nach Andol beim Klimathema nicht geben, nur Leugner. »Wer nicht mit mir ist, der ist wider mich.«[18] Sein Meisterstück ist der Eintrag »Klimawandelleugnung« in der deutschsprachigen Wikipedia, 82,5 Prozent des Textes entstammt seiner Feder, der Umfang: 45 A4-Seiten. (Stand 24.6.2023)

Warum Demagogie?

Sehr nachdenklich macht die ausgesprochen einseitige Berichterstattung, die oftmals demagogische Züge trägt. Es existieren unzählige Artikel in den

---

15 https://caad.info/
16 Bei »Andol« soll es sich um Andreas Lieb handeln, einem deutschen Politiker der Grünen und Mitarbeiter eines Windparks. Quelle: https://www.anonymousnews.org/netzwelt/andreas-lieb-wikipedia-andol. Laut den Logdaten von Wikipedia verbringt der Mann täglich Stunden damit, Einträge zu verfassen oder in seinem Sinne zu ändern.
17 Andol, Wikipedia https://de.wikipedia.org/wiki/Diskussion:Global_Warming_Policy_Foundation
18 Markus 3,20–30

Leitmedien, die darauf hinweisen, dass steigende Temperaturen zu noch mehr Hitzetoten führen werden, so keine Maßnahmen gegen die Belastung durch hohe Temperaturen unternommen werden, zweifellos ein korrektes Argument. Die KritikerInnen weisen allerdings darauf hin, dass statistisch nachgewiesen weltweit mehr Menschen an Kälte als an Hitze sterben. Sollte die Erdtemperatur weiter signifikant ansteigen, so wird es wohl leider mehr Hitzetote, aber glücklicherweise weniger Kältetote geben. Unablässig wird in Postings und sozialen Medien dieses Argument formuliert. Das Ergebnis? Unverdrossen werden weiter Texte verfasst, die auf die steigende Zahl von Hitzetoten hinweisen, ohne diesen Einwand zu berücksichtigen. Auch wissenschaftliche peer reviewed, also anonym geprüfte Artikel sind nicht frei von Demagogie. Im Gesundheitsjournal *The Lancet* wurde zum Verhältnis von Kältetoten zu Hitzetoten die Studie *Hitze- und kältebedingte Übersterblichkeit: eine Studie zur Bewertung der Auswirkungen auf die Gesundheit in 854 Städten in Europa* (Excess mortality attributed to heat and cold: a health impact assessment study in 854 cities in Europe) veröffentlicht.[19] (Masselot et. al. 2023) Dort findet sich folgende Grafik (links Kälte, rechts Hitze):

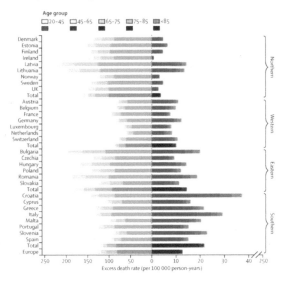

---

[19] Das Ergebnis ist eindeutig, das Verhältnis der Kältetoten zu den Hitzetoten beträgt 10:1. Um dieses Verhältnis manipulativ zu verwischen, werden in der darstellenden Grafik zwei verschiedene Skalen verwendet, so daß auf den ersten Blick das Verhältnis eher nach 3:1 aussieht. Bjørn Lomborg hat dies in einer Twitter-Meldung aufgedeckt und richtiggestellt. https://twitter.com/BjornLomborg/status/1680966003759497217

Auf den ersten Blick muss es scheinen, also ob die Zahl der Hitzetoten an jene der Kältetoten heranreicht. Dem ist aber nicht so, das Verhältnis ist in etwa 10:1. Der Trick besteht in der unterschiedlichen Skalengröße der Todesraten pro 100.000 Personen pro Jahr. Bjørn Lomborg, Professor für Statistik im Fachbereich Politikwissenschaften an der Universität Aarhus, Dänemark, hat sich die Mühe gemacht und die Grafik auf gleiche Skalen umgestellt.

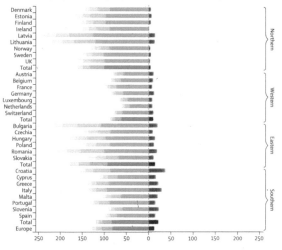

(https://twitter.com/BjornLomborg/status/1680966003759497217)

Warum hat es eine wissenschaftliche Studie notwendig, das Verhältnis zwischen Kälte- und Hitzetoten so verzerrt zu illustrieren? Will man eine positive Auswirkung der Erderwärmung in Europa mit allen Mitteln vertuschen? Zu dieser irreführenden Grafik passt das Vorhaben des *Robert Koch Instituts*, ab Juni 2023 Wochenberichte zur hitzebedingten Mortalität[20] zu veröffentlichen. Jene, die an Panikberichterstattung interessiert sind, können sich von nun an auf wissenschaftliche Daten berufen – und den Einwand mit

---

20 https://www.rki.de/DE/Content/GesundAZ/H/Hitzefolgekrankheiten/Bericht_Hitzemortalitaet.html

den Kältetoten weiter ignorieren. Es hat in der Tat etwas Gespenstisches: Alarmisten werfen den KritikerInnen vor, Fakten zu ignorieren, sind aber selbst nicht bereit, den Einwand der Kältetoten zur Kenntnis zu nehmen.[21]

Warum also diese Einseitigkeit? Es geht nicht nur um eine zu erwartende Zahl von Kältetoten, es geht um allgemeine positive Aspekte, die der Klimawandel *ebenso* mit sich bringt. Auf der Webseite der renommierten *Max-Planck-Gesellschaft* ist zum Beispiel zu lesen: »Der Klimawandel kann auch zwiespältige Folgen haben: So führt die Erwärmung im Mittelmeerraum, die den dortigen Ländern seit etwa 20 Jahren größere Hitze und Trockenheit bringt, in der Sahelzone offenbar zu mehr Niederschlag. Denn wie Forscher des Max-Planck-Instituts für Meteorologie in Hamburg in einer Ausgabe der Zeitschrift *Nature Climate Change* berichten, sind höhere Temperaturen des Mittelmeers die Hauptursache dafür, dass zu Beginn des westafrikanischen Monsuns im Juni mehr feuchte Luft aus dem östlichen Mittelmeer an den Südrand der Sahara gelangt. (...) Nach einer relativ feuchten Periode in den 1950er- und 1960er-Jahren wurde die Sahelzone bis Mitte der 1980er-Jahre von mehreren verheerenden Dürren heimgesucht, die insgesamt mehr als 100.000 Menschen das Leben kosteten. Seitdem nahm der Niederschlag überraschenderweise wieder zu.«[22]

Es scheint, als müsste das Dogma von *ausschließlich* negativen Folgen des Klimawandels mit allen Mitteln aufrechterhalten werden. Was nicht in dieses Bild passt, wird einfach ignoriert oder kleingeredet. In Zeitungen und Journalen, auf Webseiten und diversen Blogs wuchern Prophezeiungen und Behauptungen, wie sich die Dinge in Zukunft entwickeln werden. Man kann es leicht nachprüfen, es gibt kaum einen Text zum Klimawandel, der nicht weitschweifig zumeist düstere zukünftige Szenarien ausmalt. Aussagen die Zukunft betreffend können nur bezweifelt, nicht jedoch widerlegt werden. Widerlegt werden können jedoch vergangene Behauptungen, zum Beispiel: Die Arktis ist im Sommer eisfrei.

---

21 Wie geht nun etwa die Seite www.klimafakten.de mit dem Einwand der Kältetoten um? Ganz einfach, eine LeserInnenumfrage, Beteiligung 150 (!) Einsendungen, regelt das Problem: »Ach so, vielleicht interessiert Sie noch, welche Behauptung die wenigsten Stimmen erhielt? Ganz ans Ende der Rangliste wählten Sie: ›Der Klimawandel ist wünschenswert, weil es dann im Winter weniger Kältetote gibt.‹ Danke noch mal für Ihre Einsendungen und Stimmabgaben.« Wenn sich die LeserInnen von www.klimafakten.de dafür nicht interessieren, ist das Argument offensichtlich vom Tisch.

22 https://www.mpg.de/10631374/sahel-zone-niederschlag-mittelmeer

Nicht jede Kritik überzeugt

Es existieren auch populäre Einwände gegen die katastrophistische Darstellung des Klimawandels, die nach meiner Auffassung von der Sache her falsch oder zumindest problematisch sind. Ich werde bei den entsprechenden Kapiteln weitere nennen, hier die wohl populärsten. So etwa die Auffassung, der CO_2-Gehalt mit gerade 0,04 % in der Atmosphäre sei zu gering, um klimawirksam zu sein. Ob eine Konzentration in dieser Dimension wirksam ist, kann nicht der simple Alltagsverstand entscheiden, sondern die Physik. Ein weiterer, weitaus interessanter Einwand besteht im Verweis auf die Ergebnisse der Eiskernbohrungen. Die Ergebnisse zeigen erdgeschichtlich *zuerst* einen Anstieg der Temperatur und *danach* einen Anstieg der CO_2-Konzentration. Das muss auch die polemische Seite *klimafakten.de* zugeben:

»Bei genauer Betrachtung jedoch folgt der CO_2-Anstieg dem Temperaturanstieg um ungefähr 1000 Jahre. Obwohl dieses Phänomen in der Forschung schon lange bekannt ist (Lorius et al. 1990), führt es bei vielen Menschen noch immer zu Überraschung und Verwirrung. Ist nun der Anstieg der CO_2-Konzentration in der Atmosphäre eine Folge der Erderwärmung, oder ist umgekehrt die Erderwärmung eine Folge des CO_2-Anstiegs? Die Antwort lautet: Beides ist richtig.«[23]

Wir sind weder überrascht noch verwirrt, halten jedoch fest, dass explizit eine Wechselwirkung ausgesprochen wird: »beides ist richtig«. Wenn die Temperatur steigt, warum auch immer, sinkt die Fähigkeit der Meere, CO_2 zu binden. Umgekehrt erhöht der CO_2-Gehalt in der Luft die Temperatur. Es existiert somit eine Wechselwirkung. Nun sind wir aktuell mit einem Temperatur- und CO_2-Anstieg in weniger als 200 Jahren konfrontiert, die erdgeschichtlichen Prozesse zeigen diesbezüglich eine viel längere Dauer. Interessant ist jedenfalls, dass auch eine Seite wie *klimafakten.de* zumindest eine Wechselwirkung zwischen CO_2 und Erdtemperatur einräumt.

---

23 https://www.klimafakten.de/behauptungen/behauptung-der-co2-anstieg-ist-nicht-ursache-sondern-folge-des-klimawandels

Die Frage, welcher Faktor der aktuell primäre und welcher der sekundäre ist, kann jedenfalls mit Verweis auf erdgeschichtliche Prozesse nicht beantwortet werden.

Ein weiteres, prinzipiell richtiges Argument ist die Tatsache, dass sich das Klima erdgeschichtlich ständig verändert. Das ist unbezweifelbar: Natürliche Ursachen führten immer schon zu bedeutenden Klimaschwankungen. Nur geht es aktuell nicht um die Erklärung von Klimaveränderungen an sich, sondern eben die der letzten 150 Jahre. Warum verändert sich das Klima *genau so*, wie es sich verändert, das ist die Frage. Und das lässt sich durch den Verweis auf die permanente Veränderung eben nicht erklären.

Eine erste, vorläufige Bilanz

Andererseits drängt sich bei der Lektüre populärer Texte mit alarmistischem Unterton der Eindruck auf, der natürliche Einfluss auf das Klima sei seit 1850 plötzlich verschwunden. Was Jahrhunderte und Jahrtausende galt, gilt nicht mehr. Diese Überlegung wurde eingangs genannt, ich habe, wie gesagt, dazu keine Diskussion dazu gefunden. Um dieses geradezu mystische Ereignis plausibel zu machen, werden wissenschaftlich widerlegte Positionen unverdrossen weiterverbreitet, wie etwa die Meinung, noch nie hätte sich das Klima so rasch verändert wie in den letzten 180 Jahren. Wir werden im Abschnitt *Temperaturmessung und Temperaturentwicklung* auch den Ursprung dieses Mythos genauer kennenlernen, die sogenannte Hockey-Stick-Theorie des Michael Mann. Den Einfluss der natürlichen Prozesse seit 1850 auf null zu setzen, ist wissenschaftlich unhaltbar, es geht stattdessen um die wichtige und dem rationalen Denken angemessene Frage, wie sich das Verhältnis zwischen natürlichen und menschenbewirkten Ursachen für die Klimaänderung darstellt – und das nicht erst seit 1850.

Ausgehend von meiner Lektüre der unterschiedlichen Dokumente, Artikel und Blogbeiträge lässt sich eine vorläufige Bilanz ziehen: Die gesamte Klimadebatte verläuft mehrstufig. Tendenziell arbeiten im IPCC WissenschaftlerInnen und Funktionäre mit, die eher zu einer alarmistischen Sicht der Dinge neigen. Einerseits wird der Weltklimarat als Hort der absoluten Wahrheit gefeiert, andererseits werden dessen Aussagen sehr selektiv rezipiert, zumal schon der Umfang der Sachstandsberichte kaum zu bewältigen ist.[24] Die Unsicherheiten in den Aussagen des IPCC und eine nicht unbeträchtliche Bandbreite in den Abschätzungen der zukünftigen Entwicklung des Klimas und ihrer Folgen finden kaum Beachtung. In einem weiteren Schritt werden diese Aussagen von bestimmten Akteuren der Klimadebatte, hier sind insbesondere in Deutschland die AutorInnen des *Potsdam-Instituts für Klimafolgenforschung* (PIK) zu nennen, sehr einseitig ergänzt oder in Richtung Alarmismus interpretiert. Willfährige Medien, messianisch orientierte Schreiber der Wikipedia-Einträge und – ich kann es nicht anders ausdrücken – bewusste Manipulation verzerren die Forschungsergebnisse nochmals zu wahren Horrorbotschaften. »Der Kampf gegen den Klimawandel hat zu einer routinierten Katastrophenrhetorik auf einer vermeintlich sicheren wissenschaftlichen Basis geführt.« (Krauß, von Storch 2013, 108)

2. Was das Klima antreibt. CO_2 und andere Faktoren

In diesem Abschnitt gebe ich einen Überblick über die wichtigsten, für die Klimaentwicklung genannten Faktoren und referiere Ergebnisse sowie Überlegungen aus der wissenschaftlichen Gemeinschaft. Vorweg gilt es, eine populäre Auffassung zu revidieren. Diese lässt sich folgendermaßen zusammenfassen: CO_2 ist, neben Methan CH_4, das wichtigste Treibhausgas.[25] Je mehr CO_2 in der Atmosphäre, desto höher die Erdtemperatur. Das ist schlichtweg falsch und zwar aus zumindest zwei Gründen. Erstens: CO_2 wirkt *nicht linear,* sondern *logarithmisch* (dazu weiter unten mehr), zweitens: Das wichtigste Treibhausgas lautet Wasserdampf, H_2O. »Wasserdampf und Wolken tragen zu ungefähr 70 Prozent zum Treibhauseffekt bei, während CO_2 einen Anteil von ungefähr 20 bis 30 Prozent hat«,[26] so Robert Zimmermann vom *Max-Planck-Institut für Dynamik und Selbstorganisation* in Göttingen.

---

24 Die aktuellen Sachstandsberichte umfassen insgesamt über 7000 Seiten, wer hat das jemals gelesen?
25 Nicht zu unterschätzen ist auch Schwefelhexafluorid SF6, das als Isolationsmittel verkapselt in Windräder vorhanden sein muss und 25.000-mal klimaintensiver als CO_2 wirkt.
26 https://www.ds.mpg.de/139645/08

»Eine unabhängige Methode zur Schätzung des weltweiten durchschnittlichen Verhältnisses von Wasserdampfmolekülen zu CO_2-Molekülen führt zu demselben Ergebnis, d.h. CO_2 ist für etwa 2,7 % des gesamten Strahlungsantriebs aller Treibhausgase verantwortlich. Jede dieser beiden unabhängigen Methoden reicht für sich genommen aus, um zu beweisen, dass CO_2 in viel geringerem Maße zur globalen Erwärmung beiträgt, als bisher angenommen wurde. Ein weiteres wichtiges Ergebnis beider Methoden ist, dass im Durchschnitt etwa 96 % der derzeitigen globalen Erwärmung auf Wasserdampf zurückzuführen sind. Die Faktoren, die die Menge des Wasserdampfs in der Atmosphäre kontrollieren, steuern also die atmosphärische Temperatur.« (H. D. Lightfoot et.al. 2014, 16)

Die Intensität des Wasserdampfes kann auch unabhängig vom CO_2-Einfluss steigen. »Der Unterwasservulkan Hunga Tonga-Hunga Ha'apai war am 14. und dann vor allem am 15. Januar 2022 mit immenser Wucht ausgebrochen.«[27] Er schleuderte riesige Mengen von Wasserdampf in die Atmosphäre, etwa 10 % der bisherigen Gesamtmenge. »Der H_2O-Überschuss in der Stratosphäre wird über Jahre hinweg bestehen bleiben, könnte die Chemie und Dynamik der Stratosphäre beeinflussen und zu einer Erwärmung der Erdoberfläche führen.« (Millán et al. 2022, 1) Auch die NASA konstatiert auf ihrer Webseite: »Die riesige Menge an Wasserdampf, die in die Atmosphäre geschleudert wurde, wie das Mikrowellenmessgerät der NASA feststellte, könnte zu einer vorübergehenden Erwärmung der Erdoberfläche führen.«[28] Üblicherweise senken Vulkanausbrüche die Temperaturen, weil die hochgeschleuderten Aerosole die Einstrahlung des Sonnenlichtes abmindern, in diesem Falle war es jedoch anders, der Effekt des freigesetzten Wasserdampfes übertraf diesen üblichen Effekt bei weitem. Es handelte sich zweifellos um ein singuläres Ereignis, das nicht verallgemeinernd als Ursache für die Erderwärmung genannt werden kann. Aber es war zweifellos *ein* Faktor, der bezeichnenderweise in der öffentlichen Berichterstattung vollkommen ignoriert wurde.

---

27 https://www.heise.de/news/Vulkanausbruch-in-Tonga-Produzierter-Wasserdampf-koennte-Klima-temporaer-erwaermen-7200728.html
28 https://www.nasa.gov/centers-and-facilities/goddard/tonga-eruption-blasted-unprecedented-amount-of-water-into-stratosphere/

Klimasensitivität

Allerdings, und da sind wir wieder bei CO_2, ist ein erhöhter Anteil von Wasserdampf in der Atmosphäre grundsätzlich eine Folge der durch CO_2 bewirkten Erwärmung. Der erhöhte Anteil des Wasserdampfes zählt zur sogenannten Klimasensitivität von CO_2, auch als Erderwärmungswirksamkeit bezeichnet. Einfach ausgedrückt, die durch die erhöhte CO_2-Konzentration bewirkte Erderwärmung erhöht *unter anderem* den Wasserdampfgehalt in der Luft, dieser wiederum zieht weitere Wirkungen nach sich, etwa eine verstärkte Wolkenbedeckung. Diese Ursachen werden wieder zu Wirkungen, die als weitere Ursachen wirken. Ob und in welchem Ausmaß diese Rückkopplungsschleifen zureichend zu berechnen sind, kann ich nicht beurteilen. Dass sie sehr komplexe und auch fehleranfällige Berechnungen erfordern, ist jedoch evident.

»Die Frage der Rückkopplungen ist im weitesten Sinne die gesamte Frage des Klimawandels: Wie stark und auf welche Weise kann man erwarten, dass die Erde auf einen Anstieg der durchschnittlichen Oberflächentemperatur in der Größenordnung von 1 Grad reagiert, der sich aus einer eventuellen Verdoppelung der CO_2-Konzentration in der Atmosphäre ergibt? Und welche weiteren Temperaturveränderungen könnten sich aus dieser Reaktion ergeben? Dies sind natürlich Fragen, die von den Klimawissenschaftlern zu klären sind.« (Wilson D. et.al. 2014, 10) Aber sind sie auch zureichend geklärt? Hans von Storch: »Es gibt eine inhärente Unsicherheit, die auch durch die beste Wissenschaft nicht kurzfristig beseitigt werden kann. Im Falle der Klimaforschung ist es die sogenannte Klimasensitivität, also der Anstieg der Gleichgewichtstemperatur nach Verdopplung der Kohlendioxidkonzentration.« (von Storch 2023, 155)

Wie unsicher nun diese Prognosen sind, zeigen Fritz Vahrenholt und Sebastian Lüning auf: »Kein ernstzunehmender Wissenschaftler bezweifelt einen Treibhauseffekt des CO_2. Doch die entscheidende Frage ist, wie groß ist er und welche Folgen hat er? So gibt etwa das IPCC die entscheidende Größe der Klimasensitivität – also die Temperaturentwicklung bei Verdoppelung des CO_2-Gehalts in der Luft von vorindustriellen 280 ppm auf zukünftige 560 ppm – mit einem Streubereich von 1,5 bis 4,5 Grad an.« (Lüning, Vahrenholt 2021, 330) Ob sich die Erde bei einer weiteren Erhöhung des Ppm-Gehalts um 1,5 oder um 4,5 Grad durchschnittlich erwärmt, das ist der Unterschied ums Ganze! Aktuell steigt der Ppm-Gehalt pro Jahr um 2 ppm (Quelle: Lüning, Vahrenholt 2021, 102), 560 ppm wären bei gleichbleibenden Emissionen also etwa im Jahre 2100 erreicht.[29]

Die Wirkung von CO_2 ist nicht linear, sondern logarithmisch[30]

Aber die Komplexität der Klimasensitivität ist nicht das ganze Problem. Die Physik des Treibhauseffektes der Gase ist ausgesprochen diffizil und je genauer man sich mit der wissenschaftlichen Literatur dazu beschäftigt, erkennt man: Der Teufel steckt im Detail. Entscheidend ist die abnehmende, logarithmische Wirkung der CO_2-Konzentration auf den Treibhauseffekt. Wijngaarden und Happer[31] haben dazu wichtige Forschungsergebnisse veröffentlicht.

Ich zitiere aus ihrer Arbeit *Infrared Forcing by Greenhouse Gases*. »Die beiden Ziele dieser Überprüfung waren: (1) eine rigorose Überprüfung der grundlegenden Physik der Strahlungstransfers in der wolkenfreien Erdatmosphäre und (2) die Darstellung quantitativer Informationen über die relativen Antriebskräfte der natürlich vorkommenden Treibhausgas-Moleküle H_2O, CO_2, O_3, N_2O und CH_4.« (van Wijngaarden et.al, 2019, 48f) Als Ergebnis wird angegeben: »Die auffallendste Tatsache über den Strahlungstransfer in der Erdatmosphäre wird in folgenden Abbildungen zusammengefasst (Abb. 10-12). Große relative Änderungen der Konzentrationen von

---

29 Zudem muss zwischen der langfristig sich ergebenden Gleichgewichts-Klimasensitivität (Equilibrium Climate Sensitivity, ECS) und der kurzfristigen Erwärmungswirkung (Transient Climate Response, TCR) unterschieden werden. »Die IPCC-Spanne von 1,5–4,5° C bezieht sich überdies auf die Gleichgewichts-Klimasensitivität. ... Allerdings kann es Jahrhunderte dauern, bis das thermische Gleichgewicht mit der CO_2-Konzentration erreicht wird.« (Lüning, Vahrenholt 2021, 112)

30 In diesem Zusammenhang bedeutet logarithmisch, dass sich die Konzentration von CO_2 immer verdoppeln muss, um die selbe Wirkung zu erzielen. Bei weiteren Erhöhungen der Konzentration tendiert die Wirkung gegen Null.

31 Was nun Wikipedia betrifft: Zu W. A. van Wijngaarden gibt es keinen Eintrag, wohl zu William Happer. Der Eintrag ist ein typischer Inquisitionsartikel, kein Wort zu seinen wissenschaftlichen Ergebnissen oder zu den oben zitierten Papieren. Obwohl, immerhin werden die ihm verliehenen Auszeichnungen angeführt. »1976: Humboldt-Forschungspreis (Aufenthalt am Max-Planck-Institut für Quantenoptik), 1995: Fellow der American Academy of Arts and Sciences, 1996: Fellow der National Academy of Sciences, 1997: Fellow der American Physical Society, 1967: Alfred P. Sloan Fellowship, 1997: Herbert-P.-Broida-Preis, 1998: Mitglied der American Philosophical Society, 2000: Davisson-Germer-Preis, 2000 Thomas Alva Edison patent award.« Gar nicht so wenig für einen offensichtlichen Scharlatan, der »in Verbindung mit verschiedenen Klimawandelleugnerorganisationen« steht. (https://de.wikipedia.org/wiki/William_Happer) Andol steuerte nur 36,7 % des Textes bei.

Treibhausgasen gegenüber den derzeitigen Werten bewirken relativ kleine Änderungen der Wirkung. Eine Verdopplung der derzeitigen Konzentrationen der Treibhausgase CO_2, N_2O und CH_4 erhöht die Antriebe um nur wenige Prozent für wolkenfreie Teile der Atmosphäre.« (van Wijngaarden et.al, 2019, 50) In einer ein Jahr später veröffentlichten Studie heißt es:

»Eine Verdopplung der derzeitigen Konzentrationen der Treibhausgase CO_2, N_2O und CH_4 erhöht die Antriebe um einige Prozent für wolkenfreie Teile der Atmosphäre. (…) Ein Treibhausgas stört und vermindert die Treibhauswirkung aller anderen. Die Selbstinterferenz eines Treibhausgases mit sich selbst, die Sättigung, ist jedoch ein viel größerer Effekt als die Interferenz zwischen verschiedenen Gasen. (…) Für den Fall einer festen absoluten Luftfeuchtigkeit erwärmt sich die Oberfläche um 1,4 K, was sehr gut mit anderen Arbeiten übereinstimmt (…). Die Erwärmung der Oberfläche nimmt im Fall einer Wasserrückkopplung bei fester relativer Luftfeuchtigkeit deutlich zu. Unser Ergebnis von 2,3 K liegt innerhalb von 0,1 K der von zwei anderen Gruppen ermittelten Werte sowie einer separaten Berechnung (…).« (van Wijngaarden et.al 2020, 34)[32]

Es ist Konsens, dass die Wirkung auf das Klima durch den Anstieg der Konzentration von CO_2 in der Atmosphäre logarithmisch und keinesfalls linear wirkt. Das bedeutet vereinfacht ausgedrückt: »Würde CO_2 allein und ohne Verstärkermechanismen wirken, so würde die globale Temperatur bei jeder Verdoppelung der CO_2-Konzentration in der Atmosphäre um gut 1° C ansteigen.« (Lüning, Vahrenholt 2021, 109) Auch Stefan Rahmstorf, einer der Vordenker des *Potsdam-Institut für Klimafolgenforschung*, formuliert in einer Polemik mit ärgerlichem Unterton: »Doch der CO_2-Effekt ist logarithmisch (…), sodass ein exponentieller CO_2-Anstieg zu einem linearen Temperaturanstieg führt.«[33] Trotzdem begründet das deutsche Bundesverfassungsgericht seinen Beschluss vom 24.3.2021, das Klimaschutzgesetz sei verfassungswidrig, unter anderem mit folgender Begründung: »Denn zwischen der Gesamtmenge an

---

32 K bezieht sich auf Kelvin, der Skalenabstand zwischen Kelvin und Celsius ist gleich, 1 Grad Kelvin = 1 Grad Celsius. Der Unterschied besteht im Nullpunkt, Kelvin wird vom absoluten Nullpunkt −273,15 Grad Celsius aus gemessen.
33 https://www.pik-potsdam.de/~stefan/klimahysterie.html

emittierten klimawirksamen Treibhausgasen und dem Anstieg der mittleren Oberflächentemperatur besteht eine annähernd lineare Beziehung.« (Zitiert nach Lüning, Vahrenholt 2021b, 33) Diese besteht nicht, die Beziehung ist logarithmisch. Das hätte das Gericht auch bei Rahmstorf und Schellnhuber nachlesen können, zumal sich das Bundesverfassungsgericht explizit auf das Buch *Der Klimawandel* dieser Autoren beruft. »Man kann von der Physik ausgehen, nämlich von der im Labor gemessenen Strahlungswirksamkeit von CO_2, die ohne Rückkopplung direkt eine Erwärmung um 1,2 °C bei einer Verdopplung der Konzentration bewirken würde.« (Rahmstorf, Schellnhuber 2019, 41f) Auffällig ist, dass die Autoren hier das Wort logarithmisch vermeiden.

In einer weiteren, 2023 erschienenen Studie kommen die Autoren Roy W. Spencer und John Christy zu vergleichbaren Schlussfolgerungen. Auf der Webseite *phys.org* werden die Ergebnisse der Untersuchung *Effektive Klimasensitivitätsverteilungen aus einem 1D-Modell der globalen Ozean- und Landtemperaturtrends 1970–2021* folgendermaßen zusammengefasst: »Eine neue Forschungsstudie der University of Alabama in Huntsville befasst sich mit einer zentralen Frage der Forschung zum Klimawandel: Wie viel Erwärmung ist zu erwarten, wenn der Atmosphäre durch die Verbrennung fossiler Brennstoffe und andere Aktivitäten Kohlendioxid zugeführt wird, während der Lebensstandard weltweit steigt? (…) Im Vergleich zu anderen aktuellen Klimamodellen nähern sich die Forschungsergebnisse des eindimensionalen Klimamodells von Spencer und Christy dem unteren Ende der Skala, nämlich 1,9° Celsius. Der niedrigere UAH [University of Alabama in Huntsville]-Wert deutet darauf hin, dass die Auswirkungen steigender Kohlendioxidkonzentrationen auf das Klima weitaus geringer sind als bei den anderen Klimamodellen.«[34]

Eine Halbierung des CO_2-Ausstoßes würde genügen

Zur Physik des CO_2-Gases zählt auch die Bilanz zwischen den Emissionen und den sogenannten Senken,[35] also »Ozeane, Wälder, Sümpfe und Böden«. (Lüning, Vahrenholt 2021, 106) Als weiterer Faktor ist die Halbwertszeit von

---

34 https://phys.org/news/2023-09-climate-data-driven-major-goal.html
35 Senken ist der Fachausdruck für alle CO_2-aufnahmefähigen Ökosysteme

CO_2 zu berücksichtigen, die etwa bei 35 bis 40 Jahren liegt.[36] Das bedeutet, die Menge dieses Gases in der Atmosphäre halbiert sich in diesem Zeitraum. Vor allem ist die Aufnahme von CO_2 durch die natürlichen Senken, also Meere, Wälder und Feuchtgebiete, unabhängig von der Emissionsmenge.

»Die Menschheit stößt zurzeit jährlich etwa 36,8 Milliarden Tonnen CO_2 aus, das sind auf die Atmosphäre umgerechnet 4,7 ppm. Es werden durch die Ozeane und die Pflanzen zurzeit etwa 55 % (also 2,6 ppm) der heutigen Emissionen aufgenommen, 2,1 ppm verbleiben in der Luft. (…) Die Aufnahme ist aber nicht abhängig von der Emission (…) Das ist nicht unbedeutend, heißt dies doch, dass bei einer Verringerung der Emission die Abbauzeit bestehen bleibt, und bei einer Halbierung der Emission, etwa auf 2,35 ppm, mehr CO_2 abgeschieden [also von der Natur aufgenommen] wird, als neu hinzukommt, was bereits zu einer Verringerung der CO_2-Konzentration in der Luft führen würde.« (Lüning, Vahrenholt 2021, 104)

In anderen Worten ausgedrückt: Nach den Berechnungen von Vahrenholt und Lüning würde eine *Halbierung* der Emissionen bereits zu einem *Rückgang der Konzentration* des Treibhausgases CO_2 führen. In der Realität ist diese weltweit durchzuführende Reduktion sehr schwer zu erreichen,[37] aber von der Notwendigkeit einer unbedingt anzustrebenden Nullemission kann keine Rede sein. »Eine Nullemission ist also zur Senkung der CO_2-Konzentration nicht erforderlich.« (Lüning, Vahrenholt 2021, 104) Wenn ihre Berechnungen korrekt sind, ist die Forderung nach Nullemissionen nicht sachlich begründet.

CO_2 und die Vergrünung der Erde

Durch das gestiegene CO_2 kommt es zu einer Vergrünung der Erde. Unter dem Titel *Globale Vergrünung verlangsamt die Erwärmung* beschreibt das *Earth Observatory* der NASA die Folgen des weltweit kräftigeren Pflanzenwachstums.

---

36 Quelle: https://www.peertechzpublications.com/articles/AMS-7-136.php
37 Um schon jetzt einen Überblick über die Weltsituation zu geben, hier die Liste jener Länder, die das meiste CO_2 emittieren: China 27 %, USA 15 %, EU28 9,8 %, Indien 6,8 %. (Quelle: Quelle: https://ourworldindata.org/co2-emissions) Aktuell, Stand 2023, werden ca. 40 Gigatonnen CO_2 freigesetzt, in der Zeit des Lockdowns sanken die Emissionen auf 32 Gigatonnen. (Quelle: von Storch 2023, 53)

»Wissenschaftler haben bereits festgestellt, dass die Welt grüner ist als in den frühen 1980er Jahren. Aktualisierte Karten zeigen, dass sich der Trend fortgesetzt hat, und die Forscher sagen, dass die geringere globale Erwärmung eine der Folgen ist. (...) Beachten Sie, dass die Karte [eine Weltkarte zeigt den Anstieg der Vergrünung] nicht die Gesamtgrünheit des Landes zeigt, weshalb sie nicht genau mit stark bewaldeten Gebieten wie dem Amazonas oder dem Kongobecken übereinstimmt. Stattdessen zeigt die Karte, wie sich der Grünanteil verändert hat – ein Phänomen, das am deutlichsten in Ländern wie China und Indien zu beobachten ist, wo die Landwirtschaft intensiviert wurde und die Regierungen Anstrengungen unternommen haben, die Wälder zu erhalten und zu vergrößern. In den borealen und arktischen Regionen ist ein deutlicher Trend zur Vergrünung zu beobachten, der auf die steigenden Temperaturen zurückzuführen ist. In Spitzbergen in der Hocharktis beispielsweise hat die Begrünung um 30 Prozent zugenommen, so Rama Nemani vom Ames Research Center der NASA, einer der Mitautoren der in *Nature Reviews Earth & Environment* veröffentlichten Studie. Die Begrünung ging einher mit einem Anstieg der mittleren Sommertemperatur von 2,9° auf 4,7° Celsius zwischen 1986 und 2015. (...) Diese globale Begrünung hat eine interessante Folge: Da die Vegetation einen Teil des wärmespeichernden Kohlendioxids verbraucht, führt sie auch Evapotranspiration durch – eine Funktion, die dem menschlichen Schwitzen ähnelt –, was eine kühlende Wirkung auf die Luft haben kann. Wissenschaftler sagen, dass die globale Begrünung seit den frühen 1980er Jahren die globale Erwärmung um 0,2° bis 0,25° Celsius reduziert haben könnte. Mit anderen Worten: Ohne den Anstieg des Pflanzenwachstums wäre die Welt noch wärmer als sie ist.«[38]

Wir haben es also mit einer positiven Rückkoppelung zu tun. Durch das verstärkte Pflanzenwachstum wird nicht nur mehr CO_2 aus der Luft genommen, sondern es erhöhen sich auch die Ernten in der Landwirtschaft. Ohne CO_2 kein Pflanzenwachstum, ohne Pflanzenwachstum kein Leben auf der Erde. In Glashäusern wird CO_2 bewusst eingeblasen, um den Vegetationsprozess

---

38 https://earthobservatory.nasa.gov/images/146296/global-green-up-slows-warming. Der genannte Anstieg von 1,8 Grad bezieht sich auf diese Regionen.

zu beschleunigen. Es zählte zu meinen ersten Erfahrungen meiner Reise in den Dschungel der Klimadebatte, dass Alarmisten solche positiven Rückkoppelungen entweder schlichtweg ignorieren oder bewusst kleinreden. Dass ein gestiegener CO_2-Gehalt *auch* Positives bewirkt, darf offenbar einfach nicht sein.[39] Nun, dass es für das Pflanzenwachstum mehr als CO_2 bedarf, ist ja wohl ergreifend trivial.[40] Aus der Ambivalenz der Wirkungen des CO_2 wird ausschließlich Negativität. Auch die Bebilderung der CO_2-Emissionen ist zumeist demagogisch. Oftmals werden rauchende Schornsteine gezeigt, so, als ob dieses Gas irgendetwas mit Luftverschmutzung zu tun hätte. Eine Suche »Bilder – CO_2-Emissionen« bei Google zeigt entweder Grafiken oder eben rauchende Schlote.

El Niño

Es gibt noch eine ganze Reihe von teilweise bis dato nur unzureichend analysierten Faktoren, die unser Klima beeinflussen. Ein weltweit wirkender Faktor ist das Phänomen El Niño, eine »starke Erwärmung der obersten Wasserschicht im äquatorialen Pazifik, die in unregelmäßiger Abfolge alle zwei bis sieben Jahre auftritt. (…) Diese Wetteranomalie strahlt in weite Teile der Erde aus und hat in der globalen Temperaturkurve starke Wärmespitzen mit Ausschlägen von 0,2 bis 0,70 °C zur Folge.« (Lüning, Vahrenholt 2021, 348) Dieses Wetterphänomen scheint von der allgemeinen Erderwärmung unabhängig zu sein und trat nachweislich schon vor Jahrhunderten auf. Interessant ist der rhetorische Umgang mit El Niño in der öffentlichen Debatte. Passt das Phänomen ins Narrativ, wird es als Konsequenz der Erderwärmung vorgestellt. Im Sommer 2023 überschlugen sich die Meldungen vom heißesten Tag in der Geschichte der Menschheit. El Niño wird der Erderwärmung zugeschlagen und als ihre Folge dargestellt. Es gab allerdings in den Jahren 2015/2016 einen besonders starken El Niño, der uns das Rekordjahr 2016 bescherte, danach sank die Durchschnittstemperatur der Erde bis 2022 wieder, wie ich im folgenden Abschnitt noch genauer darstellen werde. In diesem Falle wird das Jahr 2016 als die große Ausnahme

---

39 In der deutschsprachigen Wikipedia existiert kein Eintrag zum Stichwort »Vergrünung«.
40 Amüsant ist der Eiertanz von correctiv.org zum Thema Vergrünung. Dieses Faktum wird in einen Bericht über einen »Klimawandelleugner« eingefügt und systematisch zur Seite gedrängt.

interpretiert, die eben nicht in die Klimabilanz einzubeziehen sei, statistisch sinkende Welttemperaturen »dürfen« einfach nicht sein. Nur zum Überblick: Die *National Centers for Environmental Information* führen (Stand August 2023) das Jahr 2016 als das heißeste seit Ende der Kleinen Eiszeit auf: »(…) what were ultimately the ten warmest years on record: 2016 (1st), 2020 (2nd), 2019 (3rd), 2017 (4th), 2015 (5th), 2022 (5th), 2018 (7th), 2021 (7th), 2014 (9th), and 2010 (10th).«[41] Daher sind Aussagen wie »Niemals zuvor haben Menschen derartige Hitze erlebt«,[42] formuliert im Juni 2023 von Wolfgang Pomrehn, schlichtweg demagogisch. Dieses Statement stimmt nicht einmal für die Phase nach 1850, geschweige denn für die vorhergehenden Jahrtausende der Menschheitsgeschichte.

Ozeanzyklen

Ein weiteres, sehr komplexes Phänomen sind Ozeanzyklen. Das Phänomen beschreibt, wie in Teilen der Ozeane die Temperatur steigt, in anderen sinkt. Diese Schwankungen verlaufen in Zyklen. Eine der bedeutenden, die Pazifische Dekaden-Oszillation, abkürzt PDO, umfasst 60 Jahre. »Die PDO wurde erst 1996 durch Steven Hare von der Universität of Washington entdeckt.« (Lüning, Vahrenholt 2021, 70) Die Entdeckung und Erforschung dieser Ozeanzyklen ist ein sehr junges Wissenschaftsgebiet. »Als der IPCC 1988 gegründet wurde, waren die meisten Ozeanzyklen noch unbekannt und konnten in den ersten Klimazustandsberichten von 1990 und 1995 noch überhaupt nicht berücksichtigt werden.« (Lüning, Vahrenholt 2021, 69) Es liegt auf der Hand, dass die zyklische Erwärmung oder Abkühlung großer Teile der Ozeane das Klima auf den Kontinenten beeinflusst. Aber haben wir in den Klimanachrichten schon einmal von der Pazifischen Dekaden-Oszillation (PDO), der Atlantischen Multidekaden-Oszillation (AMO) oder der Nordatlantischen Oszillation (NAO) gehört oder wurden diese Phänomene gar mit den Phänomenen der Erwärmungen in Zusammenhang gebracht? Zudem sind bis heute die Gründe für die Zyklen, ja für das Phänomen selbst unerforscht. »Die noch junge Disziplin in der Erforschung der

---

41 https://www.ncei.noaa.gov/access/monitoring/monthly-report/global/202306/supplemental/page-1
42 https://www.telepolis.de/features/Juni-Rekord-Niemals-zuvor-haben-Menschen-derartige-Hitze-erlebt-208915.html

Ozeanzyklen ist vermutlich der ›Game Changer‹ in den Klimawissenschaften. Die Forschung in diesem Themenbereich ist noch nicht abgeschlossen, im Gegenteil, sie befindet sich noch ziemlich am Anfang.« (Lüning, Vahrenholt 2021, 79) Ob die Erforschung der Ozeanzyklen tatsächlich zum Game Changer der Klimaforschung wird, kann ich nicht beurteilen.

Weitere das Klima beeinflussende Faktoren

Es existieren noch eine ganze Reihe weiterer Faktoren, die das Klima in die eine oder andere Richtung beeinflussen. Zumindest in den großen Städten sind hohe Temperaturen *auch* ein Resultat der zunehmenden Versiegelung des Bodens und der Betonierung freier Flächen.

> »Die ZAMG hat anhand von Daten aus Wien und Graz die Folgen unterschiedlicher Formen von Landnutzung auf die Entstehung innerstädtischer Hitzeinseln untersucht. Die Daten lassen aufhorchen: ›Ein Ergebnis unserer Berechnungen war, dass eine Umwandlung von Acker- in Industriefläche zu einem durchschnittlichen Anstieg von ungefähr zwölf Sommertagen pro Jahr führt, also Tagen mit mindestens 25 Grad‹, sagte die Stadtklima-Expertin Maja Zuvela-Aloise. Umgekehrt lasse sich mit der Umwandlung von Straßen- in Grünfläche eine Reduktion von durchschnittlich etwa acht Sommertagen pro Jahr erzielen. ›Grob gesagt können massive Änderungen der Bebauung die Zahl der Sommertage um ungefähr 20 bis 80 Prozent erhöhen oder senken.‹«[43]

Es sollte eigentlich einsichtig sein, dass gigantische Stadtflächen wie etwa Los Angeles mit zahllosen Stadtautobahnen und den dazugehörigen Autobahnkreuzungen die lokale Temperatur weit über die durchschnittliche Erderwärmung erhitzen. Es existieren aber auch Faktoren, die zur Temperatursenkung beitragen, abgesehen von der Vergrünung der Erde. Zu nennen sind u. a. die Aerosole, Schwebeteilchen in der Luft, die die Sonneneinstrahlung reflektieren und so zur Temperatursenkung beitragen. Ihre

---

[43] https://www.tagblatt-wienerzeitung.at/nachrichten/wissen/natur/2164531-Bebauung-erhoeht-die-Zahl-der-Sommertage.html

tatsächliche Bedeutung scheint nicht restlos geklärt, noch komplexer und teilweise gegensätzlich ist die Wirkung der Wolken. Das Thema Wolken führt uns zu einer entscheidenden Frage:

Und was ist mit der Sonne?

Tatsächlich gibt es nur zwei Quellen für Energie und ihre Wärmeform:[44] Die Hitze des Erdkerns und die Sonne. Das Erstaunliche: Der Einfluss der Sonne wird in den Berechnungen des IPCC nicht berücksichtigt. »Die Solarphysik kann zurzeit keine Vorhersagen über den künftigen Verlauf dieses Klimaantriebes machen, weshalb Klimasimulationen nur in der Vergangenheit den solaren Antrieb verwenden können. Bei Modellläufen der Zukunft wird er üblicherweise konstant gehalten, was eine wesentliche Einschränkung ihrer Zuverlässigkeit darstellt.«[45] Hier muss ich auch als Nicht-Physiker einhaken. Den zukünftigen Einfluss der Sonne schlichtweg auf null zu setzen, zumal die historischen Klimaschwankungen (mehr dazu im nächsten Kapitel) sehr stark mit Schwankungen der gesamten Sonneneinstrahlung (Total Solar Irradiance) erklärt werden, ist doch befremdlich. Auch dieses Thema ist ausgesprochen komplex. Es gibt nicht nur einen, es gibt viele Sonnenzyklen. Sehr bekannt ist der 11-jährige Zyklus, der, wie Lüning und Vahrenholt anhand der Niederschlagsmenge in Deutschland demonstrieren, auf lokaler Ebene sehr wohl statistisch nachweisbare Auswirkungen hat (vergl. Lüning, Vahrenholt 2021, 80), allerdings kaum das Weltklima beeinflusst. Nicht nur, dass die Schwankungen der gesamten Sonneneinstrahlung zu gering sein dürften, dieser Zyklus wird durch weitere überlagert und modifiziert, so dass komplexe Muster entstehen. »Andere bedeutende Schwankungen sind der Hale-Zyklus (22 Jahre), der Gleissberg-Zyklus (90 Jahre), der Suess-DeVries-Zyklus (210 Jahre), ein namenloser 500-Jahre-Zyklus, der Eddy-Zyklus (1000 Jahre) sowie der Hallstatt-Zyklus (2300 Jahre).« (Lüning, Vahrenholt 2021, 82)

---

44 Will man etwas spitzfindig sein, so müsste der Ausdruck erneuerbare Energien zurückgewiesen werden. Energie ist nicht erzeugbar oder erneuerbar, sondern es kann nur eine Form der Energie in eine andere übergeführt werden. Wir werden beim Thema Windräder wieder darauf stoßen.
45 https://www.zamg.ac.at/cms/de/klima/informationsportal-klimawandel/klimasystem/antriebe/sonnenaktivitaet-kurzfristig

Eine Arbeit, die dieses Thema im Zusammenhang mit der Klimadebatte aufgreift, ist das 2021 erschienene Peer-Reviewed-Paper *Solare und anthropogene Einflüsse auf das Klima: Regressionsanalyse und vorläufige Vorhersagen* (Solar and Anthropogenic Influences on Climate: Regression Analysis and Tentative Predictions) von Frank Stefani, Mitarbeiter des *Helmholtz-Zentrums Dresden-Rossendorf.* Selbst Wikipedia muss dieses Institut als wissenschaftlich seriös anerkennen. Und gerade in diesem Institut wurde ein Text produziert, der den Einfluss der Sonne als massiv dämpfend auf die Klimaentwicklung ausweist. Ich zitiere daraus:

»Ziel des Beitrags ist es, die solaren und anthropogenen Einflüsse auf den Klimawandel zu quantifizieren und einige vorsichtige Vorhersagen für die nächsten hundert Jahre zu treffen. (…) Im zweiten Teil, der auf jüngsten Ideen über eine quasi-deterministische planetarische Synchronisation des Sonnendynamos aufbaut, unternehmen wir einen ersten Versuch, den aa-Index[46] und die daraus resultierende Temperaturanomalie für verschiedene typische CO_2-Szenarien vorherzusagen. Selbst für die höchsten Klimasensitivitäten und einen ungebremsten linearen CO_2-Anstieg sagen wir nur einen milden zusätzlichen Temperaturanstieg von etwa 1 K bis zum Ende des Jahrhunderts voraus, während für die niedrigeren Werte ein drohender Temperaturabfall in naher Zukunft, gefolgt von einer eher flachen Temperaturkurve, prognostiziert wird.«

Unter »Zusammenfassung und Diskussion« heißt es:

»Diese Arbeit hat die Tradition der Korrelation von Sonnenmagnetfelddaten mit dem terrestrischen Klima wiederbelebt (…). Natürlich müssen wir uns fragen, ob unsere Vorhersage eines sinkenden aa-Indexes nicht völlig falsch sein könnte, so dass die Sonne in Zukunft noch heißer wird und damit die Erwärmung des CO_2 verstärkt. Obwohl ein solches Szenario nicht völlig ausgeschlossen werden kann, halten wir es für nicht sehr wahrscheinlich, da die Sonnenaktivität am Ende des

---

46 Gemeint ist der geomagnetische aa-Index. Dieser Index ist ein Parameter für die Ionisierung der Atmosphäre, die das Ausmaß der Reflexion der Sonnenstrahlen anzeigt.

20. Jahrhunderts vielleicht die höchste in den letzten 8000 Jahren war und seitdem immer weiter abgenommen hat. Selbst im ›heißesten‹ Fall fanden wir nur einen leichten zusätzlichen Temperaturanstieg von weniger als 1 K bis zum Ende dieses Jahrhunderts, während alle anderen Fälle flachere Kurven ergaben, in denen die erwärmende Wirkung des steigenden CO_2 durch die kühlende Wirkung eines sinkenden aa-Indexes weitgehend kompensiert wurde. Daher könnte das angestrebte 2-K-Ziel wahrscheinlich auch ohne drastische Dekarbonisierungsmaßnahmen erreicht werden.« (Stefani 2021, 1ff)

Eine weitere Studie von Valentina Zharkova, *Modernes Großes Sonnenminimum führt zu terrestrischer Abkühlung* (Modern Grand Solar Minimum will lead to terrestrial cooling), geht von einer zukünftigen schwach kälteren Sonne aus. Sie schreibt in ihrer Zusammenfassung:

»In diesem Artikel habe ich gezeigt, dass die jüngsten Fortschritte beim Verständnis der Rolle des solaren Hintergrundmagnetfelds bei der Bestimmung der Sonnenaktivität und bei der Quantifizierung der beobachteten Magnetfeldstärken zu verschiedenen Zeiten eine zuverlässige langfristige Vorhersage der Sonnenaktivität auf einer Jahrtausendskala ermöglichen. Dieser Ansatz zeigte, dass es nicht nur 11-jährige Sonnenzyklen gibt, sondern auch große Sonnenzyklen mit einer Dauer von 350 bis 400 Jahren. (...) Diese großen Zyklen werden immer durch große Sonnenminima vom Typ des Maunder-Minimums getrennt, die in der Vergangenheit regelmäßig auftraten und die bekannten Maunder-, Wolf-, Oort-, Homerischen und andere große Minima bildeten. (...) Während dieser großen solaren Minima kommt es zu einer erheblichen Verringerung des solaren Magnetfelds und der solaren Bestrahlungsstärke, was zu einer Verringerung der terrestrischen Temperaturen führt, die für diese Zeiträume aus der Analyse der terrestrischen Biomasse der letzten 12.000 oder mehr Jahre abgeleitet wurden. Das letzte große Sonnenminimum trat während des Maunder-Minimums (1645–1710) auf, das zu einer Verringerung der Sonneneinstrahlung um 0,22 % gegenüber dem heutigen Wert und zu einem Rückgang der durchschnittlichen Erdtemperatur um 1,0–1,5 °C führte. (...) Die Verringerung der

Erdtemperatur in den nächsten 30 Jahren kann für verschiedene Teile des Planeten erhebliche Auswirkungen auf die wachsende Vegetation, die Landwirtschaft, die Nahrungsmittelversorgung und den Heizbedarf sowohl in der nördlichen als auch in der südlichen Hemisphäre haben. Diese globale Abkühlung während des bevorstehenden großen solaren Minimums 1 (2020–2053) kann drei Jahrzehnte lang jegliche Anzeichen einer globalen Erwärmung ausgleichen und würde zwischenstaatliche Anstrengungen erfordern, um Probleme mit der Wärme- und Nahrungsmittelversorgung der gesamten Erdbevölkerung zu lösen.« (Zharkova 2020, 1ff)

Der IPCC-Kritiker Ronan Connolly veröffentlichte 2021 das Papier: *Wie stark hat die Sonne die Temperaturentwicklung auf der Nordhalbkugel beeinflusst? Eine laufende Debatte* (How much has the Sun influenced Northern Hemisphere temperature trends?) An diesem Paper haben weitere 22 WissenschaftlerInnen mitgearbeitet;[47] mit zahlreichen Bezügen und zitierten Quellen wird gezeigt, dass der Einfluss der Sonne sehr wohl Gegenstand der Klimadebatte ist und viele AutorInnen ihn als bedeutend einschätzen. In fünf Empfehlungen werden weitere Studien angeregt, um sich mit vorhandenen Untersuchungen auseinanderzusetzen und den Einfluss der Sonne systematisch zu berücksichtigen. In der Schlussfolgerung heißt es: »Im Titel dieses Artikels haben wir gefragt: ›Wie stark hat die Sonne die Temperaturentwicklung auf der Nordhalbkugel beeinflusst?‹ Es sollte jetzt jedoch klar sein, dass diese Frage trotz der Zuversicht, mit der viele Studien behaupten, sie beantwortet zu haben, noch nicht zufriedenstellend beantwortet ist. Angesichts der vielen stichhaltigen abweichenden wissenschaftlichen Meinungen, die es zu diesen Fragen nach wie vor gibt, argumentieren wir, dass die jüngsten Versuche, einen scheinbaren wissenschaftlichen Konsens (einschließlich der IPCC-Berichte) zu diesen wissenschaftlichen Debatten zu erzwingen, verfrüht und letztlich für den wissenschaftlichen Fortschritt nicht hilfreich sind. Wir hoffen, dass die Analyse in diesem Papier zu weiteren Analysen

---

47   Ronan Connolly Willie Soon, Michael Connolly, Sallie Baliunas, Johan Berglund, C. John Butler, Rodolfo Gustavo Cionco, Ana G. Elias, Valery M. Fedorov, Hermann Harde, Gregory W. Henry, Douglas V. Hoyt, Ole Humlum, David R. Legates, Sebastian Lüning, Nicola Scafetta, Jan-Erik Solheim, László Szarka, Harry van Loon, Victor M. Velasco Herrera, Richard C. Willson, Hong Yan und Weijia Zhang.

und Diskussionen anregen wird. In der Zwischenzeit geht die Debatte weiter.« (Connolly et al. 2021, 59f)

Offenbar gibt es nicht nur den 11-jährigen Zyklus, sondern darüber gelagerte weitere Zyklen, die die Intensität der Sonneneinstrahlung bestimmen. Es ist wohl eine wissenschaftlich zulässige Frage, ob das Ende der Kleinen Eiszeit *auch* durch ein Ansteigen der Sonnenaktivität zu erklären ist. Der sehr nüchtern agierende Wetterdienst *meteo.plus*, der sich aus der Klimadebatte heraushält, berichtet über Intensität und den Verlauf der Sonnenflecken und dokumentiert historische Daten. »Aus Langzeitbetrachtungen geht hervor, dass die Sonnenaktivität im 20. Jahrhundert eine Stärke erreicht hatte, wie sie über 9000 Jahre nicht auftrat. Schließen lässt sich dies anhand von Proxydaten aus dem ewigen Eis. (…) Es wird klar ersichtlich, dass die Aktivität der Sonne großen Schwankungen unterliegt, sich aber über Jahrtausende relativ stabil halten kann. Nach dem extremen Minimum im 17. Jahrhundert hat jedoch die Sonnenaktivität wieder schlagartig zugenommen. (…) Es wird zwar vermutet, dass sie in den nächsten Jahrzehnten wieder an Stärke verlieren könnte, aber in Anbetracht der Vergangenheit ist dies nur schwer abschätzbar.«[48] Auch Vahrenholt und Lüning konstatieren: »Langfristige Klimaschwankungen der Vergangenheit können nicht ohne den Einfluss der Sonne erklärt werden, auch wenn wir noch nicht alle Wirkungsketten kennen.« (Lüning, Vahrenholt 2021, 86)

Es gibt aber auch sehr zurückhaltende Stimmen. Der Schweizer Astronom Sami Khan Solanki vermeidet in seiner Untersuchung *Solar variability and climate change: is there a link?*[49] offensichtlich eindeutige Aussagen und lässt die entscheidende Frage letztlich offen.

Die Studie *Das allmähliche Einsetzen des Maunder-Minimums wurde durch hochpräzise Kohlenstoff-14-Analysen nachgewiesen* (Gradual onset of the Maunder Minimum revealed by high-precision carbon-14 analyses), erstellt an der *Musashino Art University* von Tokio beschäftigt sich mit dem sogenannten Maunder-Minimum, eine Phase schwacher Sonneneinstrahlung, die die Mittelalterliche Warmzeit beendete und die Kleine Eiszeit bewirkte, in der neue Gletscher entstanden, die Temperaturen sanken und die ab 1850 nach

---

48   https://www.tempsvrai.de/sonne-historie.php
49   https://academic.oup.com/astrogeo/article/43/5/5.9/208306?login=false

und nach ihr Ende fand. Benannt wurde sie nach den Astronomen Annie und Edward Maunder. Mit dem Thema der schwankenden Temperaturen werden wir uns im nächsten Kapitel beschäftigen. Jetzt möchte ich auf interessante Aussagen zur Gegenwart unseres Zentralgestirns in dieser Studie aufmerksam machen:

> »Die Sonne weist Aktivitätsschwankungen im Hundertjahrestakt auf und erreicht manchmal ein großes solares Minimum, wenn die Sonnenaktivität extrem schwach wird und Sonnenflecken für mehrere Jahrzehnte verschwinden. Eine solche extreme Abschwächung der Sonnenaktivität könnte schwerwiegende klimatische Folgen haben und in einigen Regionen zu massiven Einbußen bei den Ernteerträgen führen. In den letzten zehn Jahren hat die Sonnenaktivität tendenziell abgenommen, was Anlass zu der Sorge gibt, dass die Sonne auf das nächste große Minimum zusteuert. (…) Da die Sonne seit dem Sonnenzyklus 23 (1996–2008 n. Chr.) eine Tendenz zur Zyklusverlängerung zeigt, kann das Verhalten des Sonnenzyklus 25 für die spätere Sonnenaktivität von entscheidender Bedeutung sein.« (Miyahara, H. et al. 2021, 1)

In dieselbe Kerbe schlägt eine Studie, die von Maria Mccrann und drei weiteren Forscherinnen an der Universität *La Trobe* in Melbourne erstellt wurde. Obwohl es vorrangig um die Entwicklung des Meeresspiegels geht, erachten die Autorinnen die Entwicklung der Erdtemperatur durch die zu erwartenden Wechsel der Intensität der Sonneneinstrahlung für wesentlich.

> »In Übereinstimmung mit vielen Studien, die einen 60-jährigen Zyklus in der Variation der Erdtemperatur festgestellt haben, wird erwartet, dass die Oberflächentemperaturen um 2030–2040 einen Tiefpunkt des Zyklus erreichen. Unter Berücksichtigung des Einflusses der solaren Trägheitsbewegung wird für die Sonnenzyklen 24 und 25 eine Verlangsamung der Sonnenaktivität vorhergesagt, die zu einem schwachen großen Minimum führen wird. Es wird erwartet, dass sich dieses schwache große Minimum in einem dämpfenden Effekt auf die globalen Temperaturen und einer anschließenden Abschwächung des Meeresspiegelanstiegs niederschlagen wird.« (Mccrann, M. et al. 2018, 24)

In der Schlussfolgerung wird erneut die Einbeziehung der Entwicklung der Sonneneinstrahlung auf das Weltklima moniert: »Daher wird die Einbeziehung von solaren und planetarischen Einflüssen in regionale Modelle empfohlen. Das Klima der Erde ist ein komplexes System, das von vielen Faktoren beeinflusst wird, die sich gegenseitig bedingen. Dies erschwert das Verständnis des Klimawandels auf der Erde, und es gibt noch viel zu tun, um den Einfluss der einzelnen Faktoren auf die Schwankungen des Meeresspiegels eindeutig zu bestimmen.« (Mccrann, M. et al. 2018, 28) Ich muss mich an dieser Stelle wiederholen, den Einfluss der Sonne einfach auf null setzten, das erscheint auch mir als Laie unplausibel.

Ich möchte noch auf eine weitere Position verweisen, die international diskutiert wird. Es geht dabei um die Studien des dänischen Physikers Henrik Svensmark. Seine Überlegungen lassen sich einfach zusammengefasst folgendermaßen formulieren: Aus dem Weltall strömt permanent ein Partikelstrom auf die Erde ein. Ein Teil davon wird durch das Magnetfeld der Sonne geschwächt. Wird es stärker, schützt es die Erde, wird es schwächer, strömen mehr Partikel in die Atmosphäre. Dieser Zusammenhang ist Konsens. Aber so Svensmark, dies habe auch Auswirkungen auf die Wolkenbildung.

»Svensmark und sein Team fanden heraus, dass diese winzigen Partikel [die kosmische Strahlung] zum Entstehen der Wolken in der unteren Atmosphäre beitragen. Die Wolkendecke wiederum beeinflusst die Temperatur der Erde. (…) Im Laufe des 20. Jahrhunderts wurde das Magnetfeld der Sonne stärker. Der Globus war in dieser Zeit besonders gut gegen den Partikelsturm abgeschirmt. Es bildeten sich weniger kühlende Wolken, und dadurch wurde es wärmer. ›Dieser Prozess‹, sagt Svensmark, ›erklärt den größten Teil des Anstiegs der globalen Durchschnittstemperatur in der zweiten Hälfte des 20. Jahrhunderts.‹«[50]

Der Zusammenhang zwischen der kosmischen Strahlung und der Bildung von Aerosol-Partikel konnte in Laborexperimenten »durch das CLOUD-Projekt am Schweizer Kernforschungszentrum CERN (Kirkby et al. 2011)«[51]

---

50 https://www.welt.de/wissenschaft/article5528858/Ein-Physiker-erschuettert-die-Klimatheorie.html
51 https://helmholtz-klima.de/klimafakten/behauptung-kosmische-strahlung-verursacht-den-klimawandel

bestätigt werden; dies konstatiert auch die stramm auf IPCC-Linie argumentierende Helmholtz-Klima-Initiative. Diese Aerosol-Partikel wiederum fördern die Wolkenbildung. Die Studien von Henrik Svensmark und seinem Mitarbeiter stießen wenig überraschend auf erbitterte Kritik, stellten sie doch das herrschende Narrativ in Frage. »Dabei hatte Svensmark die empirischen Daten ganz eindeutig auf seiner Seite. In der Zeit von 1983 bis 2002 verlief die globale Wolkenbedeckung in faszinierender Weise synchron zum elfjährigen Sonnenzyklus. Danach brach die Beziehung aber wieder zusammen, was Kritiker sogleich bemängelten.« (Lüning, Vahrenholt 2021, 94)

Ich möchte dieses Kapitel mit einem Blick auf Studien abschließen, die beweisen sollen, dass die Erderwärmung zu 95 % anthropogenen Ursprungs sein muss. Hans von Storch beschreibt diese Studien (an denen er teilweise auch mitarbeitete) primär als Resultat des Nobelpreisträgers Klaus Hasselmann. Ich versuche von Storchs Argumentation zusammenzufassen. Zuerst stellt er fest, dass aus Beobachtungen des Alltags keine Schlüsse auf die Entwicklung des Klimas gezogen werden können. »Tatsächlich kann der menschengemachte Klimawandel durch Beobachtungen im täglichen Leben gar nicht als ›menschengemacht‹ erkannt werden. Die Unterscheidung zwischen den Gletscherrückgängen als Folge des Endes der Kleinen Eiszeit oder als Folge der menschengemachten Erwärmung kann durch den Laien nicht getroffen werden.« (von Storch 2023, 34) Auf die Praxis, den Einfluss des Menschen aus bloßen Beobachtungen ableiten zu wollen, werde ich noch zu sprechen kommen. Fest steht jedenfalls, dass die beliebte Aussage, der menschengemachte Klimawandel sei ja angesichts der Phänomene sonnenklar, wissenschaftlich gesehen unkorrekt ist.

Der erste Schritt in einer sehr komplexen statistischen Untersuchung ist die sogenannte Detektion, also die »Entdeckung«, dass es »jenseits der Zufallsschwankungen im Klimasystem« Veränderungen gibt, die nicht aus natürlichen Ursachen erklärbar seien. In einem zweiten Schritt, der Attribution, werden jene Antriebe bestimmt, ohne diese »die Veränderung nicht erklärt werden können«. (von Storch 2023, 77) Man fragt sozusagen, was könnte es sonst sein und probiert so lange Faktoren, bis sie zu den Daten passten. Der erfolgreiche Kandidat ist die CO_2-Emission. Von Storch weist darauf hin, dass es sich dabei nicht um Modellrechnungen, sondern um statistische »post fest«, also nachträgliche Untersuchungen handelt.

Die hoch komplexen statistischen Analysen sind für Nicht-Mathematiker-Innen nicht nachzuvollziehen.[52] Es ist jedoch ein grundlegender methodischer Einwand möglich: Um Anomalien jenseits des statistischen Rauschens der Klimadaten festzustellen, muss ich über eine komplette, zureichende Theorie der natürlichen, »internen« Antriebe verfügen. Ich muss genau wissen, was natürliche Faktoren bewirken können und was nicht. Nur dann kann ich Anomalien entdecken. Nur dann kann ich sagen, diese mir bekannten (!) internen Faktoren können die Klimavariabilität nicht erklären. Aber was ist, wenn es »interne«, natürliche Faktoren gibt, die ich nicht kenne oder die unzureichend erforscht sind? Ich habe Hans von Storch in einem E-Mail diese Frage vorgelegt, aber ich fürchte, ich hatte mich zu unklar ausgedrückt. Seine freundliche und rasche Antwort bracht für mich keine Klärung meines methodischen Einwandes.

3. Temperaturentwicklung, Temperaturmessung und das 2-Grad-Ziel

Temperaturmessung ist ein komplexes Verfahren. Stellen Sie sich vor, es gelte, die Durchschnittstemperatur Ihrer Wohnung zumindest auf Zehntelgrade genau zu messen. Das erfordert ein Thermometer in jedem Zimmer, wohl am besten in der Mitte der Räume. Aber die Räume sind nicht gleich groß, also müssen die Quadratmeter berücksichtigt werden, die Ergebnisse sind zu gewichten. Die kühle Abstellkammer hat nicht dieselbe Größe wie das wärmere geräumige Wohnzimmer. Zudem muss täglich zur selben Uhrzeit gemessen werden. Bereits die Messung einer Wohnung ist ein schwieriges Unterfangen, aber es gilt die Welttemperatur zu bestimmen, und das seit Jahrtausenden. Daher ist es auch einsichtig, dass die Rohdaten statistisch bearbeitet werden müssen. Das wiederum öffnet Interpretationen Tür und

---

52 Wer sich doch die Mühe machen möchte, ein wichtiges Papier dazu lautet: C. Hegerl et al. (1996) Detecting Greenhouse-Gas-Induced Climate Change with an Optimal Fingerprint Method.

Tor, was auch durchaus benützt wird, um »unerwünschte« Ergebnisse der Temperaturentwicklung wegzurechnen.[53]

Grundsätzlich werden drei Verfahren benützt, um die Temperaturen zu bestimmen. Die erste Möglichkeit ist die Messung mit den klassischen Thermometern, die um 1850 begann und seither ausgeweitet wurde. Hier stellt sich das Problem des Standortes. Oftmals befanden sich Messstationen am Rande der Städte, durch deren Wachstum stehen sie heute mitten in verbautem Gebiet. Städte sind immer heißer als die Umgebung, sie zeigen also höhere Temperaturen als ihr Umland an. Das wird wohl berücksichtigt, aber geschieht dies auch korrekt?

Hier kommt eine weitere moderne Messmethode zu Hilfe, die Satellitenmessung, die im Jahre 1979 begonnen wurde. Auch hier ist klar, dass die Temperatur nicht einfach wie von einem Quecksilberthermometer abgelesen, sondern anhand der Daten berechnet werden muss. Ein unbestrittener Fachmann dafür ist Roy Spencer, der die monatlichen Abweichungen ausgehend vom Durchschnitt der Jahre 1991–2020 auf seiner Webseite publiziert.[54] Hier die Daten bis inklusive November 2023:

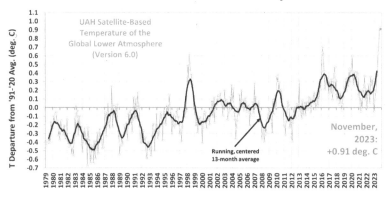

Sind schon die aktuellen Temperaturmessungen umstritten, so noch viel mehr die Rekonstruktionen der früheren Temperaturen. Um diese zu erfassen, gibt es mehrere Methoden. Als Proxy (Hilfsquellen) werden vor

---

53 Zum Beispiel in diesem Artikel: https://scilogs.spektrum.de/klimalounge/das-globale-temperatur-puzzle/
54 https://www.drroyspencer.com/

allem die Baumringe und die Eiskernbohrungen herangezogen. Aber auch hier kann man nicht wie von einem Thermometer ablesen, die Temperaturen müssen aufwendig berechnet werden, was wiederum Spielräume für Interpretationen eröffnet. Eine weitere, jedoch nur lokal aussagekräftige Quelle, sind historische Berichte und Bilder. So etwa das Bild von Thomas Wyke, welches die zugefrorene Themse der Jahre 1683/84 zeigt. Ähnliche Bilder aus der Kleinen Eiszeit gibt es aus Holland. Die Geschichtswissenschaft stellt noch weitere Quellen zur Verfügung, etwa Aufzeichnungen über Ernten und Anbaumöglichkeiten. Auch daraus lassen sich Schlussfolgerungen für die Temperaturentwicklungen ableiten. Zudem stellt sich immer die Frage, für welchen Bereich der Erde sind die Rekonstruktionen aussagekräftig? Gilt die Kleine Eiszeit nur für Europa, oder aber auch für Asien und Südamerika?

Die Hockey-Stick-Debatte

Eine entscheidende Rolle in der Debatte um die historische Temperaturentwicklung spielt bis heute die so genannte Hockey-Stick-Theorie. Worum ging es bei dieser Theorie und warum heißt sie so? »Der Hockey Stick wurde im März 1999 von einer vierköpfigen US-Forschergruppe um Michael E. Mann veröffentlicht. Mann hatte erst im Jahr zuvor promoviert und wurde damals sogleich zum Leiter des 3. IPCC-Klimazustandsberichts gekürt. Eine wahrhaft steile Karriere.« (Lüning, Vahrenholt 2021, 38) Michael Mann und seine Mitarbeiter legten eine grafische Darstellung der Temperaturentwicklung der nördlichen Hemisphäre vor (zur südlichen Hemisphäre gab es keine Aussagen), die eine sehr konstante Temperatur bis eben 1850 vorsah. Diese Linie nahm dann circa 1850 einen steilen Anstieg, die Kurve ergab insgesamt das Bild eines Hockey-Schlägers. Über fast zweitausend Jahre wären die Temperaturen konstant gewesen, bis sie ab 1850 steil ansteigen. Dieser Hockey-Schläger wurde 2001 im dritten Sachstandsbericht vom IPCC mit großem Pomp und Tara präsentiert. Endlich schien die These der ausschließlich menschengemachten Erderwärmung auf festen wissenschaftlichen Füßen zu stehen. Mann war 2001 gerade 34 Jahre alt und schien bereits am Zenit seiner internationalen Karriere angelangt zu sein. War er es doch, der der Klimawissenschaft zum eigentlichen Wendepunkt verholfen hätte. Bis zur Gegenwart liefert diese Theorie der Alarmisten-Szene die Stichworte. Wer kennt nicht Sätze wie »Noch nie gab es einen so radikalen Temperaturanstieg wie in den letzten 150 Jahren« oder »Niemals zuvor haben Menschen derartige Hitze erlebt«?[55] Diese und ähnliche Aussagen sind Nachklänge einer Behauptung über die Temperaturentwicklung der letzten 2000 Jahre.

Es muss für Michael Mann eine große narzisstische Kränkung gewesen sein, dass ein Außenseiter den Stein ins Rollen brachte. Es war Stephen McIntyre, ein kanadischer Bergbauspezialist und Statistiker, der die Methode von Michael Mann bis zur Gegenwart weiterführte. Mann benutzte nämlich Baumringe, um die Temperatur vor 1850 zu rekonstruieren. McIntyre zeigte, dass die Baumringemethode auf die letzten Jahrzehnte angewendet eine Abkühlung statt einer Erwärmung feststellte. »Wendete man die gleichen Transferfunktionen an, die man für die historische Zeit nutzte, so wiesen die neuesten Proxy-Daten der Baumringe auf eine Abkühlung hin. Die Thermometerdaten hingegen beschrieben eindeutig eine Erwärmung; in der Zeit von 1960 bis 1990 stimmte die Transferfunktion also nicht.« (Krauß, von Storch 2013, 90) »Ob sie vorher, vor 1880, richtig gewesen ist, kann man nicht wissen, sondern nur annehmen.« (Krauß, von Storch 2013, 91) »Man legte sich, noch während der IPCC-Verhandlungen [für den dritten Sachstandsbericht des IPCC], das Argument zurecht, dass die Abweichungen etwa mit dem veränderten CO_2-Level in der Luft zu tun haben und die Proxydaten daher seit Mitte des 20. Jahrhunderts keine zuverlässigen Temperaturarchive seien.« (Krauß, von Storch 2013, 112)

Weitere Kritiken folgen und es steht nun außer Zweifel, dass die Hockey-Stick-Theorie falsch ist. Auch die sehr sachlich argumentierende *Zentralanstalt für Meteorologie und Geodynamik,* nun in *Geosphere Austria* umbenannt, sieht die Hockey-Stick-These als falsifiziert an:[56] »Innerhalb der Fachwissenschaft wurde jedoch weiter viel Arbeit investiert und wie so oft stellte

---

55 https://www.telepolis.de/features/Juni-Rekord-Niemals-zuvor-haben-Menschen-derartige-Hitze-erlebt-9208915.html
56 Und was sagt unser Wikipedia Autor Andol dazu? »Von Storchs Kritik am Hockeystick ist bekannt, aber wurde bereits 2005 von anderen Autoren widerlegt. (…) Der Hockeystick wurde immer wieder bestätigt, auch wenn Klimaleugnerblogs in den letzten Wochen den Mythos des Fakes wieder aufgemacht haben. Damit hat das hier nichts verloren. Viele Grüße, Andol (Diskussion) 17:59, 25. Sep. 2019« https://de.wikipedia.org/wiki/Diskussion:Intergovernmental_Panel_on_Climate_Change#Von_Storch

sich die Wahrheit als differenzierter heraus. Das Dogma des Hockeyschlägers wurde innerhalb weniger Jahre von der Gesamtheit breit gestreuter Rekonstruktionen abgelöst.«[57] Anstatt eine langfristig kontinuierlich gleichbleibende Temperatur zu zeigen, ergeben Rekonstruktionen des Klimas für die nördliche Hemisphäre folgende Schwankungen: Auf die Römische Warmzeit (250 v. Chr. bis 400 nach Chr.) folgte ein Kälteeinbruch, der von der Mittelalterlichen Wärmeperiode (800 bis 1300) abgelöst wurde. Danach kam die Kleine Eiszeit, 1300 bis 1850. Die rekonstruierte CO_2-Konzentration schwankte während der gesamten Zeit zwischen 280 bis 300 ppm. PaläontologInnen arbeiten selbstverständlich mit dieser Einteilung, wobei die Klimaschwankungen auch zur Erklärung sozialhistorischer Phänomene herangezogen werden.[58] Auch für die weiter zurückliegende Vergangenheit können Klimaschwankungen gesellschaftliche Entwicklungen (mit)erklären. Als Wiege des Menschen wird das Zweistromland zwischen Euphrat und Tigris bezeichnet. Es waren offenbar bedeutende klimatische Verhältnisse, die den frühen Hochkulturen ein Ende bereiteten. Seit Jahrhunderten besteht dieser Landstrich, im heutigen Irak und in Syrien gelegen, aus kargen Steppen und trockenem Bergland. Unter diesen Bedingungen hätten sich niemals diese bis dato nur teilweise erforschten Hochkulturen entwickeln können. Das Ägypten der Pharaonen baute Städte, die heute mitten in der Sahara liegen. Auch für andere Kontinente werden Aufstieg und Zerfall von Hochkulturen auf massive Klimaschwankungen zurückgeführt.[59] Kurzum, die Theorie des Hockey-Stick stimmt mit diesen Fakten nicht überein. Allerdings sträuben sich die Alarmisten hartnäckig gegen diese Erkenntnis.

»Der Kampf um die Bedeutung [der Hockeyschläger-These] wurde persönlich, man kann von einer offenen Feldschlacht reden, bei der keine Gefangenen gemacht und viele Verletzungen zugefügt wurden.« Und die Autoren fügen hinzu: »(...) So hat sich die Klimaforschung als gesellschaftlich relevante Wissenvermittlerin von diesem Schlag nie wirklich erholt.« (Krauß, von Storch 2013, 83) Kritik wurde auch mit den Mitteln der Begutachtung

---

[57] https://www.zamg.ac.at/cms/de/klima/informationsportal-klimawandel/standpunkt/klimavergangenheit/palaeoklima/2.000-jahre
[58] Ein gutes Beispiel ist folgende Studie: F.C. Ljungqvist et al. (2020) *Climate and society in European history*
[59] https://www.spiegel.de/wissenschaft/natur/temperatur-daten-klima-der-vergangenen-2000-jahre-fuer-alle-kontinente-a-895356.html

verhindert. »Exakt die Autoren, die die Hockeyschlägerkurve in die Welt gesetzt hatten, befanden nun über Studien, die ihre eigene Arbeit in Frage stellten – und beurteilten sie stets als unglaubwürdig und methodisch problematisch. Kurz: Sie sorgten dafür, dass sie nicht oder nur eingeschränkt veröffentlicht wurden. (...) Gutachtergruppen, wie die von Michael Mann & Co., haben die sehr wirksame Funktion von Torwächtern in den relevanten Zeitschriften.« (Krauß, von Storch 2013, 90) McIntyre wurde seine Intervention nie verziehen. »Letztlich wurde McIntyre vom wissenschaftlichen Mainstream einfach weggebissen, möglicherweise in einem Akt falsch verstandenen Korpsgeists und in Unterstützung der guten Sache der ›richtigen‹ Klimapolitik.« (Krauß, von Storch 2013, 94) Michael Mann war keineswegs bereit, seine Niederlage zur Kenntnis zu nehmen. Bis zur Gegenwart zählt er zum extremen Flügel der Alarmisten und verfasst Bücher mit bezeichnenden Titeln wie: *The New Climate War*. »Die Idee für den deutschen Titel *Propagandaschlacht ums Klima* stammt von Stefan Rahmstorf.«[60]

Um mich nicht des Vorwurfs auszusetzen, bestimmte Entwicklungen in der Klimaforschung auszublenden, möchte ich auch auf eine neue Version des Hockey-Sticks hinweisen. Sie stammt von der Forschergruppe PAGES2k, deren Koordinationsstelle auf der Universität Bern beheimatet ist. Eine treibende Kraft dieser neuen Version ist laut Vahrenholt und Lüning der Klimaforscher Thomas Stocker. »Im Jahre 2015 kandidierte Stocker für den IPCC-Gesamtvorsitz, unterlag jedoch dem Südkoreaner Hoesung Lee. Stocker war Leitautor der technischen Zusammenfassung und Co-Autor der Zusammenfassung für Politiker des 3. IPCC Klimazustandsberichts [im Jahre 2001 K. R.], in welchem der Hockey-Stick eine zentrale Rolle spielte.« (Lüning, Vahrenholt 2021, 38f) Wie wurde nun die neue Version begründet? Die Mittelalterliche Warmzeit wurde einfach weggerechnet. Wie anfangs bemerkt, müssen die Proxy-Daten klarerweise berechnet und kalibriert werden. Baumringe und Eisbohrkerne sind keine Thermometer. Das eröffnet die Möglichkeit, ›unerwünschte‹ Ergebnisse wegzurechnen. Trotzdem: Die Temperaturschwankungen von der Römischen Warmzeit, dem darauffolgenden Kälteeinbruch, der Mittelalterlichen Warmzeit und der darauffolgenden Kleinen Eiszeit sind kaum noch zu bestreiten. Es mag nur ein Detail sein, aber

---

60 https://www.dgs-franken.de/medien/propagandaschlachtumsklima/

ein bezeichnendes: In der Studie *Zermatt und die Hochalpenpässe* von Alfred Lüthi ist auf Seite 25 zu lesen:

> »Die sensationelle Feststellung, dass sich auf 3000 Meter über Meer einwandfrei römische Geleise auffinden ließen, ist der beste Beweis dafür, dass der Theodul [ein Pass in 3295 Meter Höhe] nicht nur ausgebaut war, sondern zumindest auf der Bergstrecke mit Karren befahren werden konnte. Dies war natürlich nur zu einer Zeit möglich, als das gesamte Passgebiet im Sommer schneefrei war. Klimageschichtlich wird damit bewiesen, dass sich nicht nur gewisse Jahrhunderte des Hochmittelalters durch eine besondere Klimagunst auszeichneten, sondern ebenso einzelne Perioden der Römerzeit.« (Lüthi 1978, 25)

Die unterschiedlichen Auffassungen liegen sozusagen im Detail: Sind die Temperaturen während der Wärmeperioden mit den gegenwärtigen zu vergleichen? Lagen sie in der Mittelalterlichen Warmzeit sogar über den heutigen? Sind diese Schwankungen bloß ein Phänomen Europas und des nördlichen Atlantiks oder traten sie weltweit auf? Und vor allem: Was waren die Ursachen? Dass solche Temperaturschwankungen weltweite Phänomene waren, ist wohl weitgehend Konsens. Ob sie während der Mittelalterlichen Warmzeit einige Zehntelgrade über oder doch unter den heutigen Temperaturen lagen, darüber wird erbittert gestritten. Insbesondere für die Kleine Eiszeit wird der Einfluss der Sonne genannt. Das weitgehende Verschwinden der Sonnenflecken zwischen 1645 und 1715 wurde von den Astronomen Annie und Edward Maunder entdeckt und wird seitdem als Maunder Minimum bezeichnet. Weniger Sonnenflecken zeigen eine ›kühlere‹ Sonne an. Die damals geringere Sonneneinstrahlung erklärt den Temperaturabfall. Es gibt klarerweise auch Studien, die diese Position relativieren.[61] Ein Faktor scheint mir jedoch zu salopp in der populären Diskussion genannt zu werden: die Vulkane. Dass bei einem Ausbruch die Aerosole in der Atmosphäre die Temperatur senken, ist leicht nachzuvollziehen, aber für wie lange?

---

61 So die Arbeit: *The Maunder minimum and the Little Ice Age: an update from recent reconstructions and climate simulations* von J. Owens et al. (2017) https://www.swsc-journal.org/articles/swsc/full_html/2017/01/swsc170014/swsc170014.html

»Damit es zu einer erkennbaren Klimawirksamkeit kommen kann, müssen die Auswurfmaterialien und ihre Folgeprodukte relativ lange in der Atmosphäre bleiben. Das ist nicht der Fall, wenn der Ausbruch unterhalb der atmosphärischen Sperrschicht der Tropopause bleibt. Troposphärische Aerosole (unterhalb der Tropopause) bleiben nur ein bis drei Wochen, stratosphärische Aerosole (oberhalb) bleiben ein bis drei Jahre in der Atmosphäre. (Die Asche des 2010 ausgebrochenen Eyjafjallajökull auf Island reichte nur zu Beginn kurz etwas über die Tropopause und verblieb später darunter.)«[62]

Die Kleine Eiszeit, die immerhin etwa 550 Jahre dauerte, mit Vulkanausbrüchen erklären zu wollen, erscheint mir nicht plausibel. In Artikeln, die Vulkane als Ursache für Abkühlung nennen, werden die Folgen eines Ausbruchs auch auf wenige Jahre, ja oft nur auf eines beschränkt.[63] Kurzum, langjährige Klimaschwankungen primär mit Vulkanausbrüchen erklären zu wollen, ist offenbar kein gangbarer Weg.

Zu Beginn des Buches wurde die Gesamterwärmung der Erde seit 1850 mit 1,2 Grad angegeben. Nun wollen wir einen genaueren Blick auf die Temperaturentwicklung werfen. Der Anstieg erfolgte keinesfalls gleichmäßig. Es gab sogar Phasen, in denen die Temperatur sank, so zwischen 1940 und 1970, ein Zeitraum von immerhin 30 Jahren.[64]

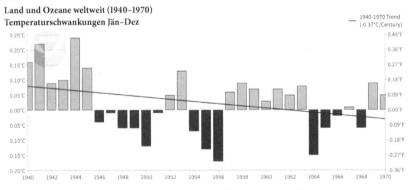

(https://www.ncei.noaa.gov/access/monitoring/climate-at-a-glance/global/time-series)

62 https://www.zamg.ac.at/cms/de/klima/informationsportal-klimawandel/klimasystem/antriebe/vulkane
63 https://www.deutsches-klima-konsortium.de/de/klimafaq-11-2.html
64 https://www.ncei.noaa.gov/access/monitoring/climate-at-a-glance/global/time-series/globe/land_ocean/12/12/1940-1970?trend=true&trend_base=100&begtrendyear=1940&endtrendyear=1970e

Die in dieser Phase sinkenden Temperaturen im Zusammenhang mit dem Golfstrom bescherten uns die Prophezeiung einer neuen Eiszeit. Bildmontagen der eisbedeckten Freiheitsstatue in New York zierten die Titelblätter der Magazine und Hollywood lieferte uns später den Klimaschocker *The Day After Tomorrow*. Der Kollaps des Golfstromes bestimmte in den 1970er-Jahren die alarmistische Klimaberichterstattung. Gegenwärtig wird das Versiegen des Golfstroms als einer der möglichen Kipppunkte, insbesondere vom *Potsdam-Institut für Klimafolgenforschung*, genannt. Ich diskutiere dieses Thema im Kapitel zu diesem Institut.

Und wie entwickelte sich in dieser Zeit von 1940 bis 1970 die Ppm-Konzentration von CO_2 in der Atmosphäre? Das ist nicht umfassend zu beantworten, zumal die Messungen des Observatoriums Mauna Loa auf Hawaii erst 1958 begannen. Die ersten Messdaten 1958 zeigen 315 ppm, in den Jahrhunderten davor lagen sie um 280. Danach stieg der Gehalt fast linear auf die heutigen Werte um 420 ppm. Ein Anstieg ab dem Jahr 1958 bis zum Jahr 1970 von 315 auf 325 ist jedenfalls verbrieft. Ein einfaches lineares Verhältnis zwischen CO_2-Gehalt in der Atmosphäre und der Temperaturentwicklung ist offensichtlich nicht gegeben. Obwohl sich die Ppm-Konzentration seit Beginn der Messung 1958 sehr linear entwickelt, zeigt die Temperaturentwicklung Phasen des Anstiegs, aber auch Phasen, in denen die Erdtemperatur gleich blieb.

Eine weitere Pause der Erwärmung wird von den Autoren Hans von Storch und Werner Krauß zwischen den Jahren 1998 und 2010 konstatiert. »Seit 1998 ist die globale Lufttemperatur, als deutlichster Indikator des menschengemachten Klimawandels, zumindest bis zum gegenwärtigen Zeitpunkt (die Daten für 2011 liegen vor) nicht mehr nennenswert angestiegen.« (Krauß, von Storch 2013, 125) »Eine vieljährige Stagnation ist festzustellen, die seit 13 oder 14 Jahren anhält. Ob nun gar keine Erwärmung vorliegt oder nur eine kleine, spielt keine Rolle. Klar ist, dass die Erwärmung in diesen Jahren deutlich geringer war als das, was die Modelle andeuteten.« (Krauß, von Storch 2013, 126) Ebenso dokumentierten Fritz Vahrenholt und Sebastian Lüning dieses spezielle Phänomen: »Die globale Durchschnittstemperatur stagnierte, weshalb die Zeit 2000–2014 auch als ›Hiatus‹ bezeichnet wird. Zahlreiche Forschergruppen bestätigen und analysieren das unerwartet eingetretene Phänomen.« (Lüning, Vahrenholt

2021, 60)⁶⁵ Eine weitere Erwärmungspause trat ab 2016 bis 2022 ein, wie sowohl die Satellitendaten als auch die Grafik des *National Centers for Environmental Information* zeigt. 2015/16 war, wie auch 2023/24, ein besonders starkes El-Niño-Jahr. Einmütig wird in der Literatur dieses Phänomen auch für die Rekordtemperaturen 2016 genannt, danach sind die Temperaturen weltweit jedoch wieder leicht gesunken.

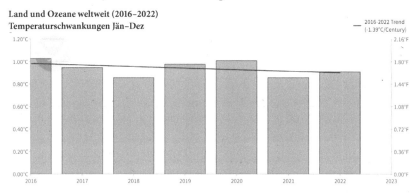

(https://www.ncei.noaa.gov/access/monitoring/climate-at-a-glance/global/time-series)

Ein Wort zu den mit offensichtlicher Angstlust verkündeten Temperaturrekorden. Wäre der Temperaturanstieg seit 1850 kontinuierlich linear, wie gering auch immer, das letzte Jahr wäre immer das heißeste. Diese Panik provozierenden Aussagen haben jedoch keinen eigenen Erkenntniswert, sondern formulieren nur die Tatsache, dass die Welttemperaturen ab 1850 angestiegen sind. 2023 war ein weiteres starkes El-Niño-Jahr, der heißeste September der Messgeschichte wurde bereits verkündet.

Temperaturentwicklung

Die Temperaturentwicklung ist nicht auf allen Kontinenten gleich. Wie man der Grafik im ersten Kapitel leicht entnehmen kann, fällt der stärkere

---

65 Die Autoren geben folgende Quellen dafür an: Kosaka, Y., Xie, S.-P. (2013): Recent global-warming hiatus tied to equatorial Pacific surface cooling: Nature 501, 403.; Zhou, C., Wang, K. (2016): Spatiotemporal Divergence of the Warming Hiatus over Land Based on Different Definitions of Mean Temperature: Scientific Reports 6 (1), 31789.; Liu, B., Zhou, T. (2017): Atmospheric footprint of the recent warming slowdown: Scientific Reports 7 (1), 40947.; Deser, C.

Temperaturanstieg eben nicht in den Beginn der Industrialisierung, sondern begann erst ungefähr ab 1970. Dieses Jahr als Ausgangsbasis gewählt, zeigt laut NCEI (*National Centers for Environmental Information*) folgende Temperaturanstiege: Europa 2,0, Nord Amerika 1,80, Südamerika 1,20, Asien 1,80, Arktis 2,40, Antarktis 0,10. Die Ozeane haben sich um 0,70, das Land um durchschnittlich 1,40 Grad erwärmt.[66] Von besonderem Interesse ist klarerweise die zukünftige Entwicklung der Temperaturen. Herrscht schon über die Temperaturentwicklung der Vergangenheit kaum Konsens, so noch weniger über jene der Zukunft oder gar der fernen Zukunft.

Wenn man einfach die aktuellen Trends, die sich aus den Satellitenmessungen ergeben, linear fortschreibt, so würde sich die Erde bis 2100 um ein weiteres Grad erwärmen, die Meere um 0,9 Grad, das Land um 1,5 Grad. Interessant sind die Voraussagen des IPCC. In dem Dokument *Klimawandel 2021, Naturwissenschaftliche Grundlagen. Zusammenfassung für die politische Entscheidungsfindung* findet sich eine Grafik, in der die zu erwartenden Temperatursteigerungen dargestellt sind.

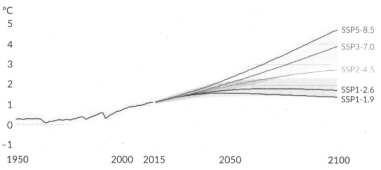

(IPCC 2021a, 23; zur Klarstellung, die Zahlen nach den SSP beziehen sich nicht auf Temperaturen, sondern auf die angenommene Erderwärmung Watt pro Quadratmeter.)

Die Grafik ist insofern etwas irreführend, als die errechneten Endtemperaturen des Jahres 2100 keineswegs die *weiteren* vermuteten Temperaturerhöhungen anzeigen. Um die *zusätzliche* erwartete Temperaturerhöhung

---

66   Quelle: https://www.ncei.noaa.gov/access/monitoring/climate-at-a-glance/global/time-series

zu errechnen, müssen die inzwischen bis 2015 »verbrauchten« 1,2 Grad abgezogen werden. Der IPCC[67] nimmt fünf verschiedene Entwicklungspfade, SSPs (*Shared Socioeconomic Pathways*), des Umgangs der Menschheit mit den Emissionen an. (Was es mit den SSPs auf sich hat, werde ich in Kapitel 7 genauer erläutern. Ebenso sei darauf verwiesen, dass der Entwicklungspfad SSP5 heftig kritisiert wurde und keinesfalls die zu erwartende Entwicklung bei »Business as usual« bedeutet.) Es ergeben sich laut IPCC folgende *weitere mögliche* Temperatursteigerungen auf der Basis des Jahres 2015: 0,40, 0,70, 1,80, 3,0 und 3,80 Celsius.

Das 1,5- und 2-Grad-Ziel

Warum gerade die Temperaturen um 1850 die »richtigen« für die Welt sein sollen, diese Frage wurde hier schon öfters gestellt. Sie waren auf allen Kontinenten in den vorhergehenden Jahrhunderten teils höher, teils auch niedriger. Diese als vorindustrielles Niveau bezeichneten Temperaturen wurden zum Maßstab und Ideal der Welttemperatur erklärt. Das Kyoto-Protokoll und alle anderen internationalen Vereinbarungen orientieren sich an ihnen.[68] Das Pariser Abkommen von 2015 nennt nun zwei konkrete Zahlen, 2 Grad und 1,5 Grad. »(a) Begrenzung des Anstiegs der globalen Durchschnittstemperatur auf deutlich unter 2° C über dem vorindustriellen Niveau; Anstrengungen, um den Temperaturanstieg auf 1,5° C über dem vorindustriellen Niveau zu begrenzen. Das vorindustrielle Niveau ist der Mittelwert der Jahre 1850–1900.«[69]

Wie kam es überhaupt zum 2-Grad-Ziel als absolut noch akzeptables Maß der Erwärmung und dem 1,5-Grad-Ziel als primär anzustrebendes? Die Debatte um begründbare Ziele begann bereits in den 1990er-Jahren. Krauß und Von Storch erzählen die Entstehung folgendermaßen: »Für jede denkbare Emissionsminderung schätzt man ab, mit welchen Kosten diese Minderung einhergeht und welche Anpassungskosten dann verbleiben, um dann jene Minderung abzuleiten, welche die kleinsten Gesamtkosten hat, die sich wiederum aus Vermeidungs- und Anpassungskosten zusammensetzen. Dabei

---

67 Einfach schnörkellos Klartext zu reden, ist nicht die Sache der IPCC-Reports.
68 Das Kyoto-Protokoll, 1997 beschlossen und 2005 in Kraft getreten, beinhaltet eine Verpflichtung zur Senkung der Treibhausgase. Die USA ist dem Abkommen nie beigetreten, Kanada 2011 ausgetreten.
69 https://www.ipcc.ch/site/assets/uploads/2020/07/SR1.5-FAQs_de_barrierefrei.pdf

wurde angenommen, dass die Anpassungskosten proportional zum Temperaturtrend und die Minderungskosten proportional zum Quadrat der Masse der eingesparten Emissionen sind.« (Krauß, von Storch 2013, 30f) Ich versuche die etwas verwirrenden Aussagen schrittweise zu formulieren. Unter Anpassungskosten sind Ausgaben für Maßnahmen zu verstehen, die die Folgen der Erwärmung abmildern sollen, etwa für Küstenschutz oder Entsiegelung der Oberfläche. Unter Vermeidungskosten sind die bekannten Ausgaben für die Senkung der CO2-Emissionen zu verstehen. Man stellt also zwei Fragen, erstens, was kostet es, die Erderwärmung *selbst* zu begrenzen? Und zweitens, was kostet es, die *Folgen* der Erderwärmung zu minimieren? Gesucht wurde sozusagen ein Idealziel, mit der optimalen Mischung aus Kosten für die Emissionssenkung und den Kosten für die Anpassung an die Klimaerwärmung.

Oder anders gefragt, bis zu welcher Temperatursteigerung halten sich beide Ausgaben in Grenzen. »Eine Variante war zum Beispiel, die Anpassungskosten bei einer Änderung von mehr als x Grad als unendlich groß anzusetzen. Später, am PIK [*Potsdam-Institut für Klimafolgenforschung*], setzte man dann x=2, weil man davon ausging, dass jenseits der 2 Grad die Risiken deutlich steigen und zunehmend unkontrollierbar werden würden. Das war die Geburt des 2-Grad-Zieles, das heute im Zentrum der globalen Klimaverhandlungen und der Klimadebatte steht. Es gibt verschiedene Ansichten darüber, wer wann genau das 2-Grad Ziel zuerst vorgeschlagen hatte, aber Bundesregierung und EU folgten dieser Vorgabe.« (Krauß, von Storch 2013, 31) Die Frage lautete also, ab welcher Temperatursteigerung gehen die Kosten für die Maßnahmen gegen die Erderwärmung wie Küstenschutz, Bau von nötiger Infrastruktur für die Wasserversorgung, Hochwasser- und Überschwemmungsschutz usw. ins Unendliche. Die Antwort, unter anderem vom *Potsdam-Institut für Klimafolgenforschung* favorisiert, lautete: ab zwei Grad. Auf der deutschen Wikipedia-Seite zum 2-Grad-Ziel ist unter anderem zu lesen: »Eine 2018 in *Nature* erschienene Studie kam zu dem Ergebnis, dass bei einer Erderwärmung um 2 Grad die ökonomischen Schäden um wahrscheinlich mehr als 20 Billionen US-Dollar höher ausfallen würden als bei einer Erderwärmung um 1,5 Grad. Demnach werden die Mehrkosten zum Erreichen des 1,5-Grad-Ziels auf etwa 300 Milliarden Dollar beziffert, sodass das Nutzen-Kosten-Verhältnis bei der Begrenzung der Erderwärmung auf 1,5 statt 2 Grad etwa 70 beträgt. Deutlich größere ökonomische Schäden ergeben sich demnach ohne stringente Klimaschutzmaßnahmen. So könnte eine Erderwärmung bis 2100 um 2,5–3 Grad zu zusätzlichen wirtschaftlichen Schäden führen, die 15–25 % des Pro-Kopf-Bruttoweltproduktes betragen, bei 4 Grad mehr als 30 %.«[70]

Die ursprünglichen Begründungen für das 2-Grad-Ziel waren offensichtlich ökonomische. Es ging um Kostenminimierung. Ich habe, abgesehen von der zitierten Passage im Buch von Werner Werner Krauß und Hans von Storch, *Die Klimafalle: Die gefährliche Nähe von Politik und Klimaforschung*, und im soeben angeführten Passus aus dem Wikipedia-Beitrag keine informative[71] Darstellung der ursprünglichen Überlegungen gefunden, die zum 2-Grad-Ziel geführt haben. Ganz im Gegensatz zur Frage, was passieren würde, wenn es nicht eingehalten wird. Da quellen die verschiedenen Texte, Blogs und Resolutionen geradezu vor Warnungen über, die Erde würde in ein gefährliches Zeitalter taumeln und die Zeit der Kipppunkte sei gekommen. In der gegenwärtigen Debatte wird fast ausschließlich auf die prognostizierten Folgen verwiesen, auf seinerzeitige Berechnungen jedoch so gut wie nie. »Die 2-Grad-Marke wurde als Kipppunkt identifiziert, der nicht überschritten werden darf.« (Krauß, von Storch 2013, 108) Mit dem Panikbegriff Kipppunkte werden wir uns im Abschnitt zum *Potsdam-Institut für Klimafolgenforschung* noch ausführlich beschäftigen.

4. Ozeane und der Meeresspiegel

Dass die Erderwärmung zu einem drastischen Anstieg der Ozeane führen würde, gilt in der Öffentlichkeit als unbestreitbare Gewissheit. Um auch einmal eine Stimme aus der Wirtschaft zu Wort kommen zu lassen, sei die Geldanlage-Firma ÖKOWORLD zitiert. In der Aufzählung des kommenden Unheils darf natürlich der Meeresspiegelanstieg nicht fehlen. »ÖKOWORLD KLIMA investiert in Klimaschutz. Die globale Erwärmung – verursacht vor allem durch die zunehmende Verbrennung fossiler Energieträger – sorgt für schmelzende Polkappen und Gletscher sowie zunehmend extremere

---

70 https://de.wikipedia.org/wiki/Zwei-Grad-Ziel
71 Aussagen, wo in welchen Zusammenhängen die 1,5- oder 2-Grad-Klimaziele in Erklärungen aufgenommen wurden und warum sie einzuhalten seien, gibt es zuhauf. Aber eine Analyse der ursprünglichen Überlegungen dazu habe ich nicht gefunden.

Wetterereignisse. Wirbelstürme, Überflutungen, Dürren nehmen zu, und die Meeresspiegel steigen.«[72] Auf der Webseite von ÖKOWORLD findet sich dazu der Button »Jetzt Depot eröffnen«. Auch das Finanzkapital reiht sich in die Gruppe der Mahner ein.

Die tatsächlichen Daten und Voraussagen lassen den steigenden Meeresspiegel etwas weniger dramatisch erscheinen. Der IPCC prognostiziert einen Anstieg des Meeresspiegels ab 2021 bis 2100 um 30 bis 95 Zentimeter. (IPCC 2021a, 23) Diese Information muss mühsam aus der Grafik rekonstruiert werden, im Text selbst wird diese einfache und klare Information nicht angegeben. Der IPCC lässt uns auch weit in die Zukunft blicken, so könnte es im Jahre 2300 zu einem Anstieg von bis zu 7 Metern kommen. Diese Vorhersage bezieht sich auf die berühmt-berüchtigten Shared Socioeconomic Pathways SSP5–8.5, mehr dazu im Kapitel zum IPCC. Sehen wir uns weitere Quellen an. Die Seite *meteo.plus*, eine Wetterinformationsseite, schreibt zur weltweiten Entwicklung: »Die folgende Grafik zeigt die Veränderung des weltweiten Meeresspiegels für den Zeitraum 1992 bis heute. Abgesehen von kurzzeitigen Verzögerungen und Beschleunigungen steigt der Meeresspiegel zwischen 3 und 4 mm pro Jahr.«[73] Das würde einen weiteren Anstieg bis 2100 von etwa 28 Zentimetern bedeuten. Die *Sea Level Research Group* der Universität von Colorado berechnet einen Anstieg von 3,4 plus/minus 0,4 Millimeter pro Jahr bei einer Beschleunigungsrate des Anstiegs um 0,084 plus/minus 0,025 Millimeter pro Jahr.[74] Auch hier ergibt die Überschlagsrechnung etwa 30 Zentimeter Anstieg bis 2100.

Wenden wir uns der Arbeit von René M. van Westen and Henk A. Dijkstra zu, die den Titel *Ozeanwirbel beeinflussen stark den globalen Mittelwert der Meeresspiegel-Projektionen* (Ocean eddies strongly affect global mean sea-level projections) trägt. (van Westen, M. R. et al. 2021) Darin werden nämlich die einzelnen Faktoren, die zu einer Erhöhung des Meeresspiegels führen können, akribisch untersucht und dann zu einem Gesamtbild zusammengetragen. Die Autoren arbeiten sowohl mit dem HR-CESM-(High Resoution Community Earth System Model)- als auch mit dem LR-CESM-(Low-resolution Community Earth System Model)-Modell, was bedeutet, die Erde wird mit

72   https://www.oekoworld.com/privatpersonen/investmentfonds/oekoworld-klima/portrait
73   https://meteo.plus/meeresspiegel.php
74   https://sealevel.colorado.edu/

feinem oder gröberem Raster untersucht. Eingeschätzt wird der Beitrag der Gletscherschmelze des grönländischen Eises, ebenso die Gletscherschmelze der Antarktis, wobei die verschiedenen Gebiete dieses Kontinentes für sich untersucht werden. Hinzugerechnet wird das allgemeine Abschmelzen der Gletscher. Neben einer Betrachtung der Antarktis untersuchen die Forscher separat die Ostantarktis, die Ross- und die Amundsenregion, die Weddellregion und die antarktische Halbinsel. Wie groß ist nun laut diesen Untersuchungen der Anteil der verschiedenen Faktoren an der Erhöhung des Meeresspiegels? Der bedeutendste Beitrag zum Meeresspiegelanstieg »is caused by (thermo)steric effects«. (van Westen, M.R. et al. 2021, 2) »(Thermo)steric effects« ist ein Ausdruck, der auf die Ausdehnung des Meeres durch Erwärmung und durch einen veränderten Salzgehalt verweist.

Mittlerer globaler Meeresspiegelanstieg

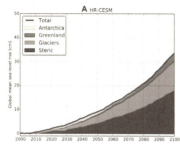 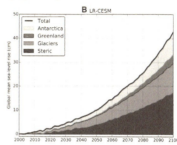

(van Westen, M.R. et al. 2021, 2)

In den Berechnungen, die auf hoher Auflösung beruhen (HR-CESM) fällt der Anteil des geschmolzenen antarktischen Eises kaum ins Gewicht. In Summe ergibt die Berechnung auf hoher Auflösung basierend eine Erhöhung um 33 Zentimeter, jene der groben eine um 42 Zentimeter bis 2100.

»Noch nie stieg der Meeresspiegel so schnell« – aber keineswegs

Auch beim Meerespegel sind die beliebten Floskeln, die Dramatik signalisieren sollen, schlichtweg falsch. Erdgeschichtlich gab es bis vor kurzem einen bedeutenden Anstieg. »Der Meeresspiegel stieg in den vergangenen 9000 Jahren um 100 bis 120 Meter an. Anfangs war es ein Meter alle 100 Jahre, seit einigen Hundert Jahren sind es noch 10 bis 30 Zentimeter pro Jahrhundert.« (von Storch 2023, 135) »Noch nie so schnell« kann also auch beim Meeresspiegel nicht behauptet werden, im Gegenteil. »Der Anstieg begann vor 20.000 Jahren mit einer maximalen Rate von 2 Metern pro Jahrhundert und hat bis heute nicht endgültig aufgehört. Zwischen 5000 und 2000 v. Chr. verringerte sich die Rate auf 20 cm pro Jahr und beträgt heute rund 8 cm pro Jahrhundert. Um diesen Betrag steigt der Meeresspiegel also auch ohne den Einfluss des Menschen.« (Ganteför 2012, 218f) »Zieht man den natürlichen Anstieg ab, bleibt ein Anstieg des Meeresspiegels von rund 12 Zentimetern, der der menschengemachten Klimaerwärmung zugeschrieben werden kann.« (Ganteför 2012, 229) Der deutsch-schweizerische Physiker Ganteför bezieht sich dabei auf den bisher gemessenen Anstieg der Meere seit etwa 1880. Dieser Anstieg wird bis dato mit ca. 23 Zentimetern angegeben. »Verschiedene Auswertungen von Pegeldaten zeigen für das 20. Jahrhundert einen Meeresspiegelanstieg von 1,7 mm/Jahr. Das sind 17 cm für das gesamte Jahrhundert, zwischen 1880 bis 2009 beträgt der Anstieg 21 cm.«[75]

Zu beachten ist auch, dass der Anstieg sehr unregelmäßig erfolgt. In manchen Teilen der Welt steigt das Meer stärker, in manchen sinkt es sogar scheinbar, da sich die Erde nach dem Abschmelzen der Gletscher langsam wieder hebt, so in Skandinavien. Umgekehrt senkt sich in Teilen der Welt die Erde, was zu einem scheinbaren Anstieg des Meeres führt. Das kann von Menschen unabhängige tektonische Ursachen haben, aber auch auf die Aktivität des Menschen zurückzuführen sein. Es geht dabei vor allem um die Grundwasserentnahme. »In Metropolen wie Bangkok oder Jakarta besteht das größere Problem darin, dass die Städte mitsamt ihrem Untergrund sinken. ›Teilweise ist die Landsenkung bis zu zehnmal schneller als der Anstieg des Meeresspiegels, was diese Gebiete besonders verwundbar macht‹, sagt Gilles Erkens von der Universität Utrecht und der Forschungsstelle *Deltares*, die die sinkenden Städte untersucht. (…) Weil das Wasser fehlt und gleichzeitig die oberen Schichten mit ihrem Gewicht drücken, werden die unzähligen Körnchen im Untergrund dichter zusammengedrängt. So benötigen sie weniger Platz – der Boden sinkt ein.«[76]

---

75 https://www.philoclopedia.de/was-ist-der-mensch/weltprobleme/meeresspiegelanstieg/
76 https://www.tagesspiegel.de/wissen/wasserverlust-lasst-metropolen-sinken-3568153.html

Bangladesch

Bei der Bedrohung durch den ansteigenden Meeresspiegel handelt es sich durchwegs um düstere Prognosen, die zudem jegliche Anpassung an die veränderten Verhältnisse ausblenden.

Der hoch professionelle Film von Al Gore *Eine unbequeme Botschaft* präsentierte uns nicht nur den ums Leben kämpfenden Comic-Eisbären, der auf schmelzenden Eisschollen um sein Leben kämpft, sondern auch die überfluteten Megastädte unserer Zivilisation. »Al Gore hat die Schätzungen des IPCC zur Verfügung und überbietet sie um das 20-fache.« (Lomborg 2009, 88) Zudem scheint es für Al Gore einfach keinen Küstenschutz zu geben. »In einer Animation zeigt er, wie diese [Nordsee-]Küste bis tief ins Inland von einer blauen Welle überspült wird. Ein dummes Argument, beruht es doch implizit darauf, dass die Küste in Zukunft nicht mehr durch Deiche und andere Schutzbauten geschützt wird: Dabei würde bereits heutzutage eben diese Küste zwei Mal am Tag überflutet, wenn der Küstenschutz die Menschen nicht davor bewahren würde.« (Kraus, von Storch 2013, 199)

Aktuell geht es besonders um Bangladesch, das durch steigende Fluten gefährdet sei. Würde der Meeresspiegel um Meter steigen, so würde dies Millionen von Klimaflüchtlingen nach sich ziehen, lautet die Botschaft. Die Apokalyptiker Pablo Servigne und Raphaël Stevens beziehen sich auf den Militärhistoriker Gwynne Dyer und behaupten, dass das südliche Drittel von Bangladesch bei einem Anstieg des Meeresspiegels um einen Meter bis 2100 »in den Fluten« (Servigne, Stevens 2022, 80) versinken würde. Was kann nur mit dem Drittel von Bangladesch gemeint sein? Es geht um ein Deltagebiet, die Sundarbans, das zum kleineren Teil in Indien liegt und dort als Sundarban Nationalpark bezeichnet wird. (Ich kenne das Gebiet aus eigener Anschauung.) Die Sundarbans liegen tatsächlich nur 1 bis 5 Meter über den Meeresspiegel, die Hauptstadt Dhaka auf 14 Metern. Nur zum Vergleich, das indische Kolkata liegt auf etwa 10 Metern.[77] Warum wird also immer Bangladesch und nicht Westbengalen als mögliches Opfer einer Erhöhung des Meeresspiegels genannt, zumal sie geographisch zum selben Gebiet gehören? Vielleicht deswegen: »Jedes Jahr im Frühjahr führen der Ganges

---

77 Quelle: https://de-at.topographic-map.com/map-cklwcz/Bangladesch/

und der Brahmaputra das Schmelzwasser aus dem Himalaja-Gebirge mit sich, und durch die ab Mai beginnenden Sommermonsune (bis Oktober) und die daraus resultierenden Niederschläge wird fast das gesamte Land binnen kurzer Zeit überschwemmt. Dadurch wird auf der einen Seite der Boden immer wieder mit neuen Nährstoffen versorgt und ist sehr fruchtbar, auf der anderen Seite fordern die Überschwemmungen jedes Jahr eine Vielzahl von Menschenleben.«[78] So können Fotos, die Überschwemmungen durch die Flüsse zeigen, als Vorboten des steigenden Meeresspiegels verkauft werden, obwohl sie damit absolut nichts zu tun haben.

Menschen waten durch Wasser, das bis zum Horizont zu scheinen reicht, nur ist der Anstieg des Meeresspiegels nicht der Grund hierfür. Solche Bilder werden hierzulande verbreitet, die Menschen dort haben andere Probleme. Wir stoßen hier bereits auf ein Element, das uns noch öfters in diesem Buch beschäftigen wird: Der gute, sorgende Blick des Nordens auf den Süden. Die Stimme des Südens selbst ist auch innerhalb des IPCC schwach. Es gibt wohl AutorInnen, die nicht der weißen, nördlichen Hemisphäre entstammen. »Aber unter dem Strich sind es doch recht wenige, die mitschreiben.« (von Storch 2023, 110) Nicht »sie« können sich vor den Gefahren des Klimas schützen, »wir« müssen es für die Welt tun. Eine neue Version der Bürde des weißen Mannes. Die Stimmen aus Bangladesch selbst klingen anders. Ich habe eine wissenschaftliche Arbeit des Autors Golam Mahabub Sarwar gefunden. In der Studie *Meeresspiegelanstieg an der Küste von Bangladesch* (Sea-Level Rise Along the Coast of Bangladesh) aus 2013 wird die Situation an den Küsten als sehr unterschiedlich eingeschätzt. Neben sehr gefährdeten Zonen (ohne Schutzbaumaßnahmen versteht sich) gibt es auch Gebiete, in denen durch Hebung des Landes der Meeresspiegel scheinbar sinkt. Panikberichte klingen anders. Ich zitiere:

> »Die Küstenzone eines Teils der Patuakhali-, Bhola-, Manpura- und Hatiya-Inseln, die die zentrale Küste abdecken, ist sehr stark gefährdet, und die Südwestküste ist stark gefährdet, was mit der derzeitigen Küstenlage übereinstimmt. (…) Ein Großteil der Küstenlinie in der Küstenzone von Barguna Patuakhali ähnelt der Küstenzone der Sundarbans,

---

78 https://www.wissen-digital.de/Bangladesch#Geografie

verglichen mit dem Festland und den kleineren Inseln, die den Rest der BPCZ [Barguna Patuakhali Coastal Zone] bedecken. Daher wurde dieser Teil der Küstenlinie ebenfalls als stark gefährdet eingestuft. (…) Aufgrund der geringen Anstiegsraten des Meeresspiegels oder sogar der verzeichneten Senkung des Meeresspiegels wurden die Küstengebiete von Chittagong und Cox's Bazar in diesem östlichen Teil der Küste von Bangladesch als sehr wenig gefährdet eingestuft. Die vertikale Aufwärtsbewegung des Landes in diesem Gebiet führt zu einem Absinken des Meeresspiegels. (…) Trotz der großen Besorgnis über den Anstieg des Meeresspiegels in den südwestlichen und zentralen Teilen der Küste kann die östliche Küstenzone als frei von solchen Befürchtungen angesehen werden. (…) Die Veränderung des Meeresspiegels entlang des östlichen Teils der Küstenzone variiert, scheint aber sehr gering zu sein oder zu sinken, wahrscheinlich aufgrund von Hebungen entlang der Küstenzone. (…) Diese Karte der Anfälligkeit für den Anstieg des Meeresspiegels wird den Küstenplanern dabei helfen, mit dieser natürlichen Bedrohung effizienter umzugehen.« (Sarwar G. M. Md 2013, 12ff)

Anstatt die übliche Katastrophenrhetorik zu bedienen, untersucht der Forscher aus Bangladesch ganz konkret die Gefährdungspotenziale, um eine Basis für wirksamen Küstenschutz zu schaffen.

Tuvalu, Malediven

Die Inseln, die bald ins Meer versinken werden, sind bis dato eine Behauptung. Tuvalu ist eine Inselgruppe im Stillen Ozean und angesichts der extremen Lage auch kaum vom Tourismus beglückt. Von einem Untergang ist nichts zu bemerken. »Auswertungen von aktuellen Satellitenbildern zufolge wurden die Inseln bzw. die zugehörigen Korallenriffe in den letzten 60 Jahren größer. Demnach wird das Ansteigen des Meeresspiegels derzeit durch Anspülungen und Sedimentierung mehr als ausgeglichen, obwohl für den zunehmenden Straßen- und Hochbau einige Strände als Sandgruben genutzt werden.«[79] In der Studie *Muster der Veränderung und des Fortbestands von Inseln*

---

79 https://de.wikipedia.org/wiki/Tuvalu#Physische_Geographie

bieten alternative Anpassungspfade für Atoll-Nationen (Patterns of island change and persistence offer alternate adaptation pathways for atoll nations) heißt es:

> »Die Ergebnisse zeigen, dass die Landfläche in Tuvalu trotz des Anstiegs des Meeresspiegels netto um 73,5 ha (2,9 %) zugenommen hat, und dass die Landfläche in acht von neun Atollen gewachsen ist. Die Veränderung der Inseln war nicht einheitlich: 74 % nahmen zu und 27 % nahmen ab. Die Ergebnisse stellen die Wahrnehmung des Inselverlustes in Frage und zeigen, dass Inseln dynamische Gegebenheiten sind, die auch im nächsten Jahrhundert noch bewohnt werden und alternative Anpassungsmöglichkeiten bieten, die die Heterogenität der Inseltypen und ihre Dynamik berücksichtigen.« (Kench et al. 2019, 1)

Ich meine, das Zitat spricht für sich. Trotz des Anstiegs des Meeresspiegels (es geht um Zentimeter, nicht um Meter) ist diese Inselgruppe keinesfalls vom Untergang bedroht. »Die wahre Bedrohung stammt nicht vom Klimawandel, sondern von Eingriffen in das Ökosystem durch die Inselbewohner, wie etwa das Einleiten von belastenden Abwässern, Abholzen des Mangrovenwaldes, zerstörerische Fischereimethoden, die Gewinnung von Baumaterial aus der aktiven Riffzone und von den Stränden sowie das Asphaltieren und Versiegeln der kalkbildenden Küstenzone.« (Lüning, Vahrenholt 2021, 217)

Diese Tatsachen waren kein Hindernis für eine Reihe von Artikeln[80] mit fast identischem Inhalt. Ich zitiere aus einem Text im *Freitag*, die Schlagzeile lautet: »›Unser Land wird unter Wasser stehen‹: Klimaflüchtlinge aus Tuvalu dürfen nach Australien.«[81] Dieser Text suggeriert zweierlei: Die Inselgruppe sei von Überflutung bedroht und Australien würde sich bereit erklären, die dadurch gefährdeten Menschen aufzunehmen. In Wirklichkeit geht es bei dem ausgehandelten Vertrag um den geopolitischen Zugriff Australiens auf diese Inselgruppe, bevor dies der VR China gelingt. Australien sichert sich mit einem Vertrag den Einfluss auf alle militärischen Belange, inklusive der Kontrolle über »kritische Infrastruktur, einschließlich Häfen, Telekommunikation

---

80 Unter anderem im *Standard*, dem *Spiegel*, der *Zeit*, dem *ORF* usw. Es handelt sich um eine zumeist etwas überarbeitete Agenturmeldung.
81 https://www.freitag.de/autoren/the-guardian/legale-klimawandel-fluechtlinge-australien-nimmt-menschen-aus-tuvalu-auf

und Energieinfrastruktur.«[82] Von einer Bereitschaft Australiens, für seine restriktive Einwanderungspolitik berüchtigt, die 11.200 EinwohnerInnen der Inselgruppe im Notfall aufzunehmen, kann keine Rede sein. Es sind gerade maximal 280 Menschen,[83] die pro Jahr legal nach Australien einwandern dürfen, um dort u. a. eine Universität besuchen zu können. Es geht um Privilegien und Karrierechancen; die Regierung in Tuvalu bestimmt die zur Migration berechtigten Personen und festigt über die Vergabe der Privilegien ihre Position. Es geht um Innenpolitik und vor allem um die geopolitischen Interessen der Achse USA–EU, an der sich Australien seit Jahren aktiv beteiligt. Die realpolitische Interessenlage wird mit dem Thema Klimawandel übertüncht, denn über eine Inselgruppe im Pazifik zu berichten, ohne das Gespenst der Überflutung an die Wand zu malen, ist schlichtweg unmöglich. Australien gewinnt militärische und logistische Kontrolle, und im Gegenzug dürfen 280 Menschen nach Australien auswandern. Mit Klimawandel hat das alles nichts zu tun.

Was nun die Malediven betrifft, so ist ihre Zukunft unter anderem vom Wachstum der Korallen abhängig. Das *NASA Earth Observatory* schreibt dazu:

»Durch die globale Erwärmung, das Abschmelzen der Gletscher und/oder das Absinken der Insel steigt der Meeresspiegel im Verhältnis zum Meeresboden allmählich an, und das Wasser beginnt, die Insel zu überschwemmen. Da die meisten riffbildenden Korallen in einer Tiefe von mehr als 45 m unter der Meeresoberfläche nur schwer wachsen können, beginnen sie, ihre schützenden Kalziumkarbonathüllen so schnell übereinander zu bauen, dass sie mit dem Anstieg des Meeresspiegels mithalten können. Gleichzeitig wachsen die Korallen an der Oberfläche seitlich, um mit der immer schmaler werdenden Küstenlinie Schritt zu halten. Sofern der Meeresspiegel nicht zu schnell ansteigt, werden die Korallen[84] auch dann noch nach oben und nach außen drängen, wenn die Vulkaninsel bereits vollständig überflutet ist (Fagerstrom 1987).«[85]

---

82 https://www.freitag.de/autoren/the-guardian/legale-klimawandel-fluechtlinge-australien-nimmt-menschen-aus-tuvalu-auf
83 Bei 280 Menschen pro Jahr würde eine vollständige Evakuierung der Inselgruppe 40 Jahre dauern.
84 Die Diskussion um das weitere Schicksal der Korallen würde ein eigenes Kapital erfordern.
85 https://earthobservatory.nasa.gov/features/Maldives/maldives2.php

Die 2009 vom Präsidenten und den Kabinettsmitgliedern der Malediven inszenierte Unterwasser-Pressekonferenz, um auf die Gefahren des ansteigenden Meeresspiegels rund um die Atolle hinzuweisen, muss als das eingeschätzt werden, was es war. Eine geschickte PR-Aktion, um die internationale Staatengemeinschaft zu Hilfszahlungen zu motivieren. In der Praxis baute der Inselstaat unter anderem mit Geldern aus Saudi-Arabien den Flughafen weiter aus und zusätzliche Luxusresorts sind geplant.[86] Keine einzige Insel der Malediven ist tatsächlich gefährdet.

Die Entwicklung auf Tuvalu steht nicht für sich alleine. »So wurden in den globalen Küstenzonen trotz Meeresspiegelanstiegs während der vergangenen 30 Jahre durch vielfältige Prozesse 13.565 km² zusätzliches Land geschaffen. Die Hälfte aller Strände der Erde ist stabil, ein Viertel schrumpft, und ein anderes Viertel wächst.« (Lüning, Vahrenholt 2021, 219) Yongjing. M. et al. veröffentlichen 2021 eine große Studie mit dem etwas sperrigen Titel: *Effiziente Messung großräumiger dekadischer Küstenlinienveränderungen mit erhöhter Genauigkeit in gezeitenabhängigen Küstengebieten mit Google Earth Engine* (Efficient measurement of large-scale decadal shoreline change with increased accuracy in tide-dominated coastal environments with Google Earth Engine). Darin werden die Aussagen von Vahrenholt und Lüning grundsätzlich bestätigt. »Was die Statistik der SCR [shoreline change rate] in jedem Kontinent betrifft, so haben alle Kontinente außer Nordamerika Küstenlinien, die im Durchschnitt wachsen und bei denen der Anteil des Wachstums größer ist als die der Erosion.« (Yongjing. M. et al. 2021, 393) Zudem verweisen die Autoren auf die Bedeutung des unmittelbaren menschlichen Handelns für die Entwicklung des Küstenverlaufs. »So fanden wir beispielsweise heraus, dass die meisten der wichtigsten Hotspots der Küstenerosion und -akkretion [Küstenwachstum] in der Nähe der großen Flussmündungen liegen und dass menschliche Eingriffe große Auswirkungen auf die Küstengebiete haben.« (Yongjing. M. et al. 2021, 397)

Ich fasse zusammen: Dass die Ozeane durchschnittlich bis 2100 je nach Berechnung um 30 bis 60 Zentimeter ansteigen werden, ist wissenschaftlicher Konsens. Selbst die Vorausberechnungen des IPCC fallen großteils in diese

---

86 https://earthobservatory.nasa.gov/features/Maldives/maldives2.php

Spanne. Diese Prognosen umfassen einen Zeitraum von fast acht Jahrzehnten. Ich kann in diesem Zusammenhang nur auf die Position von Bjørn Lomborg aufmerksam machen, der immer wieder darauf hinweist, dass mit einem Bruchteil des Geldes, welches in letztlich kaum wirkungsvolle CO_2-Reduktion gesteckt wird – eine tatsächlich wirkungsvolle Reduktion müsste weltweit erfolgen, und nicht nur kontinental – viele sinnvolle Maßnahmen finanziert werden könnten. Etwa ein Küstenschutz in bereits jetzt gefährdeten Gebieten.

5. Arktis, Antarktis und das Schicksal der Eisbären

Arktis und Antarktis spielen in der Berichterstattung über das Klima eine bedeutende Rolle, da die Eismassen gewaltige Mengen Wasser binden. Im Gegensatz zu dem auf dem Wasser schwimmenden Eis des Nordpols würden die Eismassen, so sie komplett schmelzen, den Meeresspiegel bis zu 75 Meter ansteigen lassen. Davon kann jedoch keine Rede sein. Alle ernsthaften Studien, die ich zu diesem Thema gefunden haben, bestätigen diese Ansicht. Zudem würde es Jahrtausende dauern, bis das Eis vollständig geschmolzen wäre.

Antarktis

Die Angaben für die Temperaturentwicklung dieses Kontinentes schwanken, aber die meisten konstatieren kaum eine Erhöhung, manche Untersuchungen zeigen sogar eine Abkühlung, und das bei Minustemperaturen um 60 Grad. *CNN*, sicher kein Medium, welches Zweifel an der Erderwärmung aufkommen lässt, titelt am 9. Oktober 2021: »Die letzten 6 Monate in der Antarktis waren die kältesten seit Beginn der Aufzeichnungen.«[87] Bjørn Lomborg schreibt: »Die Temperaturen am Südpol sind seit dem Beginn meteorologischer Messungen im Jahre 1957 zurückgegangen.« (Lomborg 2009, 91) Die Daten des *National Centers for Environmental Information* zeigen hingegen

---

[87] https://edition.cnn.com/2021/10/09/weather/weather-record-cold-antarctica-climate-change/index.html

eine geringe Erwärmung um 0,23 Grad alle hundert Jahre.[88] Warum diese unterschiedlichen Aussagen? Wie Vahrenholt und Lüning zeigen, haben sich die Temperaturen auf diesem Kontinent zu verschiedenen Zeiten in den unterschiedlichen Teilen des Kontinents unterschiedlich entwickelt. In der Arbeit *Keine Erwärmung im 21. Jahrhundert auf der Antarktischen Halbinsel, im Einklang mit natürlichen Schwankungen* (Absence of 21st century warming on Antarctic Peninsula consistent with natural variability) von John Tuner und KollegInnen vom *British Antarctic Survey*, Cambridge, wird festgestellt, dass die geringe Erwärmung seit den 1950er-Jahren nicht auf die Erderwärmung an sich, sondern auf eine Reihe von anderen Ursachen zurückgeführt wird. Genannt werden »Abbau der Ozonschicht in der Stratosphäre, der lokale Verlust von Meereis, eine Zunahme der Westwinde und Veränderungen in der Stärke und Lage der atmosphärischen Telekonnektionen [weitreichende Auswirkungen und Zusammenhänge K. R.] zwischen niedrigen und hohen Breiten.« Ab den 1990er-Jahren gab es jedoch keine Erwärmung mehr: »Hier zeigen wir anhand von übereinanderliegenden Temperaturaufzeichnungen, dass es seit Ende der 1990er-Jahre keine regionale Erwärmung mehr gibt. Die Jahresmitteltemperatur ist statistisch signifikant gesunken, wobei die stärkste Abkühlung im Australien-Sommer zu verzeichnen war.« (Turner J. et al. 2016, 1f)

Es ist zudem zwischen dem Eis auf dem Kontinent selbst und dem auf dem Wasser schwimmenden zu unterscheiden. Schelfeis heißt jenes Eis, das mit dem Festlandeis verbunden ist, aber auf dem Wasser liegt. Im Artikel *Veränderung der antarktischen Schelfeisfläche von 2009 bis 2019* (Change in Antarctic ice shelf area from 2009 to 2019) von Julia Andeases et al., *University of Minnesota*, wird konstatiert:

> »Im Rahmen dieser Studie wurde ein umfassender Datensatz zur Veränderung der Schelfeisfläche von 34 Schelfeisen in der Antarktis im letzten Jahrzehnt erstellt. Insgesamt haben die Schelfe der Antarktischen Halbinsel und der Westantarktis 6693 km^2 bzw. 5563 km^2 an Fläche verloren, während die ostantarktischen Schelfe 3532 km^2 an Eisfläche gewonnen

---

[88] https://www.ncei.noaa.gov/access/monitoring/climate-at-a-glance/global/time-series

haben und die großen Schelfe von Ross, Ronne und Filchner um insgesamt 14.028 km² gewachsen sind.« (Andreasen R. et al. 2023)

In Summe sind also die Schelfeise um 5.304 km² gewachsen, das ist ungefähr die sechsfache Fläche Berlins. Das *NASA Earth Observatory* stellt fest:

»Seit Beginn der Satellitenbeobachtungen im Jahr 1979 bis 2014 nahm das antarktische Meereis insgesamt um etwa 1 Prozent pro Jahrzehnt zu. Ob diese Zunahme ein Zeichen für einen bedeutenden Wandel ist, scheint ungewiss, da die Eisausdehnung in der Antarktis von Jahr zu Jahr stark schwankt. In drei aufeinanderfolgenden Septembermonaten zwischen 2012 und 2014 beobachteten Satelliten neue Rekordwerte für die winterliche Meereisausdehnung. Diese Höchststände traten auf, während die Arktis Rekordtiefststände verzeichnete. Der Anstieg endete 2015, und 2016 begann ein deutlicher Rückgang des Meereises in der Antarktis. In den letzten Jahren gab es kleine Erholungen, die aber bei weitem nicht an das Rekordhoch von 2014 heranreichen.«[89]

J. Ray Bates von der *Global Warming Policy Foundation*, Großbritannien, hat eine Studie zur Arktis und Antarktis vorgelegt: *Polarseeeis und das Klimakatastrophen-Narrativ* (Polar Sea Ice and the Climate Catastrophe Narrative) Darin hält er fest: »In der Antarktis hat sich die mittlere jährliche Meereisausdehnung während des Zeitraums zuverlässiger Satellitenmessungen nicht wesentlich verändert, obwohl die Modelle einen ähnlichen Rückgang wie in der Arktis voraussagten.« (Bates J. R. 2021, 4)

Eine weitere Studie untersuchte, warum die Antarktis auf die Erhöhung der CO2-Konzentration kaum reagiert. Hansi A. Singh und Lorenzo M. Povani kommen in der Arbeit *Geringe Klimasensitivität des antarktischen Kontinents aufgrund der hohen Orographie des Eisschildes* (Low Antarctic continental climate sensitivity due to high ice sheet orography) zu folgender Schlussfolgerung: »Der antarktische Kontinent hat sich in den letzten sieben Jahrzehnten nicht erwärmt, obwohl die Konzentration von Treibhausgasen in der Atmosphäre monoton angestiegen ist. (...) Unsere Ergebnisse deuten darauf hin, dass die

---

[89] https://earthobservatory.nasa.gov/world-of-change/sea-ice-antarctic

Höhe des derzeitigen AIS [antarctic ice sheet] eine wichtige Rolle bei der Verringerung der Anfälligkeit des antarktischen Kontinents für eine CO_2-bedingte Erwärmung spielt.« (Siing, Povani 2020, 1) Ein Abschmelzen der größten Eismasse der Erde ist also nicht zu befürchten. Sie könnte sogar wachsen. Die Erderwärmung ist vor allem durch die höhere Wasserdampfkonzentration in der Atmosphäre bestimmt. Die könnte zu Niederschlägen an den Polen führen. »Häufigere Niederschläge würden den Eispanzer auf der Antarktis wachsen und damit den Meeresspiegel sinken lassen.« (Ganteför 2012, 244)

Arktis

Die Eismassen der Arktis bestehen einerseits aus dem Festlandeis auf Grönland, andererseits aus dem auf dem Wasser schwimmenden Eis der Nordpolregion. Es wächst im Winter und verringert sich im Sommer. Es fehlt nicht an Prophezeiungen, nach denen der Nordpol im Sommer schon längst eisfrei hätte sein müssen. »Im Jahre 2007 prognostizierte Al Gore, dass im Jahre 2015 das arktische Meereis im Sommerminimum verschwunden sein wird. (…) Das Meereis hielt sich nicht daran.«[90] Im September 2023 gab eine Expedition des *Alfred-Wegener-Instituts* erste Ergebnisse ihrer Forschungsreise bekannt. Verursacht durch El Niño zählt 2023 zu den wärmsten Jahren seit 1850. »Tatsächlich fand das Team aber kein neues Meereis-Minimum vor wie bei einer Fahrt vor elf Jahren. Und auch kein löchriges Meereis wie bei den Mosaic-Expeditionen der Jahre 2019 und 2020. Stattdessen stießen die Forscher auf eine vollständige Veränderung der Eislandschaft, so Boetius: ›Das Eis sieht so anders aus, sodass wir einen Teil der Expedition damit zugebracht haben, herauszufinden, was hier los ist.‹«[91]

Bezeichnend ist der Kommentar von Dieter Sell in der *Welt*. Auch er berichtet darüber, dass die Ergebnisse der Expedition die üblichen Vorhersagen widerlegen, statt sie zu bestätigen. Er leitet den Artikel mit dem Satz ein: »Der globale Klimawandel setzt den Polregionen besonders zu.«[92]

---

90 https://klimanachrichten.de/2023/06/06/fritz-vahrenholt-nach-dem-waermepumpendesaster-der-daemmhammer/#more-1845
91 https://www.butenunbinnen.de/nachrichten/bremerhaven-awi-expedition-polarstern-boetius-100.html
92 https://www.welt.de/wissenschaft/article247736456/Arktis-Trotz-Rekordsommer-keine-extreme-Eisschmelze.html?source=puerto-reco-2_ABC-V32.7.C_already_read

Diese Aussage ist irreführend und wird sogar im selben Artikel widerlegt. Aber solche Überschriften, wieder und wieder publiziert, verfehlen nicht ihre Wirkung. Auch das *Copernicus Climate Change Service (C3S),* eine Unterorganisation des *Copernicus Earth Observation Programme* der EU liefert den AlarmistInnen keine Argumente. In seinen Key-Messages heißt es ganz unaufgeregt:

> »In der zweiten Hälfte des Jahres 2021 blieb die arktische Meereisausdehnung deutlich über den niedrigen Werten der Jahre 2012 und 2020. Bei ihrem jährlichen Minimum im September lag die monatliche Meereisausdehnung in der Arktis 8 % unter dem Durchschnitt; dies ist der zwölftniedrigste Wert in der Aufzeichnung der Satellitendaten und der höchste Wert seit 2014. Die Meereiskonzentration lag im Sommer und Herbst auf dem Grönlandsee weit unter dem Durchschnitt und auf dem Beaufort- und Tschuktschensee weit über dem Durchschnitt.«[93]

Die Entwicklungen sind widersprüchlich, das Eis wächst in einem Gebiet und in einem anderen geht es zurück:

> »Ein bemerkenswertes Merkmal des arktischen Meereises von Juli bis Oktober 2021 war der Kontrast zwischen der Grönlandsee auf der atlantischen Seite des Arktischen Ozeans und der Beaufort- und Tschuktschensee auf der pazifischen Seite. Im September 2021 befand sich die Meereisausdehnung in der Grönlandsee auf einem Rekordtief, in der Tschuktschen- und Beaufortsee jedoch auf einem 15-Jahres-Hoch. Dieser Kontrast ist kein Zufall: Diese beiden Sektoren des Arktischen Ozeans sind durch Meereisdriftmuster aus dem sibirischen und pazifischen Sektor in Richtung Grönlandsee miteinander verbunden.«[94]

In Summe ist also zu sagen: Die Entwicklungen der Eisbedeckungen an den Polen sind wechselhaft, weder ist ein eindeutiger Rückgang noch ein Abschmelzen, gar ein rapides zu verzeichnen. Prophezeiungen über einen

---

93 https://climate.copernicus.eu/esotc/2021/arctic-sea-ice
94 https://climate.copernicus.eu/esotc/2021/arctic-sea-ice

eisfreien Nordpol im Sommer bewahrheiteten sich nicht. Wohl ist bezüglich Grönlands ein Abschmelzen seines Eises zu verzeichnen. Hier ist jedoch der Zeithorizont zu berücksichtigen. Die leicht zu errechnenden 7 Meter Meeresanstieg, sollte Grönland vollkommen eisfrei sein, sind hypothetisch. Milliarden Kubikmeter Eis schmelzen nicht in einigen Jahren. Die *Zentralanstalt für Meteorologie und Geodynamik* in Wien gibt folgenden Zeithorizont an: »Betreffend den groben Zeitrahmen für ein vollständiges Verschwinden des Eisschildes [Grönlands] zeigen Modellberechnungen, unter Annahme verschiedener Szenarien eines zukünftigen globalen Temperaturanstiegs, dass dafür zumindest mehrere Jahrhunderte bis Jahrtausende notwendig sind.«[95] Es kommt also darauf an, wie stark die Temperaturen weiter steigen werden und ob es nicht erneut Phasen der Abkühlung gibt, wie zwischen 1940 und 1970. Wenn wir das Katastrophenszenario SSP5−8.5 nicht berücksichtigen – die Begründungen dafür finden sich im Abschnitt zum IPCC – dann müssen wir wohl eher von Jahrtausenden denn von Jahrhunderten ausgehen, bis der Meeresspiegel tatsächlich um einige Meter gestiegen ist.

Der Weltuntergangsgletscher

Zurück zur Antarktis. Im Februar 2023 wurde das Publikum mit dem Thwaites-Gletscher, dem Weltuntergangsgletscher (doomsday glacier), geschockt. Dieser würde rapide schwinden. Ein Rückzug dieses Gletschers würde dramatische Folgen haben, Eismassen würden sich ungehindert ins Meer ergießen und in wärmeren Gefilden schmelzen. »Die potenziellen Auswirkungen des Rückzugs von Thwaites sind erschreckend. Ein vollständiger Verlust des Gletschers und des umliegenden Eises könnte einen Meeresspiegel-Anstieg von bis zu drei Meter zur Folge haben«,[96] warnt das Schweizer Nachrichtenportal *bluewin.ch*. Jutta Blume setzt auf *Telepolis* noch eins drauf: »Sollte Thwaites sein vorgelagertes Schelfeis verlieren und ins Meer fließen, könnte dies – je nach Verhalten des benachbarten Pine-Island-Gletschers – den gesamten Westantarktischen Eisschild

---

95 https://www.zamg.ac.at/cms/de/klima/informationsportal-klimawandel/standpunkt/klimafolgen/eisschilde/groenland
96 https://www.bluewin.ch/de/news/wissen-technik/das-meer-greift-antarktischen-riesengletscher-von-unten-an-1630824.html

destabilisieren.«⁹⁷ Wie immer stehen solche Sätze im Konjunktiv, ein Zeithorizont wird nicht angegeben. Worum geht es offenbar wirklich und was hat das mit den CO2-Emissionen zu tun? Offenbar sehr wenig, der Gletscher bewegt sich schon seit zwei Jahrhunderten: »Unsere Ergebnisse deuten darauf hin, dass es am Thwaites Glacier in den letzten zwei Jahrhunderten zu anhaltenden Impulsen eines schnellen Rückzugs gekommen ist. Ähnliche schnelle Rückzugimpulse werden wahrscheinlich in naher Zukunft auftreten, wenn die Grundgebirgszone von stabilisierenden Hochpunkten auf dem Meeresboden zurückwandert«, konstatiert das Forscherteam Graham et al. in einer Arbeit aus 2022 des *College of Marine Science, University of South Florida* (Graham G. C. 2022). Der Gletscher zog sich also schon lange vor der signifikanten Erderwärmung zurück. In der Studie *Unterdrückte Basalschmelze in der Grundgebirgszone des östlichen Thwaites-Gletschers* (Suppressed basal melting in the eastern Thwaites Glacier grounding zone), erstellt von Davis E. D. et al., *British Antarctic Survey Cambridge*, heißt es: »Ein großer Teil des Eisschildes im Einzugsgebiet des Thwaites Glacier liegt unterhalb des Meeresspiegels auf Felsgestein, das sich landeinwärts vertieft, was ihn anfällig für einen raschen und irreversiblen Eisverlust macht, der den globalen Meeresspiegel um mehr als einen halben Meter anheben könnte. Die Geschwindigkeit und das Ausmaß des Eisverlusts sowie die Frage, ob er irreversibel ist, hängen von den Bedingungen im Ozean und der Grundschmelze in der Region ab, in der der Thwaites-Gletscher zum ersten Mal aufschwimmt – beides ist weitgehend unbekannt.« (Davis E. D. et al. 2023) Der Gletscher zieht sich somit seit über zwei Jahrhunderten zurück und viele Faktoren sind unbekannt. Im Artikel *Forscher bohren Loch durch antarktischen Riesengletscher* wird betont, dass die Forschungsergebnisse ein weit langsameres Abschmelzen zeigen als erwartet. »Es schmilzt weniger stark als angenommen – wenige Meter pro Jahr, statt 10 bis 100 Meter wie angenommen.«⁹⁸

Mit der Erderwärmung haben die Prozesse um den Thwaites-Gletscher sehr wenig zu tun. Tatsächlich wird er von unten durch Vulkane erwärmt,

---

97 https://www.telepolis.de/features/Eisschild-in-der-Antarktis-Meereis-auf-Rekordtief-Thwaites-Gletscherschwindet-7522023.html
98 https://www.srf.ch/news/antarktische-gletscherschmelze-forscher-bohren-loch-durch-antarktischen-riesengletscher

ein Faktum, das überdies schon seit spätestens 2014 bekannt ist. »Vulkanische Aktivität unter Thwaites Gletscher trägt zum Schmelzen bei«,[99] formuliert Rolf Stange auf *antarktis.net*. Im Netz finden sich zahlreiche Artikel[100] und Studien,[101] die dies bestätigen. Diese Information hat mich sehr nachdenklich gemacht. Was ist, wenn diese Vulkane noch aktiver werden und ausbrechen? Wenn Vulkanismus das Schmelzen des antarktischen Eises bewirkt? Dagegen hilft keine Reduktion von CO_2. Wir sollten zur Kenntnis nehmen, dass unsere Erde ein labiler Himmelskörper ist, der bisher alle Extreme durchlaufen hat, von völliger Vereisung bis zu vollständiger Eisfreiheit. Ich bin kein Vulkanologe und kann die Möglichkeit eines Vulkanausbruchs auf der Antarktis nicht abschätzen, aber unmöglich scheint er nicht zu sein. Wir haben das Schicksal unseres Planeten nicht so in der Hand, wie es uns die Klima-Alarmisten weismachen wollen.

Und nun die Eisbären

Im hohen Norden, in arktischen Gefilden leben die Eisbären, die es den Alarmisten besonders angetan haben. Es war Al Gore, der diese Tiere als Comic-Figuren auf schmelzenden Eisschollen dem Aussterben zutreiben ließ. Dieser Kitsch zählt inzwischen zu den Standards der Berichterstattung im Katastrophenmodus. In der Realität sind die Eisbären keineswegs durch steigende Temperaturen gefährdet. Ihr erstmaliges Auftreten wird auf die Zeit vor 600.000 bis vier Millionen Jahren geschätzt, sie haben also schon so manche massive Klimaänderung gut überstanden. Es gibt überdies verschiedene Arten dieser Spezies. »Die Heimat dieser beiden [Arten K. R.] war der Baffin-Bay«; dort sank die Population, »über die Hälfte der anderen Population war stabil, und zwei Unterpopulationen an der Beaufort-See verzeichneten sogar einen *Zuwachs*.« (Lomborg 2009, 23) In den 1960er-Jahren soll es 5000 Exemplare gegeben haben, um 2008 wurden 25.000 Eisbären geschätzt. Tatsächlich ist der Mensch der größte Feind des Eisbären, aber

---

99 https://www.theguardian.com/world/2017/aug/12/scientists-discover-91-volcanos-antarctica
100 https://www.nzz.ch/wissenschaft/vulkanismus-heizt-den-thwaites-gletscher-von-unten-ld.824769?reduced=true
101 https://www.jsg.utexas.edu/news/2014/06/researchers-find-major-west-antarctic-glacier-melting-from-geothermal-sources/

nicht der Mensch der CO2-Emission, sondern der Mensch mit dem Jagdgewehr. In der Realität hängt das Überleben des Eisbären vom Jagdverbot ab und – nicht zuletzt – von der Sicherung seines Lebensraumes. Denn wenn der Eisbär dem Menschen in die Quere kommt, gibt es kein Pardon. Als ein junger Polarbär schwimmend und auf Eisschollen 500 Kilometer zurückgelegt hatte und auf Island strandete, wurde er kurzerhand abgeknallt. »Obwohl auf Island eigentlich keine Eisbären vorkommen, hatten bereits 2008 innerhalb weniger Wochen zwei Eisbären schwimmend und auf Eisschollen treibend die 500 Kilometer von Grönland entfernte Insel im Nordatlantik erreicht. Auch damals wurden die Tiere erschossen, weil sie durch den Andrang Schaulustiger in Panik verfielen und losstürmten.«[102] Solche Szenen wiederholen sich in regelmäßigen Abständen. 2011[103] und 2016[104] kam es zu weiteren, in der internationalen Presse kolportieren Abschüssen. Aber nicht nur das. Wie wäre es mit Eisbärenjagd mit dem Hundeschlitten? »Kanada ist das einzige Land, in dem man auf Eisbären jagen darf. Die Bestände sind sehr gut und daher kann eine nachhaltige Jagd in unseren Revieren, mit unserem Partner organisiert werden«,[105] preist die Seite *Versch Jagdreisen* das Abenteuer an. Nachdem sich die Mär von den aussterbenden Eisbären kaum mehr erzählen lässt, sollen es nun die Riesenpinguine sein, denen der Klimawandel ein rasches Ende bereitet, und das auf einem Kontinent, dessen eisige Temperaturen sich kaum verändert haben.

---

102 https://www.sueddeutsche.de/panorama/eisbaer-auf-island-erschossen-der-weisse-bruno-1.65826
103 https://newsv2.orf.at/stories/2056291/
104 https://web.de/magazine/wissen/natur-umwelt/eisbaer-verirrt-island-erschossen-31693028
105 https://www.versch-jagdreisen.de/kanada-arktis.html

6. Extreme Wetterereignisse, prophezeite Flüchtlingsströme und die Berichterstattung darüber

Die Organisation und Finanzierung jener Akteure, die die Medien mit Nachrichten über die sogenannten Extremwetterereignisse überschwemmen, werden wir im nächsten Abschnitt analysieren. Allerdings ersetzt die Analyse des finanziellen Backgrounds der Akteure nicht die inhaltliche Auseinandersetzung. Den Kurzschluss zwischen Finanziers und Gültigkeit von Aussagen überlasse ich gerne anderen. Gesinnung und Finanzquellen sind an sich kein Beweis bezüglich Korrektheit oder Inkorrektheit von Positionen. Daher stelle ich dieses Thema vorerst zurück und befasse mich mit den inhaltlichen Aussagen. Es geht also um die Frage: Stimmt es, dass Überschwemmungen, Dürren, Waldbrände, Wirbelstürme und Hitzeperioden zunehmen und immer stärker werden? Mit diesen Aussagen werden wir tagtäglich überschwemmt, und halbbewusst ziehen wir die Schlussfolgerung, wenn es so oft gesagt wird, dann müsste es doch stimmen – doch dem ist nicht so. Ein Teil der Aussagen ist schwer zu widerlegen, nämlich jene, die die Zukunft betreffen. Aber die Behauptungen, es gäbe »immer mehr« und »immer stärkere« Extremwetterereignisse, die sich auf die Vergangenheit beziehen, können wir überprüfen. Sie sind unrichtig, abgesehen von den, durch die bisherige Erderwärmung bewirkten, höheren Temperaturen.

Prognosen die Zukunft betreffend können weder bestätigt, noch widerlegt werden. Eine sinnvolle Methode kann nur darin bestehen, sich die bisherigen Entwicklungen anzusehen und zu analysieren. »Klima – das ist die Statistik des Wetters …« (von Storch 2023, 21) Aus einzelnen Ereignissen, selbst wenn sie Monate dauern, kann überhaupt nichts geschlossen werden. Ein Beispiel: Ford Yukon ist eine kleine Siedlung in Alaska, 13 Kilometer nördlich des Polarkreises. Das Thermometer kletterte im 27. Juni 1915 auf 37,7 Grad, Plus versteht sich.[106] Oder, um an ein anderes, leider tragisches Ereignis zu erinnern, allerdings fand es zu einer Zeit statt, in der es noch keine professionell organisierte Panikberichterstattung gab: »Ein bedrückendes

---

106 https://stacker.com/alaska/see-most-extreme-temperatures-alaska-history

Beispiel ist die Wirkung eines Taifuns in Bangladesch im Jahre 1970, der mit dem Tod von bis zu einer halben Million Menschen einherging.« (von Storch 2023, 109) George Harrison von den Beatles organisierte 1971 das *Concert for Bangladesh*, um Spenden für die zahllosen Opfer zu sammeln. Wir erinnern uns, 1970 war das Ende der Abkühlungsphase der Erde, vom Klimawandel war damals nicht die Rede, im Gegenteil, es wurde angesichts des prognostizierten Erlöschens des Golfstromes von einer neuen Eiszeit gesprochen. Ich will mir gar nicht vorstellen, was geschehen würde, fände dieses tragische Ereignis 2023 statt. AlarmistInnen würden Sonderschichten einlegen und behaupten, nun sei die von ihnen vorhergesagte Katastrophe tatsächlich eingetreten.

Allgemeine Tendenzen

Ich dokumentiere zuerst allgemeine Aussagen über die Entwicklung von extremen Wetterereignissen, um dann auf konkrete Phänomene zu sprechen zu kommen. Eine gute Informationsquelle ist *GeoSphere Austria*. Dort wird eine Bilanz mit dem Schwerpunkt Europa gezogen.

> »Die Variabilität der Temperatur hat sich in den letzten 200 Jahren in Mitteleuropa nicht systematisch geändert, daher treten auch bei den Tageswerten der Temperatur relativ häufig neue Rekorde nach oben, hingegen nur noch äußerst selten neue Rekorde nach unten auf. (…) Die Summen des Niederschlags haben sich nicht wesentlich geändert, auch wenn sich eine beginnende Verschiebung zu selteneren, aber intensiveren Niederschlägen beobachten lässt (…) und in einer wärmeren Atmosphäre auch physikalisch plausibel ist. Eine längere Verweildauer bestimmter Wetterlagen macht auch sowohl trockene als auch nasse Extreme des Monatsniederschlags tendenziell wahrscheinlicher. Dieser Trend ist allerdings im Vergleich zur Variabilität noch gering und daher statistisch nicht signifikant. (…) Eine Rekonstruktion des langjährigen Sturmklimas aus Luftdruckmessungen zeigt unregelmäßige Schwankungen, jedoch keinerlei Trends.«[107]

---

[107] https://www.zamg.ac.at/cms/de/klima/informationsportal-klimawandel/klimavergangenheit/neoklima/extremwerte

Das Institut für Gesundheit und Gesellschaft der *Université catholique de Louvain* publiziert regelmäßig das Journal *CRED Crunch*. In der Ausgabe 64 vom September 2021 lautet das Thema: *Extreme weather events in Europe*. Dabei illustriert folgende Grafik die Wetter-bezogenen Katastrophen in Europa pro Jahr. Auf Seite 1 von *CRED Crunch* #64, 2021 ist zu lesen: »Betrachtet man die Anzahl der Ereignisse pro Kalenderjahr, so ist kein eindeutiger Trend erkennbar (Abb. 2).«[108] Und so seht die Abbildung aus:

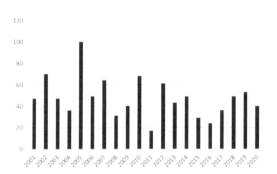

Fig. 2. Number of weather-related disasters in Europe by year

Eine besondere Bewandtnis hat es mit der Studie: *Eine kritische Bewertung der Trends bei Extremereignissen in Zeiten der globalen Erwärmung* (A critical assessment of extreme events trends in times of global warming). Sie wurde von einem Team um Gianluca Alimonti vom *Istituto Nazionale di Fisica Nucleare* im italienischen Mailand im Jahre 2022 erstellt.

»Dieser Artikel gibt einen Überblick über die jüngste Literatur zu Zeitreihen einiger extremer Wetterereignisse und zugehöriger Reaktionsindikatoren, um zu verstehen, ob eine Zunahme der Intensität und/oder Häufigkeit feststellbar ist. Die robustesten globalen Veränderungen bei den Klimaextremen finden sich bei den jährlichen Werten der Hitzewellen (Anzahl der Tage, maximale Dauer und kumulierte Hitze), während

---

108 https://www.preventionweb.net/publication/cred-crunch-issue-no-64-september-2021-extreme-weather-events-europe

die globalen Trends bei der Hitzewellenintensität nicht signifikant sind. Die tägliche Niederschlagsintensität und die Häufigkeit von Extremniederschlägen sind bei den meisten Wetterstationen stationär. Die Trendanalyse der Zeitreihen tropischer Wirbelstürme zeigt eine erhebliche zeitliche Invarianz, und dasselbe gilt für Tornados in den USA. Gleichzeitig bleibt die Auswirkung der Erwärmung auf die Oberflächenwindgeschwindigkeit unklar. Die Analyse wird dann auf einige globale Reaktionsindikatoren für meteorologische Extremereignisse ausgedehnt, nämlich Naturkatastrophen, Überschwemmungen, Dürren, die Produktivität von Ökosystemen und die Erträge der vier wichtigsten Kulturpflanzen (Mais, Reis, Sojabohnen und Weizen). Keiner dieser Reaktionsindikatoren zeigt einen eindeutig positiven Trend bei extremen Ereignissen. Auf der Grundlage der Beobachtungsdaten lässt sich abschließend feststellen, dass die Klimakrise, die wir nach Meinung vieler Quellen heute erleben, noch nicht offensichtlich ist.« (Alimonti G. et al. 2022)

Zu diesem, in einem akademischen Journal veröffentlichten Papier gibt es eine bezeichnende Geschichte, über die Roger Pielke Jr. auf seiner Webseite berichtet.[109] Nach der Veröffentlichung gab es erst mal wenig Reaktion, bis die Zeitung *The Guardian* eine scharfe Kritik veröffentlichte; sie umfasst Äußerungen von Greg Holland, Lisa Alexander, Steve Sherwood und Michael Mann, den wir als Urheber der Hockey-Stick-Theorie ja inzwischen kennen. Letzterer kommentierte unter der Gürtellinie: »Ein weiteres Beispiel dafür, dass Wissenschaftler aus völlig fachfremden Bereichen auftauchen und naiv unangemessene Methoden auf Daten anwenden, die sie nicht verstehen. Entweder ist der Konsens der weltweiten Klimaexperten, dass der Klimawandel eine eindeutige Zunahme vieler Arten von Wetterextremen verursacht, falsch, oder ein paar Nuklearphysiker in Italien haben Unrecht.«[110] Es folgte ein weiteres Kesseltreiben gegen den Artikel, an dem sich unter anderem Stefan Rahmstorf vom *Potsdam-Institut für Klimafolgenforschung* beteiligte. Einer der Hauptautoren, Gianluca Alimonti, verteidigte nicht nur den Artikel, sondern auch die Reputation seiner KollegInnen, in dem er unter anderem antwortete:

---

[109] https://rogerpielkejr.substack.com/p/think-of-the-implications-of-publishing
[110] https://rogerpielkejr.substack.com/p/think-of-the-implications-of-publishing

»Prof. Prodi, ein angesehener Klimatologe, nicht nur ›ein Kernphysik-Typ‹; er war auch viele Jahre lang als Herausgeber von Springer tätig. Ihn als Autor zu kritisieren, wäre eine Kritik an Springer bei der Auswahl von Gutachtern und Herausgebern. Der Verlag sollte seine wissenschaftliche Integrität entschlossen verteidigen, um nicht selbst an Ansehen zu verlieren, indem er auf Wunsch von Zeitungen agiert oder seine Rolle verleugnet.« Doch das alles nützte leider nichts, der Druck war zu groß, *Springer Nature* zog den Artikel zurück. »Anstatt die Argumente und Beweise in der von Fachleuten geprüften Literatur zu widerlegen, haben sich aktivistische Wissenschaftler mit aktivistischen Journalisten zusammengetan, um einen Verlag – *Springer Nature*, den vielleicht wichtigsten Wissenschaftsverlag der Welt – unter Druck zu setzen, eine Arbeit zurückzuziehen. Leider hatte die Kampagne Erfolg.«[111] Aber sehen wir uns nun extreme Wetterereignisse im Einzelnen an.

Waldbrände

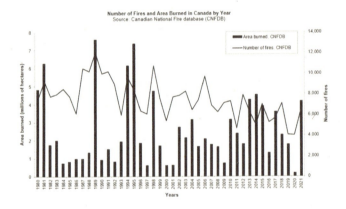

Waldbrände in Kanada (https://cwfis.cfs.nrcan.gc.ca/ha/nfdb?type=poly&year=9999)

Waldbrände sind im engeren Sinne kein Wetterereignis. Da jedoch in der Öffentlichkeit ein intensiver Zusammenhang zwischen Klimaentwicklung und Waldbränden hergestellt wird, betrachten wir Waldbrände im zeitlichen Verlauf. Erfreulicherweise gibt es insbesondere zu diesem Phänomen

---

111 https://rogerpielkejr.substack.com/p/think-of-the-implications-of-publishing

sehr viele sehr genaue Statistiken und Aufzeichnungen. Ich beginne mit den Bränden in Kanada, über die im Jahr 2023 ausführlich berichtet wurde. Die *Canada's National Forestry Database* stellt Daten über die Brände auf *nfdp.ccfm.org/en/data/fires.php* zur Verfügung. Die Anzahl der Feuer ist seit 1980 gesunken, für die brennenden Flächen lässt sich kein klarer Trend erkennen. Da man die *Canadian National Fire database* schwer als Werk inkompetenter Amateure abtun kann, werden solche Quellen einfach ignoriert.

Die vorherige Grafik beginnt mit dem Jahr 1980 und endet 2021. Auch wenn das Jahr 2023 einen neuen Rekord bedeuten würde, von einem »immer mehr, immer stärker« kann keine Rede sein.

Auch die Behauptung, extreme Hitze hätte die Waldbrände verursacht, kann so nicht stimmen. Kanadische Wälder brennen offenbar auch bei niedrigen Temperaturen. Bezeichnenderweise wurden die tatsächlichen Temperaturen der Wälder während der Brände 2023 häufig gar nicht genannt.

Yellowknife ist die Hauptstadt der Nordwest-Territorien mit etwa 22.000 Einwohnern. Die Temperaturen lagen im Sommer 2023 zwischen den Tagesmaxima von 25 Grad Celsius und den Tagesminima von 5 Grad, wie aus den Aufzeichnungen von *meteostat.net*[112] leicht zu entnehmen ist. Für einige wenige Tage stiegen die Tagestemperaturen auch bis auf 28 Grad. Vergleicht man dies mit den Temperaturen der Wälder etwa in Griechenland oder auch in Kalifornien, so handelt es sich um vergleichsweise kühle Temperaturen.[113] Es gab auch Niederschlag, 17,7mm im Mai, 67,5 mm im Juni, 22,5 mm im Juli und im August bis zum Ausbruch der Feuer 13,9 mm.[114] Ich kenne die Ursachen für diese Brände in den Nordwest-Territorien Kanadas nicht, aber massive Trockenheit und extreme Hitze stelle ich mir anders vor.

Für die USA stellt das *National Interagency Fire Center* eine Aufzeichnung der Anzahl der Brände und der brennenden Flächen von 1983 bis 2022 zur Verfügung.[115] Von einer systemischen Zunahme der Waldbrände kann auch hier keine Rede sein.

---

112 https://meteostat.net/de/place/ca/yellowknife?s=FY8BZ&t=2023-06-01/2023-06-30
113 Nur um sich das Klima zu vergegenwärtigen, von November bis April liegen die Temperaturen in Yellowknife unter Null.
114 https://meteostat.net/de/place/ca/yellowknife?s=FY8BZ&t=2023-08-01/2023-08-20
115 https://www.nifc.gov/fire-information/statistics/wildfires

Unter dem Titel *NASA stellt Rückgang der weltweiten Brände fest* (NASA Detects Drop in Global Fires) kann man auf ihrer Webseite lesen: »Weltweit ist die Gesamtfläche, die jedes Jahr von Bränden heimgesucht wird, zwischen 1998 und 2015 um 24 Prozent zurückgegangen. Dies geht aus einer neuen Veröffentlichung in *Science* hervor, in der Satellitendaten der NASA sowie Bevölkerungs- und sozioökonomische Daten analysiert werden. Am stärksten war der Rückgang der verbrannten Flächen in Savannen und Grasland, wo Brände für die Erhaltung gesunder Ökosysteme und den Schutz von Lebensräumen unerlässlich sind.« Allerdings, so die Seite, gäbe es bestimmte Regionen, bei denen eine Zunahme der Feuer zu verzeichnen sei. »Die Auswirkungen der Erwärmung und des trockenen Klimas sind jedoch auch in höheren Breitengraden zu beobachten, wo die Brände in Teilen Kanadas und des amerikanischen Westens zugenommen haben. Auch in Regionen Chinas, Indiens, Brasiliens und des südlichen Afrikas ist eine Zunahme der verbrannten Flächen zu verzeichnen.«[116] Auch diese Quelle stellt klar, von einem eindeutigen Trend kann nicht gesprochen werden, unterm Strich nehmen die Brände eher ab.

Eine eindeutige Abnahme an Bränden konstatiert die Studie *Rückläufige Brände im mediterranen Europa* (Decreasing Fires in Mediterranean Europe), die unter anderem am *Institute of Atmospheric Sciences and Climate Torino* (ISAC) in Italien erstellt wurde. Zunehmende Besiedelung führt logisch zu mehr Möglichkeiten, durch menschliches Fehlverhalten Brände auszulösen. Trotzdem, auch in Südeuropa ist die Zahl der Brände zurückgegangen. »Im Zeitraum 1985–2011 zeigte die gesamte jährlich verbrannte Fläche einen allgemeinen Abwärtstrend, mit Ausnahme von Portugal, wo ein heterogenes Signal festgestellt wurde. Betrachtet man alle Länder weltweit, so stellt man fest, dass die gesamte jährlich verbrannte Fläche während des 27-jährigen Untersuchungszeitraums um etwa 3020 km^2 abnahm (d. h. um etwa 66 % des durchschnittlichen historischen Werts).« (Turco M. et al. 2016)

Das *Joint Research Centre (JRC) of the European Commission (EC)* publiziert jährlich Daten über Zahl und Intensität der Waldbrände in Europa. Folgende Zahlen beziehen sich auf die davon besonders betroffenen südeuropäischen Staaten Portugal, Spanien, (Süd)Frankreich, Italien und Griechenland. Ich

---

116 https://www.nasa.gov/feature/goddard/2017/nasa-detects-drop-in-global-fires

zitiere nur die Zusammenfassungen der Zahl der Brände und die Größe der verbrannten Flächen. Erst mal die Anzahl der Brände im Jahresdurchschnitt:

1980–1989	34.645
1990–1999	58.851
2000–2009	60.517
2010–2019	41.501
2020–2021	30.097

Und nun die jährlich durchschnittlich verbrannte Fläche in Hektar:

1980–1989	556.995
1990–1999	448.938
2000–2009	443.693
2010–2019	333.307
2020–2021	304.118[117]

Auch aus diesen Zahlen lässt sich mit bestem Willen weder eine gestiegene Anzahl, noch eine gestiegene Intensität der Brände ablesen, eher ein gegenteiliger Trend. Auch die Arbeit *Ein vom Menschen verursachter Rückgang der weltweit verbrannten Fläche* (A human-driven decline in global burned area) kommt zum Schluss, die Zahl und Intensität der Brände habe abgenommen. »Hier haben wir die langfristigen Trends bei Bränden anhand mehrerer Satellitendatensätze bewertet. Wir fanden heraus, dass die weltweit verbrannte Fläche in den letzten 18 Jahren um 24,3 ± 8,8 % zurückgegangen ist. Der geschätzte Rückgang der verbrannten Fläche blieb auch nach Berücksichtigung der Niederschlagsvariabilität stabil und war in Savannen am stärksten.« (Andela N. et al. 1017)

Ich möchte auf die Demagogie der EU-Kommission hinweisen, um die Notwendigkeit des Green New Deal zu begründen. Unter der Überschrift »Der Klimawandel kostet Menschenleben und Geld« wird unter anderem eine Grafik präsentiert, die die gestiegene Brandgefahr in Europa visualisieren soll. Dazu wird behauptet: »2018 waren mehr Länder von großen

---

[117] https://effis-gwis-cms.s3.eu-west-1.amazonaws.com/effis/reports-and-publications/annual-fire-reports/Annual_Report_2021_final_topdfl.pdf

Wahlbränden betroffen als jemals zuvor, auch in Mittel- und Nordeuropa, früher keine typischen Waldbrandregionen.«[118]

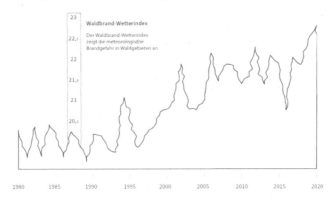

(https://www.consilium.europa.eu/de/infographics/climate-costs/)

Eine offizielle Publikationsstelle der EU, die *Publications Office of the European Union*, veröffentlichte eine Studie, die exakt das Gegenteil dokumentiert.[119] Die Liste der teilnehmenden Institutionen und ForscherInnen ist beeindruckend. Auf Seite 102 dieser Studie *Forest fires in Europe, Middle East and North Africa 2019* belegen die Grafiken, dass sowohl die brennenden Flächen, als auch die Zahl der Feuer und ihre durchschnittliche Ausbreitung in der Tendenz gesunken sind.

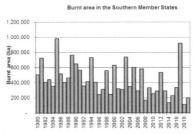

(Forest fires in Europe, Middle East and North Africa 2019, Seite 102; https://op.europa.eu/en/publication-detail/-/publication/fdbbf4ee-1a63-11eb-b57e-01aa75ed71a1/language-en)

118   https://www.consilium.europa.eu/de/infographics/climate-costs/, abgerufen am 15.10.2023
119   https://op.europa.eu/en/publication-detail/-/publication/fdbbf4ee-1a63-11eb-b57e-01aa75ed71a1/language-en

Man vergleiche den Balken über dem Jahr 2018 mit der Behauptung auf der Webseite *www.consilium.europa.eu*, die oben zitiert wurde.

Überschwemmungen

Wie sieht es mit den Überschwemmungen aus? Eine Untersuchung der ZAMG zeigt:

»Die Auswirkungen von Hochwasserereignissen hängen nicht nur vom Klimabeitrag, also der Niederschlagssumme, ab. Dieser Beitrag kann gegenüber geänderter Landnutzung (z. B. Flächenversiegelung) und Flussverbauung sogar in den Hintergrund treten. Zum Klimaeinfluss lässt sich sagen: In den letzten zweihundert Jahren hat sich in Österreich die Eintrittswahrscheinlichkeit extrem niederschlagsreicher Monate kaum verändert. Ergebnisse aus Deutschland und der Schweiz zeigen, dass die Häufung von Hochwässern in den letzten Jahren im Rahmen früherer Jahrhunderte liegt.«[120]

Europaweit sind gegenläufige Trends zu beobachten: »In Nordwesteuropa hat sich die mittlere Hochwasserspitze für Messstationen mit signifikanten Änderungen um mehr als 5 % pro Dekade erhöht. Im Osten und Süden gibt es Rückgänge in ähnlicher Größenordnung.«[121] Historisch ist von einer Abnahme der Überschwemmungen auszugehen. Kältere Temperaturen führten in früheren Zeiten zur Vereisung der Flüsse, mit nachfolgenden Überschwemmungen. »Bei größeren Schneemengen und späterem Tauwetter verstopften häufig Eisschollen die ohnehin bereits Hochwasser führenden Flüsse, was den Wasserstand erhöhte und zu Überschwemmungen und Deichbrüchen führte.« (Lomborg 2009, 111) Der sogenannte Eisstoß war in Europa ein verbreitetes Phänomen und führte im Frühling regelmäßig zu Hochwasser. Das galt insbesondere für die Donau. »In frostigen Wintern war der sogenannte Eisstoß gefürchtet: Dabei stauten sich große Treibeisplatten an Untiefen und Flussgabelungen und schoben sich übereinander. Bei

---

[120] https://www.zamg.ac.at/cms/de/klima/informationsportal-klimawandel/standpunkt/faq
[121] https://www.zamg.ac.at/cms/de/klima/informationsportal-klimawandel/klimafolgen/hochwasser

Hochwasser wurden diese oft meterhohen Eisgebilde ausgehoben, trieben bis zum nächsten Hindernis und verstopften schließlich das Gerinne. Dann war binnen kürzester Zeit das Umland überflutet. Besonders verheerende Überschwemmungen gab es Anfang März 1830 und im Februar 1862.«[122] In der Gegenwart sind die Versiegelung des Bodens und die Umwandlung der Flussläufe in begradigte Flussautobahnen zu nennen, die starke Niederschläge nicht speichern, sondern sehr rasch abfließen lassen. Trotzdem, vermehrte Überschwemmungen sind auch international kaum zu beobachten. Dies besagt die Studie *Eine globale Untersuchung von Trends in jährlichen maximalen Abflussmengen* (A global-scale investigation of trends in annual maximum streamflow) von Hong X. Do, Seth Westra und Michael Leonard (*University of Adelaide, South Australia*). Darin wird folgende Schlussfolgerung gezogen: »Schließlich gab es in allen analysierten Datensätzen mehr [Forschungs-]Stationen mit signifikant abnehmenden Trends als mit signifikant zunehmenden Trends, was darauf hindeutet, dass die Hypothese, dass die Hochwassergefahr zunimmt, im Durchschnitt der von den Daten abgedeckten Regionen der Welt nur begrenzt belegt ist.« (Hong et al. 2017, 1)

Offensichtlich sind diese Ereignisse auch nicht leicht von üblichen, normalen Überschwemmungen abzugrenzen, ich verweise nur auf die Überschwemmungen des Nils, die seit Jahrtausenden die Zivilisation in Ägypten ermöglichen, ebenso die Überschwemmungen des Ganges und des Brahmaputra in Bangladesch.

Taifune, Hurrikane und Stürme

Eine weitere Behauptung betrifft Taifune und Hurrikane. Auch ihre Zahl und vor allem ihre Intensität soll zunehmen. In der Studie *Erkennung von Hurrikantrends* (Hurricane trend detection) aus 2020 schreiben die AutorInnen Craig Loehle und Erica Staehling:

»Die Anzahl der Hurrikane und der großen Hurrikane wies in den 167 Jahren der verfügbaren Daten keinen signifikanten Gesamttrend auf, ebenso wenig wie die akkumulierte Wirbelsturmenergie auf dem

---

122 https://magazin.wienmuseum.at/140-jahre-eisstoss-auf-der-donau

US-Kontinent in den 119 Jahren der verfügbaren Daten, obwohl in allen drei Datensätzen kurzfristige Trends erkennbar waren. (...) Die Sturmenergiedaten 1900–2018 über Land wurden ebenfalls analysiert. Auch hier war der Trend gleich Null. (...) Alle Stürme und schweren Stürme im Atlantikbecken (1950–2018) wiesen über den gesamten Zeitraum oder nach 1990 keinen Trend auf. Bei den schweren Stürmen 1950–1989 war ein signifikanter Abwärtstrend festzustellen.« (Loehle C. et al. 2020)

Auch die Grafik des *National Centers for Environmental Information* zur Tornado-Statistik der Jahre 1950 bis 2023[123] zeigt wohl einen leichten Anstieg bis 1990, danach bleiben die Zahlen konstant, ja sinken sogar leicht. Neuere Forschungen zeigen eher Abnahmen als eindeutige Zunahmen, etwa: »*Anzahl der tropischen Wirbelstürme über dem atlantischen Ozean nach Schweregrad in den Jahren von 1860 bis 2020*«.[124] Roger Pielke Jr. zeigt sogar, dass die Hurrikane, die das Land verwüsten, um ein Drittel seit 1945 abgenommen haben.[125]

In diesem Zusammenhang möchte ich nochmals auf die Bedeutung der Oszillationen der Ozeane verweisen, das heißt auf jenes Phänomen, das besagt, die Oberflächentemperaturen würden sich in bestimmten Rhythmen abwechseln. Es gibt durchaus Untersuchungen, die eine Zunahme der Hurrikane der Klasse 4 und 5 zu belegen versuchen: Zwei viel zitierte Studien stammen aus dem Jahr 2006.[126] An einer war Judith Curry beteiligt, sie hat deren Ergebnisse zwischen zurückgenommen. In ihrer Arbeit *Potenzielle Zunahme der Hurrikanaktivität in einer durch Treibhausgas erwärmten Welt* (Potential Increased Hurricane Activity in a Greenhouse Warmed World)[127] wurde die Aussage formuliert, dass die Zahl der tropischen Wirbelstürme weltweit sinke, jedoch Hurrikane mit höchster Intensität zunehmen könnten. KlimaaktivistInnen griffen ihre Aussagen begeistert auf: »›Ich wurde von den Umweltverbänden und den Alarmisten adoptiert und wie ein Rockstar behandelt‹, erzählt Curry. Doch dann wiesen einige Forscher auf Lücken in

123 https://www.ncei.noaa.gov/access/monitoring/tornadoes/12/0?fatalities=false
124 https://de.statista.com/statistik/daten/studie/1045969/umfrage/anzahl-der-hurrikane-ueber-dem-atlantik-nach-schweregrad/
125 https://rogerpielkejr.substack.com/p/a-remarkable-decline-in-landfalling
126 https://www.scinexx.de/news/geowissen/bestaetigt-klimawandel-verstaerkt-hurrikans/
127 https://www.taylorfrancis.com/chapters/edit/10.4324/9781849772679-11/potential-increased-hurricane-activity-greenhouse-warmed-world-judith-curry-world-judith-curry

ihrer Forschung hin – auf Jahre mit wenig Wirbelstürmen. ›Wie eine gute Wissenschaftlerin habe ich nachgeforscht‹, sagt Curry. Sie erkannte, dass die Kritiker Recht hatten.«[128] Mittlerweile führt sie die mögliche steigende Intensität der Hurrikans nicht schlichtweg auf die Erderwärmung, sondern ebenso auf die Atlantische Multidekadische Oszillation (Atlantic Multidecadal Oscillation; AMO) zurück. Das ist für eine weiterführende Debatte insofern interessant, als insbesondere Fritz Vahrenholt und Sebastian Lüning mit dieser Oszillation auch den Wechsel von starken Niederschlägen und schwachen Niederschlägen diesseits und jenseits des nördlichen Atlantik begründen. »In der positiven Phase der Nordatlantischen Oszillation (NAO+) [der Nordatlantik ist wärmer als üblich] ist es im Winter in Nordeuropa feuchter, während Südeuropa, Nordwestafrika und Nordostkanada trockener werden. Während der negativen Phase (NAO-) drehen sich die Verhältnisse um, und die durch die Westwinde herangeführte Feuchtigkeit regnet bevorzugt über Südeuropa und Nordwestafrika ab.« (Lüning, Vahrenholt 2021, 170)

Was nun die Sturmentwicklung in Europa betrifft: Für das Gebiet um die Nord- und Ostsee habe ich folgende Aussage des langjährigen Leiters des *Instituts für Küstenforschung am Helmholtz-Zentrum Geesthacht* gefunden. Auch Hans von Storch kann keinerlei Intensivierung der extremen Wetterereignisse in dieser Zone erkennen: »Wenn man aber lokale Luftdruckdaten analysiert, (…) ist eine Untersuchung veränderlicher Sturmtätigkeit möglich – mit dem Ergebnis, dass sich zumindest für Norddeutschland seit Anfang des 20. Jahrhunderts die Sturmtätigkeit nicht nennenswert verstärkt hatte.« (Krauß, von Storch 2013, 37)

Nur nichts zugeben

Selbst die AlarmistInnen geben jenseits marktschreierischer Presseaussendungen etwas gewunden zu, eine Zunahme von extremen Stürmen könne nicht nachgewiesen werden. *Climatefeedback.org* ist eine Seite, die sich dem Alarmismus verschrieben hat. Sie zitiert Kevin Walsh, Professor der Universität Melbourne.

---

128 https://nypost.com/2023/08/09/climate-scientist-admits-the-overwhelming-consensus-is-manufactured/

»»Aufgrund des Mangels an Daten ist es schwierig, zuverlässige Aussagen über die Entwicklung der Intensität tropischer Wirbelstürme zu machen, außer über die Entwicklung in den letzten Jahrzehnten‹, so Kevin Walsh, Professor an der *School of Geography, Earth and Atmospheric Sciences* der Universität Melbourne. ›Diese Zeitspanne ist wahrscheinlich zu kurz, um mit großer Sicherheit sagen zu können, dass diese Trends durch die globale Erwärmung verursacht werden‹.« Aber immerhin konnte hinzugefügt werden: »Für den Atlantik hat die Forschung [wir werden sofort sehen, welche] prognostiziert, dass die maximalen Windgeschwindigkeiten von Tropenstürmen und Hurrikanen bei einer globalen Erwärmung um zwei Grad Celsius um etwa 3 % zunehmen werden.«[129]

»Die Forschung«, die die Zunahmen an maximaler Windgeschwindigkeit belegen soll, wird mit einem Link auf einen Blog-Post von Chris Landsea und Tom Knutson belegt. Diese wiederum zitieren aus einem am 9. Mai 2023 upgedateten Fact Sheet mit dem Titel *Stand der Wissenschaft zu atlantischen Hurrikanen und Klimawandel* (State of the Science on Atlantic Hurricanes and Climate Change). Die gesamten Ergebnisse zeigen doch ein anderes Bild, als *climatefeedback.org* suggeriert: »Die Niederschlagsmenge bei tropischen Stürmen und Hurrikans wird voraussichtlich um etwa 15 % zunehmen. Die Zahl der atlantischen Hurrikans, die eine Intensität der Kategorie 4 oder 5 erreichen, wird den Projektionen zufolge um etwa 10 % zunehmen, wobei jedoch große Unsicherheiten bestehen und einige Studien von einem Rückgang ausgehen. Die Gesamtzahl der tropischen Stürme und Hurrikane im Atlantik wird voraussichtlich um 15 % abnehmen, allerdings mit großer Unsicherheit; eine Minderheit der Studien geht von einer Zunahme aus. Die stärksten Winde von tropischen Stürmen und Hurrikans werden voraussichtlich um etwa 3 % zunehmen. Andere Aspekte der atlantischen Hurrikane – wie z. B. Ort, Zugbahn und Größe der benannten Stürme – könnten sich ebenfalls ändern, aber die verfügbaren Prognosen sind sich nicht einig.«[130] Aus vorsichtigen, sich gegenseitig relativierenden Aussagen werden bei Faktencheckern alarmistische Eindeutigkeiten.

---

129 https://climatefeedback.org/how-climate-change-impacts-hurricanes
130 https://sciencecouncil.noaa.gov/wp-content/uploads/2023/05/1.1_SOS_Atlantic_Hurricanes_Climate.pdf

Im selben Stil ist auch die einleitende Passage im Buch *Der Klimawandel* von Stefan Rahmstorf und Joachim Schellnhuber zum Thema extreme Wetterereignisse geschrieben. »Wetterextreme wie Stürme, Überschwemmungen oder Dürren sind die Auswirkungen des Klimawandels, welche viele Menschen am direktesten zu spüren bekommen.« (Rahmstorf, Schellnhuber 2019; 68) Inhaltlich ergibt dieser Satz keinen Sinn; Überschwemmungen oder Dürren sollen Auswirkungen des Klimawandels sein, vorher gab es diese Phänomene nicht? Dazu fällt mir eine Aussage von Hans von Storch ein: »Tatsächlich kann man derzeit erleben, wie jedes Extremereignis mit signifikanten Folgen für Menschen und die Gesellschaft immer dem Klimawandel zugesprochen wird, ganz so, als habe es in Zeiten vor dem Klimawandel solche schrecklichen Wetterextreme nicht gegeben.« (von Storch 2023, 112)

Nach dieser tendenziell demagogischen Einleitung eine Aussage, die im Grunde die gesamte journalistische Berichterstattung desavouiert: »Allerdings lässt sich eine Zunahme von Extremwetterereignissen nicht leicht nachweisen, da die Klimaerwärmung bislang noch moderat und Extremereignisse per definitionem selten sind – über kleine Fallzahlen lassen sich kaum statistisch gesicherte Aussagen machen.« (Rahmstorf, Schellnhuber 2019; 68) Die Rhetorik soll retten, was die Fakten nicht hergeben. Nun, die Zunahme lässt sich überhaupt nicht nachweisen und aus kleinen Fallzahlen lässt sich keine Statistik ableiten. Zudem ist eine nicht-moderate Klimaerwärmung in der Zukunft nur eine Vermutung, mehr nicht. Mit suggestiven Wendungen wird ein Zukunftsszenario beschworen, dessen Eintreten unmittelbar bevor stünde.

Dürren und intensive Regenfälle

Wie sieht es nun mit der beschworenen Zunahme von Dürren aus? Vahrenholt und Lüning schreiben mit Verweis auf insgesamt zehn Quellen[131] folgendes: »Die Häufigkeit von Dürren blieb im globalen Maßstab während der letzten 30–100 Jahre unverändert. Langzeittrends sind nicht zu beobachten. In einigen Regionen wurden Dürren häufiger, in anderen hingegen

---

131 Diese Quellen sind unter https://unerwuenschte-wahrheiten.de/19-gab-es-frueher-weniger-duerren/ frei einsehbar.

seltener. Das sieht überdies auch der Extremwetter-Sonderbericht des IPPC [aus 2012] so. Die Regenfälle haben sich in den letzten 150 Jahren nur unwesentlich verändert. Einige Kontinente wurden feuchter, andere trockener.« (Lüning, Vahrenholt 2021, 168f) Ich habe mir die Quellen zu diesen Aussagen angesehen und möchte aus zwei zitieren. Auf einer Seite der Uni Leipzig wird der Meteorologe Marc Salzmann interviewt: »Zwar habe der Niederschlag in einigen Regionen der Erde zugenommen, aber zugleich in anderen Gebieten abgenommen. Auch sei bekannt, dass es als Folge der Klimaerwärmung öfter Starkregen gebe. ›Beim weltweit durchschnittlichen Niederschlag allerdings zeigen weder Computermodelle noch Beobachtungen deutliche Veränderungen‹, erklärt er.«[132] Eine weitere von Lüning und Vahrenholt angegebene Quelle ist die akademische Arbeit von Hao et al.: *Globales integriertes System zur Überwachung und Vorhersage von Dürre* (Global integrated drought monitoring and prediction system).[133] Darin findet sich als eine Art Zusammenfassung eine Grafik, die die weltweite Landfläche in vier Stadien der Trockenheit von Juni 1982 bis Juni 2012 darstellt. Eine Zunahme der trockenen Flächen ist nicht zu erkennen. Wie Lüning und Vahrenholt ja selbst schreiben, zeigen die Studien keineswegs, dass alles beim Alten bleibt, wenn ich das so salopp ausdrücken darf. Das war noch nie so in der Klimageschichte der Erde, aber zwischen Verschiebungen zwischen Regionen und einem Panik verbreitenden »Immer mehr, immer stärker« ist doch ein gewichtiger Unterschied. Wohl dürften Dürren in manchen Gegenden zunehmen, aber dafür regnet es in von Trockenheit geplagten Landstrichen offenbar mehr.

Wie sieht es am nordamerikanischen Kontinent aus? Für die USA gibt es eine grafisch gut aufbereitete Bilanz der extrem trockenen und der extrem feuchten Gebiete, die eine Abweichung von mehr als 10 % der üblichen Niederschlagsmengen zeigen. Die Grafik des hier öfters zitierten *National Centers for Environmental Information* beginnt im Jahre 1985 und endet im Juni 2023.[134] Weder eine Zunahmen der Dürren noch eine der extremen Niederschläge ist zu erkennen.

---

132 https://www.uni-leipzig.de/newsdetail/artikel/leipziger-meteorologe-untersucht-auswirkungen-des-klimawandels-auf-weltweiten-niederschlag-2016-06-2
133 .https://www.nature.com/articles/sdata20141/
134 https://www.ncei.noaa.gov/access/monitoring/uspa/wet-dry/0

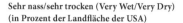

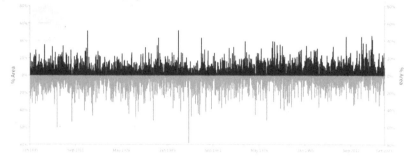

Sehr nass/sehr trocken (Very Wet/Very Dry) (in Prozent der Landfläche der USA)

Ich möchte auch auf eine weitere Studie verweisen, die 2021 von Monica Ionita mit MitarbeiterInnen am *Alfred-Wegener-Institut, Helmholtz-Zentrum für Polar- und Meeresforschung* erstellt wurde. Dieses Papier stellte eine Langzeituntersuchung der Dürren in Europa dar. Ein eventuell überraschendes Resultat: Dürren gab es insbesondere in europäischen Kaltzeiten. »Megadürren sind bemerkenswerte Erscheinungen im amerikanischen Südwesten, aber nicht so sehr im europäischen Klima. Anhand langfristiger hydrologischer und meteorologischer Beobachtungen sowie paläoklimatischer Rekonstruktionen zeigen wir hier, dass Mitteleuropa während des Spörer-Minimums (ca. 1400–1480 n. Chr.) und des Dalton-Minimums (ca. 1770–1840 n. Chr.) viel längere und schwerwiegendere Dürreperioden erlebt hat als die im 21. Jahrhundert. Diese beiden Megadürren scheinen mit einem kalten Zustand des Nordatlantiks und einer verstärkten winterlichen atmosphärischen Blockadeaktivität über den Britischen Inseln und dem westlichen Teil Europas zusammenzuhängen, die mit einem geringeren solaren Antrieb und explosivem Vulkanismus einhergeht. Darüber hinaus zeigen wir, dass die jüngsten Dürreereignisse (z. B. 2003, 2015 und 2018) im Bereich der natürlichen Variabilität liegen und im letzten Jahrtausend nicht beispiellos sind.« (Ionita et al. 2021, 1)

Ausschließlich negativ?

Die Folgen des Klimawandels werden *ausschließlich* negativ dargestellt. Dass er *auch*, ich betone *auch*, positive Effekte haben könnte, darf nicht sein. Ein positiver Effekt wurde bereits genannt, die Zahl der Kältetoten müsste in unseren Breiten zurückgehen, und es gibt zehnmal mehr Kältetote als Hitzetote. Auch die steigende Vergrünung der Erde, nachgewiesen durch die NASA, wurde bereits erwähnt. Ein weiterer positiver Effekt ist der steigende Niederschlag in der Sahel-Zone, die jahrelang von verheerenden Dürren geplagt wurde. »Der größte Teil des Planeten wird feuchter werden, zum Beispiel Süd- und Ostasien und Teile Afrikas, in einigen Gebieten wird es hingegen trockener werden, insbesondere im Mittelmeerraum, in Zentral- sowie im Süden Afrikas und im südlichen Teil der Vereinigten Staaten.« (Lomborg 2009, 143) Insbesondere die Sahel-Zone, die in den letzten Jahrzehnten unter massiver Trockenheit litt, darf auf mehr Regen hoffen. »Die Länder auf der südlichen Seite der Sahara kommen in die Zone der Regenfälle und es wird feuchter. Das ist auch tatsächlich in der Sahelzone zu beobachten.« (Ganteför 2012, 235) Laut *Max-Planck-Gesellschaft* soll es einen direkten Zusammenhang zwischen den zu erwartenden höheren Temperaturen des Mittelmeers und den Regenfällen in der Sahelzone geben. »Warmes Mittelmeer lässt Sahel ergrünen«,[135] was die Lebensgrundlage abertausender Menschen sichern dürfte.

Demagogische Berichterstattung

Ich hoffe mit diesem Streifzug durch Studien und Untersuchungen zu extremen Wettererscheinungen[136] gezeigt zu haben, dass von einer dramatischen Zunahme dieser Phänomene nicht die Rede sein kann. Zudem werden Ereignisse schlichtweg demagogisch übertrieben.

Das eigentliche Problem ist jedoch nicht die Übertreibung, sondern die wissenschaftlich methodisch unzulässige Schlussfolgerung vom Einzelfall des Wetters auf die Allgemeinheit des Klimas. Ich wiederhole es gerne: »Klima – das ist die Statistik des Wetters.« (von Storch 2023, 21) Daher kann der »Nachweis (…) schlichtweg nicht geführt werden (…), extreme Einzelereignisse

---

135 https://www.mpg.de/10631374/sahel-zone-niederschlag-mittelmeer
136 Das Wachstum und der Schwund der Gletscher wurde, wie viele andere Themen, nicht diskutiert. Tatsächlich gab es in Europa vor 1000 Jahren so manche Gletscher nicht, deren Abschmelzen jetzt thematisiert wird. Auf https://ethz.ch/de/news-und-veranstaltungen/eth-news/news/2018/11/eiszeitensimulation-macht-gletscherausdehnung-sichtbar.html findet sich eine beeindruckende Animation des Wachstums und des Schwundes der europäischen Gletscher seit 120.000 Jahren. Das Video wurde von der ETH Zürich produziert

wie Hurrikan Katrina in New Orleans, die Elbeflut von 2002, die Flut in Pakistan von 2011 oder den Sturmkomplex mit Namen Sandy, der 2012 New York heimsuchte, als Folgen des Klimawandels« darzustellen. (Krauß, von Storch 1013, 130) Doch genau dies geschieht unablässig. »Durch intensive Zuschreibung wird versucht, die Gewissheit einer drohenden globalen Katastrophe in die Unzweifelhaftigkeit umzuwandeln, dass extreme Wetterereignisse ganz oder teilweise auf den vom Menschen verursachten Klimawandel zurückgeführt werden können«, schreibt Andy West in seinem Buch *The Grip of Culture*. (West 2023, 76) Die Folgen des Klimawandels werden so zur simplen sinnlichen Gewissheit, es sei eben klar, und man sehe es ja. Dort ein Waldbrand, hier eine Höchsttemperatur, dort Mangel an Regen, hier wiederum eine Überschwemmung. Die permanenten Nachrichten über Hitzewellen, Überschwemmungen, Stürme und Temperaturrekorde spielen eine bedeutende psychologische Rolle für Alarmismus und Panikmache. Sätze wie »Die Folgen sind weltweit sichtbar: häufigere Stürme, heftigere Waldbrände, längere Dürren – all das hat der Klimawandel mitverursacht«[137] werden uns tagtäglich von den Medien mitgeteilt. Die permanente Wiederholung ein und der selben simplen Aussage ist ein probates Mittel, Botschaften als wahr, ja unwiderlegbar zu markieren. *Flooding the zone*, überschwemmt die Zone; dieses Propagandamittel fand schon während der Corona-Pandemie ausgiebige Verwendung. »Die eigene Nachricht soll in solchen Mengen ausgeschüttet werden, dass sie alle Kanäle überschwemmt.« (Bohnstingl, Obermayr, Reitter 2023, 119)

Eine ausufernde Propagandaindustrie versorgt uns permanent mit ausgesuchten Katastrophenmeldungen aus der ganzen Welt. Die Klimakatastrophe soll zur täglich erfahrbaren Tatsache werden. Und vor allem müssen die extremen Wetterereignisse als absolute Neuheit dargestellt werden, so, als ob es sie früher nicht gegeben hätte. Natürlich gab es sie, nur wurde darüber nicht oder kaum berichtet. In einer medial gesteuerten Welt macht dies den Unterschied ums Ganze aus. Nicht die extremen Wetterereignisse haben zugenommen, zugenommen haben die Berichte darüber, und in einer von den Medien gemachten Welt muss es so erscheinen, als ob mehr Berichte auch mehr Vorfälle bedeuten.

---

137 https://www.zeit.de/thema/klimawandel

Die Sturmkatastrophe 1970 in Bangladesch wurde schon erwähnt. Wenden wir uns nun den 1930er-Jahren in den USA zu. Besonders zwischen 1935 und 1938 erlitten viele Bundesstaaten, insbesondere im Mittleren Westen, also North Dakota, South Dakota, Oklahoma und Nebraska, nicht nur glühende Hitze, sondern auch Sandstürme von apokalyptischem Ausmaß. Diese gingen als Dust Bowl in die Geschichte ein. Man stelle sich vor, vier Jahre lang immer wieder verheerende Trockenheit und unbarmherzige Sandstürme. Viele Farmer mussten ihre Häuser angesichts dieser Naturgewalten verlassen und zogen nach Kalifornien, wo sie während der großen Wirtschaftskrise Armut und Ausbeutung erleben mussten. John Steinbeck hat diese Ereignisse in *Früchte des Zorns* literarisch verarbeitet. Man stelle sich vor, diese Ereignisse wären in der heutigen Zeit geschehen.

Flüchtlingsströme

Zwischen der Berichterstattung über die extremen Wetterereignisse und den prophezeiten Flüchtlingsströmen besteht ein qualitativer Unterschied. Die Berichte über einzelne Extremwetterereignisse beruhen auf realen Gegebenheiten, wenn auch dramatisiert berichtet wird. Die Aussagen über Flüchtlingsströme und Klimaveränderungen wirken auf mich, wie wenn sie aus einer Parallelwelt stammen würden. Sehen wir uns vorerst die aktuelle Situation an.

Die *UNO-Flüchtlingshilfe* spricht von 108,4 Millionen Menschen, die aktuell auf der Flucht sind. Als die fünf größten Herkunftsländer werden genannt: »Syrien – 6,5 Millionen; Ukraine – 5,7 Millionen; Afghanistan – 5,7 Millionen; Venezuela – 5,5 Millionen; Südsudan – 2,3 Millionen.«[138] Diese Statistik ist zweifellos geopolitisch eingefärbt. Wir müssen wohl eine Million vertriebene PalästinenserInnen hinzufügen. Die Gründe für die Flucht aus diesen Ländern sind offensichtlich: Krieg, brutale Vertreibung und politische Unterdrückung. Die *UN Refugee Agency Österreich* veröffentlicht ähnliche Zahlen und nennt als Herkunftsländer der Geflüchteten Syrien, Venezuela, Afghanistan, Südsudan und Myanmar.[139] Wobei auch auf die große

---

138 https://www.uno-fluechtlingshilfe.de/informieren/fluechtlingszahlen
139 https://www.unhcr.org/media/global-trends-forced-displacement-2020

Zahl der Binnenvertriebenen verwiesen wird, also Menschen, die innerhalb der Grenzen eines Nationalstaates von ihren angestammten Wohngebieten vertrieben werden.« 53 Millionen Menschen innerhalb ihres Landes vertrieben«,[140] berichtet das *Regionale Informationszentrum der Vereinten Nationen*, das heißt, etwa 50 % der Flüchtlinge können die Grenzen ihres Landes nicht verlassen. »Gewaltvolle Konflikte, Kriege, Verfolgung, Menschenrechtsverletzungen und Krisen, die die öffentliche Ordnung bedrohten«[141] werden als Ursache vom *Flüchtlingsrat Baden-Württemberg* genannt. Von Klimaveränderungen kein Wort. Und wohin flüchten die Menschen? Als die fünf größten Aufnahmeländer werden genannt: »Türkei – 3,6 Millionen; Islamische Republik Iran – 3,4 Millionen; Kolumbien – 2,5 Millionen; Deutschland – 2,1 Millionen; Pakistan – 1,7 Millionen.«[142] Die *UN Refugee Agency* nennt als die größten Aufnahmeländer Türkei mit 3,7 Millionen, Kolumbien mit 1,7 Millionen, Pakistan mit 1,4 Millionen, Uganda mit 1,4 Millionen und Deutschland mit 1,2 Millionen.[143] Tatsächlich fliehen die Menschen insbesondere vor Krieg und Gewalt in das benachbarte Land, die Syrer fliehen in die Türkei (und hoffen es, nach Deutschland zu schaffen), die Afghanen nach Pakistan, die Menschen aus Venezuela[144] nach Kolumbien, die Menschen aus der Ukraine vor allem nach Polen, Deutschland und aus der Ostukraine nach Russland. Die Ursachen für diese Flüchtlingsströme liegen auf der Hand und sind allgemein bekannt, insbesondere die Furie des Krieges vertreibt die Menschen.

Die Stimmen aus der Klima-Szene schaffen sich eine eigene, fantasierte Welt. »Gegenüber der Gewalt der Klimakrise gibt es keine neutrale Position. Während einige von ihr profitieren, werden die Lebensgrundlagen von Millionen von Menschen verwüstet. Auf der einen Seite eskaliert die rassistische Gewalt gegen Flüchtende und ganze Länder im globalen Süden werden zu Opferzonen degradiert«, heißt es im Klappentext des Buches *Klimasolidarität* von Johannes Siegmund.[145] Die Analyse der Zerstörung der Lebensgrundlagen der Menschen insbesondere im Globalen Süden füllt Bibliotheken.

140 https://unric.org/de/unhcr23052022/
141 https://aktiv.fluechtlingsrat-bw.de/zahlen-und-fakten.html
142 https://www.uno-fluechtlingshilfe.de/informieren/fluechtlingszahlen
143 Quelle: https://www.unhcr.org/media/global-trends-forced-displacement-2020
144 Angesichts des geopolitischen Interesses, die Regierung in Venezuela zu schwächen, wäre eine Untersuchung über die angegebenen Flüchtlingszahlen erforderltich.
145 https://www.leykamverlag.at/produkt/klimasolidaritaet/

Landraub, Vertreibung von Grund und Boden, Niederschlagung von Widerstand durch gekaufte Schlägerbanden der Plantagen- und Großgrundbesitzer, rücksichtsloser Raubbau an der Natur, Verschmutzung und Vergiftung der Umwelt inklusive, um nur einige Faktoren zu nennen. Und plötzlich erscheint der Dämon Klimawandel und ist für all dies verantwortlich.

Flucht und Krieg sind zwei Seiten der Medaille. Wer den Klimawandel für die Flüchtlingsbewegungen verantwortlich macht, muss auch Kriege darauf zurückführen. Während ich diese Zeilen schreibe, fliegt die türkische Luftwaffe Angriffe auf Nordsyrien und bombardiert Siedlungsgebiete der KurdInnen, wobei insbesondere Spitäler ein Angriffsziel darstellen. Die Gewaltspirale zwischen den PalästinenserInnen und Israel eskaliert und die israelische Armee marschiert in das Freiluftgefängnis Gaza ein; Strom und Wasser stehen an den meisten Tagen nicht mehr zur Verfügung. Die westliche Wertegemeinschaft ignoriert die Vertreibung der ArmenierInnen aus Bergkarabach. Der Krieg im Osten der Ukraine tobt seit 2014. Und was haben all diese Gräueltaten mit dem Klima zu tun? Da dies konkret nicht zu argumentieren ist, flüchtet man sich in allgemeine Floskeln. Es ist ja auch zu absurd. Die Rohingya in Myanmar sind nicht wegen des Klimas geflüchtet, sondern aus Angst vor dem Verbrechen des Völkermordes durch die Mehrheitsgesellschaft. Die Menschen fliehen aus Afghanistan, um dem Terror des Taliban-Regimes zu entkommen, doch nicht wegen des Klimawandels.

Wie der Diskurs doch irgendwie funktionieren kann, möchte ich anhand einer *ORF*-Nachricht zeigen. Darin ist zu lesen: »1990 schätzte der IPCC die zu erwartende Zahl von Klimaflüchtlingen auf 150 Millionen bis zum Jahr 2050. In einer Studie bezifferte die Umweltorganisation Greenpeace im Jahr 2007 die Zahl schon mit 200 Millionen, allerdings bereits bis 2040, und kritisierte, dass sich Industrienationen von Klimaflüchtlingen abschotten würden. Bereits 2022 kamen 90 Prozent der Flüchtlinge auf der Welt ›aus Gebieten, die extrem anfällig für den Klimawandel sind‹, so das UNO-Flüchtlingshochkommissariat (UNHCR).«[146] Lesen wir genau, was da eigentlich steht. Zuerst wird eine uralte Schätzung des IPCC aus 1990 bemüht. Bis ins Jahr 2050 soll es 150 Millionen Klimaflüchtlinge geben. Nun, seit 1990 ist ja einige Zeit vergangen, wie viele Millionen Klimaflüchtlinge gibt es angeblich seither?

---

146 https://topos.orf.at/hirn-und-amir-solidaritaet100

Welche der oben angeführten realen Flüchtlingsströme bestehen aus Klimaflüchtlingen? Dazu gibt es keine Zahl. Stattdessen wird die Prophezeiung des IPCC mit einer von Greenpeace übertrumpft. Bereits 200 Millionen sollen bis 2040 aus Klimagründen flüchten. Die Prophezeiung stammt aus 2007, immerhin sind seitdem auch 16 Jahre vergangen, Wo finden wir die Klimaflüchtlinge dieser 16 Jahre? In Pakistan, Deutschland und Polen, in Russland oder in der Türkei? Statt einer Antwort: Themenwechsel. »Bereits 2022 kamen 90 Prozent der Flüchtlinge auf der Welt ›aus Gebieten, die extrem anfällig für den Klimawandel sind‹, so das UNO-Flüchtlingshochkommissariat (UNHCR).« Aber dieser Satz gibt keinesfalls den Grund für die Flucht an. Es wird nicht gesagt, der Klimawandel sei die Ursache der Flucht, sondern die Gebiete seien für den Klimawandel anfällig. Das sind zwei paar Schuhe. Über die tatsächlichen Ursachen erfahren wir nichts. Auch die Aussage der extremen Anfälligkeit für den Klimawandel wird einfach behauptet. Ich habe oben offizielle UN-Quellen für die Herkunft der Flüchtlinge zitiert: Syrien, Venezuela, Afghanistan, Südsudan, Myanmar und wir müssen ergänzen: Palästina, Bergkarabach, der Iran und die Ukraine. Sind alle diese Staaten besonders den negativen Folgen des Klimawandels ausgesetzt? Diese Länder sind klimatisch überhaupt nicht vergleichbar, warum gerade sie »extrem anfällig für den Klimawandel« sein sollen, bleibt ein Mysterium. Gibt es da nicht dutzende anderer Kandidaten?

Die *UN-Flüchtlingshilfe Deutschland* argumentiert sehr ähnlich: »80 Prozent der Flüchtlinge stammen aus armen krisengeschüttelten Ländern, die vom Klimawandel betroffen sind, aber kaum Ressourcen haben, um die Auswirkungen zu verhindern oder abzumildern. Dazu gehören die fünf Länder, aus denen weltweit die meisten Flüchtlinge kommen: Syrien, Venezuela, Afghanistan, Südsudan und Myanmar.«[147] Die Ukraine und Palästina werden nicht genannt, sei's drum. Der Trick besteht einfach darin, die Länder Syrien, Venezuela, Afghanistan, Südsudan und Myanmar als »vom Klimawandel betroffen, aber kaum Ressourcen haben, um die Auswirkungen zu verhindern oder abzumildern«[148] zu bezeichnen. Wenn es tatsächlich die Kombination von Klimawandel und Mangel an Ressourcen sein soll, die Menschen zu

---

147 https://www.uno-fluechtlingshilfe.de/informieren/fluchtursachen/klimawandel
148 https://www.uno-fluechtlingshilfe.de/informieren/fluchtursachen/klimawandel

Klimaflüchtlingen macht, so ist es wahrlich ein Mirakel, warum Menschen gerade aus *diesen* Ländern flüchten. Gibt es nicht Aberdutzende Länder, die sich bezüglich Ressourcenmangel in derselben Lage befinden? Der Nachweis, gerade diese Länder seien besonders vom Klimawandel betroffen, wird schlichtweg nicht geführt. In der Realität haben Fluchtbewegungen mit Klimawandel kaum etwa zu tun. Um ein letztes Beispiel anzuführen: Ich möchte gerne einen Text lesen, in dem die Vertreibung der gesamten armenischen Zivilbevölkerung aus Bergkarabach durch die Truppen Aserbaidschans auf klimatische Ursachen zurückgeführt wird.

Über die Realität der Flüchtlingsströme und ihrer Ursachen wird willkürlich der Klimadiskurs gelegt, der Agenda der UNO und der EU entsprechend. Entgegen den realen Ursachen für Krieg, Vertreibung und Flucht, wird einfach vollmundig der Klimawandel als Ursache behauptet. Durch die ständige Wiederholung wird die Aussage nicht richtiger.

II. Die Protagonisten: Alarmismus und Panikmache

7. Der Weltklimarat IPCC

Was ist der IPCC und wie arbeitet er?

Der *Intergovernmental Panel on Climate Change* (IPCC), auch Weltklimarat genannt, wurde 1988 als UNO-Organisation gegründet. Seine zentrale Aufgabe bestand (und besteht) darin, die politischen Entscheidungsträger über die problematischen Auswirkungen des Klimawandels zu informieren. Der IPCC stand also von Beginn an im Schnittpunkt von Wissenschaft und Politik. Laut eigenem Anspruch führt der IPCC selbst keine wissenschaftlichen Forschungen durch, sondern fasst den jeweils aktuellen Stand der zahlreichen, sich mit der Klimaproblematik befassenden Disziplinen zusammen. Was nun der Stand der aktuellen Forschung ist, wird im IPCC selbst nicht mit wissenschaftlichen Methoden untersucht, dies würde ja die Abfassung von Meta-Studien erfordern, sondern wird von den dort Mitarbeitenden entschieden. Wobei im IPCC keineswegs nur naturwissenschaftlich Ausgebildete engagiert sind.

Im Gegensatz zur WHO verfügt der IPCC über ein vergleichsweise kleines Budget und auch über keinen großen bürokratischen Apparat. Die WHO genehmigt sich eine ausfernde Bürokratie mit einem jährlichen Budget von 7,96 Milliarden Dollar,[149] der IPCC muss mit jährlichen acht Millionen Euro[150] auskommen. Die Teilnahme an der Abfassung der Sachstandsberichte wird grundsätzlich nicht honoriert, was jedoch nicht bedeutet, dass sie nicht mit hohem Prestige verbunden ist, welches in anderen Bereichen wiederum für Einfluss, Reputation, Jobs und Forschungsgelder sorgt. Der IPCC ist in drei Arbeitsbereiche geteilt, die Working Group I, *Bewertung der physikalischen Grundlagen des Klimawandels* (assesses the physical science of

---

149 https://en.wikipedia.org/wiki/World_Health_Organization
150 https://www.ipcc.ch/site/assets/uploads/2019/01/080320190344-Doc2-Budget.pdf, Stand 2019

climate change), die Working Group II, *Bewertung der Auswirkungen, Anpassungen und Anfälligkeiten im Zusammenhang mit dem Klimawandel* (assesses the impacts, adaptation and vulnerabilities related to climate change) sowie die Working Group III, *Abschwächung des Klimawandels* (Mitigation of Climate Change).[151] Der IPCC veröffentlicht in regelmäßigen Abständen sogenannte Sachstandsberichte, die mit AR (Assessment Reports) abgekürzt werden. AR1 erschien 1990, AR2 1995, AR3, in dem die Hockey-Stick-Theorie eine herausragende Rolle spielte, kam 2001 heraus. 2007 folgte dann der vierte Sachstandsbericht, 2013/2014 der fünfte. Aktuell ist der sechste Sachstandsbericht, der 2023 fertiggestellt wurde. Die Sachstandsberichte umfassen die Reports der drei Arbeitsgruppen, zudem gibt es *Special Reports*, sowie die *Synthesis Reports*, die in *Summary for Policymakers, Longer Report* sowie *Headline Statements* unterteilt sind.[152] Der Umfang der Dokumente ist gewaltig, allein die drei Reports aus 2023 umfassen 7160 Seiten, mit den *Special Reports* beträgt der Umfang der Berichte allein für AR6 fast zehntausend Seiten.[153]

Der IPCC ist hierarchisch organisiert, wobei hunderte Wissenschaftler aus aller Welt darin mitwirken. Aber hunderte ForscherInnen können nicht horizontal intensiv zusammenarbeiten, letztlich sind es die LeiterInnen der einzelnen Arbeitsgruppen und der Subarbeitsgruppen, die über die Inhalte entscheiden. Es ist immer schwierig, die tatsächlichen Abläufe von außen beurteilen zu wollen. Kennt man Institutionen nicht gut von innen, so kann manches täuschen. Die in üblicher PR-Sprache verfassten Selbstdarstellungen sind nicht sehr aussagekräftig. Es ist zudem zu vermuten, dass der 34-köpfige Vorstand,[154] das sogenannte IPCC-Bureau,[155] über gewichtigen Einfluss verfügt. Dieser Vorstand wird von den Mitgliedstaaten des IPCC gewählt.[156] Eine etwas veraltete Liste der Mitglieder findet sich auf der offiziellen IPCC-Seite.[157]

---

151 Deutsch ist keine offiziell verwendete Sprache des IPCC, es existieren auch keine offiziell legitimierten Übersetzungen.
152 https://www.ipcc.ch/report/sixth-assessment-report-cycle/
153 https://www.ipcc.ch/report/ar6/wg1/downloads/report/IPCC_AR6_WGI_FullReport_small.pdf, https://www.ipcc.ch/report/ar6/wg2/downloads/report/IPCC_AR6_WGII_FullReport.pdf, https://www.ipcc.ch/report/ar6/wg3/downloads/report/IPCC_AR6_WGIII_FullReport.pdf
154 https://www.ipcc.ch/bureau/
155 https://www.geo.de/wissen/was-ist-der-ipcc-und-wie-arbeitet-er--31654534.html
156 https://www.ipcc.ch/about/structure/
157 https://archive.ipcc.ch/organization/bureaumembers.shtml

Es kommen auch zusätzliche GutachterInnen zum Einsatz. Aber diese werden in der Regel so ausgewählt, dass das herrschende Narrativ kaum in Frage gestellt wird. Klaus Lüning hat gemeinsam mit Fritz Vahrenholt als Gutachter für den IPCC gearbeitet, kennt also das Prozedere von innen. Auf seinem Blog *klimanachrichten.de* ist unter der Überschrift *Wie solide ist eigentlich das Begutachtungssystem der IPCC-Berichte?* zu lesen: »Der Ablauf der Begutachtung wird von den sogenannten Review-Editoren überwacht und organisiert. Diese werden wiederum vom IPCC bestimmt, ebenfalls in einem nichttransparenten Verfahren. Auch hier wird man also keine IPCC-Kritiker einsetzen. Entsprechend kann man sich ausmalen, wie mit Kritik umgegangen wird, wenn sowohl Autoren, als auch Review-Editoren handverlesene Verfechter der IPCC-Klimalinie sind. Unter diesen Umständen ist es ein Leichtes, Kritik zwar anzuhören, diese aber letztendlich ohne Konsequenzen einfach zu ignorieren.«[158]

Zudem bekommen die Gutachter eine überarbeitete Version ihres Textes, ohne dass es eine »konkrete Beantwortung der vorgebrachten Kritikpunkte gibt«, GutachterInnen müssen die »bemängelten Stellen mühsam suchen«. Ob und in welchem Ausmaß Kritikpunkte berücksichtigt wurden, bleibe unklar. »In vielen Fällen werden sie wieder ignoriert worden sein. Welchen Wert hat ein Begutachtungsverfahren, in dem Kritik von Autoren und Review-Editoren einfach ignoriert wird, insbesondere wenn beide Gruppen so ausgewählt wurden, dass sie die IPCC-Fahne hochhalten und größere Abweichungen davon verhindern sollen?«[159]

»Jeder, der eine akademische Ausbildung genossen hat und ein, zwei Papers zum weiten Feld ›Klima‹ verfasst hat, kann sich als Gutachter bewerben. Hier haben auch Kritiker eine Chance, um ihre Ansichten zu äußern. Der IPCC ist dabei recht großzügig und öffnet den Begutachtungsprozess für eine große Gruppe von Prüfern. Eine gute Möglichkeit, alle vertretenen Meinungen anzuhören und in die Berichte einzubauen, möchte man meinen. Aber klappt das auch wirklich in der Praxis?

---

[158] https://archiv.klimanachrichten.de/wie-solide-ist-eigentlich-das-begutachtungssystem-der-ipcc-berichte-teil-1/
[159] https://archiv.klimanachrichten.de/wie-solide-ist-eigentlich-das-begutachtungssystem-der-ipcc-berichte-teil-1/

Der Ablauf der Begutachtung wird von den sogenannten Review-Editoren überwacht und organisiert. Diese werden wiederum vom IPCC bestimmt, ebenfalls in einem nicht transparenten Verfahren. Auch hier wird man also keine IPCC-Kritiker einsetzen. Entsprechend kann man sich ausmalen, wie mit Kritik umgegangen wird, wenn sowohl Autoren, als auch Review-Editoren handverlesene Verfechter der IPCC-Klimalinie sind. Unter diesen Umständen ist es ein Leichtes, Kritik zwar anzuhören, diese aber letztendlich ohne Konsequenzen einfach zu ignorieren. Nachdem die Gutachter ihre Kommentare zum sogenannten First Order Draft (FOD) einreichen, hören sie erst einmal einige Wochen bis Monate nichts. Schließlich bekommen sie eine E-Mail, dass nun die überarbeitete Version, der Second Order Draft (SOD), zur Begutachtung vorliegt. Eine konkrete Beantwortung der vorgebrachten Kritikpunkte gibt es nicht. Stattdessen muss jeder Gutachter in die überarbeitete Version hineingehen, und die bemängelten Stellen mühsam suchen. Findet er seine Kritik aus der ersten Runde unberücksichtigt, bleibt ihm nichts anderes übrig, als die Kritik zu wiederholen. Dann folgen wieder etliche Wochen Stille. Und schließlich kommt der Tag der Veröffentlichung des jeweiligen IPCC-Berichts. Wieder muss der Gutachter in der finalen Version überprüfen, inwieweit seine Kritikpunkte aus der zweiten Runde berücksichtigt wurden. In vielen Fällen werden sie wieder ignoriert worden sein.«[160]

Es folgt bei Lüning eine Reihe von ganz konkreten Beispielen, in denen gezeigt wird, wie die Review-Editoren Kritik in die Leere laufen lassen oder mit lakonischen Bemerkungen, etwa »noted«, also »zur Kenntnis genommen«, abfertigen. In einem weiteren Blogbeitrag[161] werden die Erfahrungen des Paläoklimatologen Fredrik Charpentier Ljungqvist als Gutachter referiert. Um den Text hier nicht ausufern zu lassen, nur eine kurze Zusammenfassung. Einwände werden abgewimmelt und beteuert, sie würden in den Berichten sehr wohl berücksichtigt, was schlichtweg nicht korrekt ist. Der

---

160   https://archiv.klimanachrichten.de/wie-solide-ist-eigentlich-das-begutachtungssystem-der-ipcc-berichte-teil-1/
161   https://archiv.klimanachrichten.de/wie-solide-ist-eigentlich-das-begutachtungssystem-der-ipcc-berichte-teil-2/

monierte Einfluss der Sonne wird mit lapidaren Floskeln abgefertigt. Und kommen die Einwände doch in den tausende Seiten umfassenden Bericht, so werden sie in »der Zusammenfassung für Politiker ausgelassen«.[162] Und diese Berichte lesen nicht nur die politischen Entscheidungsträger, sondern auch viele JournalistInnen.

Die Masse der Publikationen erschwert zudem jede vernünftige Auseinandersetzung. Auch die in Irland beheimate *Connolly Scientific Research Group*, zu Paria der Forscherszene erklärt, schreibt über die Gepflogenheiten innerhalb des IPCC:

> »Wir haben an anderer Stelle darüber geschrieben, wie das hierarchische System des IPCC einer relativ kleinen Anzahl von Wissenschaftlern die Macht gibt, die Ansichten anderer IPCC-Mitarbeiter zu verwerfen, wenn sie nicht mit ihnen übereinstimmen. Obwohl also Tausende von Wissenschaftlern an der Abfassung der IPCC-Berichte beteiligt sind, werden die endgültigen Ansichten, die in den Berichten zum Ausdruck kommen, von den Ansichten einiger weniger Dutzend Wissenschaftler dominiert. Daher sind die IPCC-Berichte nicht so repräsentativ für den ›wissenschaftlichen Konsens‹, wie die meisten Menschen annehmen.«[163]

Solche Aussagen überraschen nur jene, die kaum Einblick in die Gepflogenheiten des akademischen Betriebes haben. Es wäre sehr naiv zu meinen, dort gelte selbstverständlich die Überzeugungskraft des besseren Argumentes und der sorgfältigeren Studien. Wenn es so einfach wäre, dann müsste an Wirtschaftsuniversitäten primär Marx gelehrt werden. Kulturelle und politische Auffassungen und Interessen sind auch im Wissenschaftsbereich präsent, hinzu kommt Schulstreit und Gruppeninterese, ergänzt durch persönliches Karrierestreben und Eitelkeiten. Zudem werden in einem »Governmental Review« die Hauptaussagen nochmals einer Überarbeitung unterzogen, ein Prozess, an dem Nationalstaaten durch ihre VertreterInnen teilnehmen. Obwohl sich der IPCC mit Namen von Wissenschaftlern aus

---

162 https://archiv.klimanachrichten.de/wie-solide-ist-eigentlich-das-begutachtungssystem-der-ipcc-berichte-teil-2/
163 https://globalwarmingsolved.com/2021/03/10/how-the-uns-climate-change-panel-created-a-scientific-consensus-on-global-warming

aller Welt schmückt, dominieren die WissenschaftlerInnen aus den westlichen Metropolen. AutorInnen aus dem Globalen Süden kritisierten den IPCC in diesem Sinne. Yamina Saheb mit algerisch-französischer Doppelstaatsbürgerschaft arbeitet seit 2019 im IPCC mit. An salbungsvollen Worten über Diversität und Inklusion fehlt es auch beim IPCC nicht, aber die Realität sieht anders aus. In einem Interview berichtete sie über ihre Erfahrungen: »Der IPCC war ihrer Meinung nach ein Ort mit gläsernen Decken für Forscher aus ärmeren Ländern. Es gab willkürliche bürokratische Hindernisse für die Anerkennung von Forschungsergebnissen, technologische Defizite, lästige Bezahlschranken und systematische Voreingenommenheit in wissenschaftlichen Fachzeitschriften. Vordenker der klimatischen Nachhaltigkeit aus Afrika südlich der Sahara, Lateinamerika und Südostasien wurden als Teilnehmer zweiter Klasse behandelt. ›Es wirkt wie eine Fortsetzung des Kolonialismus‹, sagte mir Saheb.«[164]

Dieses Manko mag sich bei den allgemeinen Aussagen wahrscheinlich weniger auswirken, als bei den Vorschlägen zur *Mitigation*, also zur Abmilderung der Folgen des Klimawandels. Ich meine, die ökonomischen, sozialen, politischen, gesellschaftlichen und kulturellen Unterschiede zwischen den westlichen Metropolen und der Situation in Südamerika, Asien und Afrika werden unterschätzt. Maßnahmen, wie etwa die thermische Sanierung von Gebäuden und Wohnhäusern, die selbst innerhalb der EU nur schwer zu realisieren sind, stoßen in vielen Ländern des Globalen Südens auf real unüberwindliche Hindernisse.

In den Dokumenten des IPCC finden sich eigenartige Termini.: In deutscher Übersetzung wird von *geringes*, *mittleres* oder *hohes Vertrauen* gesprochen, im Original *low*, *medium* und *high confidence*, es wird auch die Formel *most likely* und *very likely* verwendet, die als *wahrscheinlich* oder *sehr wahrscheinlich* übersetzt wird. So heißt es etwa: »Die *wahrscheinliche* Bandbreite des gesamten vom Menschen verursachten Anstiegs der globalen Oberflächentemperatur von 1850–1900 bis 2010–2019 beträgt 0,8 °C bis 1,3 °C, wobei der beste Schätzwert 1,07 °C beträgt.« (IPCC 2021, 3) Oder: »Die global gemittelten Niederschläge über Land haben *wahrscheinlich* seit 1950 zugenommen, wobei die Zunahme seit den 1980er Jahren schneller war (mittleres

---

164 https://theintercept.com/2022/11/17/climate-un-ipcc-inequality/

Vertrauen).« (IPCC 2021, 4) Ein weiteres Beispiel: »Gegenüber 1995–2014 beträgt der *wahrscheinliche* Anstieg des mittleren globalen Meeresspiegels bis 2100 beim Szenario mit sehr niedrigen Treibhausgasemissionen (SSP1–1.9) 0,28–0,55 m, beim Szenario mit niedrigen Treibhausgasemissionen (SSP1–2.6) 0,32–0,62 m, beim Szenario mit mittleren Treibhausgasemissionen (SSP2–4.5) 0,44–0,76 m und beim Szenario mit sehr hohen Treibhausgasemissionen (SSP5–8.5) 0,63–1,01 m.« (IPCC 2021, 22) Vertrauen ist keine naturwissenschaftliche Kategorie. Ein Satz wie »Die Erde umkreist die Sonne in einer Ellipse (sehr hohes Vertrauen)« ist seltsam. Entweder man hat eine wissenschaftliche Aussage, die im weiteren Fortgang der Forschung bestätigt oder falsifiziert werden kann, oder man hat keine. Der Ausdruck »Vertrauen« drückt die Einschätzung der AutorInnen der IPCC-Berichte und keine errechnete, statistische Wahrscheinlichkeit aus.

Wer arbeitet im IPCC?

Wie bereits angemerkt, unternimmt der IPCC keine eigene Forschung, sondern reklamiert für sich, alle relevanten Ergebnisse zusammenzufassen und auszuwerten. Die beanspruchte Kompetenz des IPCC beruht unter anderem auf einem geschickten rhetorischen Effekt, nämlich auf der wohl nicht unmittelbar ausgesprochenen, aber doch unterstellten Behauptung, im IPCC würden ausschließlich KlimaforscherInnen tätig sein. Wie bereits an anderer Stelle erwähnt, Klimaforschung als akademisches Fach existiert nicht. In die Klimaforschung fließen ein Bündel höchst unterschiedlicher Disziplinen ein. Wohl mögen die dort aktiven Personen hohe Kompetenzen in ihrem Fach besitzen, aber eben nur in ihrem Fach. Wer zur Physik der atomaren Gasmoleküle in den oberen Schichten der Atmosphäre forscht, wird kaum in der Lage sein, die Ergebnisse der Untersuchungen der Nordatlantischen Meeresoszillation (NAO) zu beurteilen. Wer Fachmann für Satellitenmessungen ist, wird kaum Forschungen zum antarktischen Eisschild einer kritischen Würdigung unterziehen können. Das ist an sich eine ganz normale Situation in der Wissenschaft. Sie ist nun mal hoch spezialisiert und geht ins Detail. In der öffentlichen Darstellung werden alle Personen, die sich an den IPCC-Berichten beteiligen, taxfrei zu KlimaforscherInnen erklärt, egal, wozu sie tatsächlich geforscht haben und welche Aktivität sie seit Jahren ausüben. Umgekehrt wird allen KritikerInnen des IPCC jegliche Kompetenz abgesprochen, ein verliehener Nobelpreis tut da auch nichts zur Sache. Sehen wir uns nur die Qualifikationen und Kompetenzen der bisherigen Vorsitzenden des IPCC an. Der erste Vorsitzende war von 1988 bis 1996 der schwedische Meteorologe Bert Bolin, der wohl zu Recht als Klimaforscher im engeren Sinne bezeichnet werden kann. Sein Nachfolger war der britische Chemiker Robert Watson. Sein Forschungsgebiet war atmosphärische Chemie, allerdings übte er eine Reihe von administrativen Jobs aus. Er agierte als Berater der Weltbank und arbeitete ab 1970 in dem *Department for Environment, Food and Rural Affairs* (Defra), eine Unterabteilung des britischen Regierungsapparates. Ob diese beratende Tätigkeit im Kontext staatlicher Politik noch viel Zeit für eigenständige, akademische Forschung lässt, sei dahingestellt. Von 2002 bis 2015 leitete der Inder Rajendra Kumar Pachauri den IPCC, eine wahrhaft schillernde Figur. In seine Amtszeit fiel nicht nur die sogenannte Climategate-Affäre (dazu später mehr), sondern auch der Fauxpas, dass in einem Bericht das Abschmelzen des Himalaya-Gletschers mit 2035 terminisiert wurde. Ein Schreibfehler, es sollte 2350 heißen. Ein Fehler? Doch nicht in einem IPCC-Bericht! »Im Gegenteil, der IPCC-Vorsitzende Rajendra Pachauri blockte die Kritik ab, in dem er von ›voodoo science‹ aus Skeptikerhand sprach, die dieser zugrunde liege.« (Kraus, von Storch 2013, 121) In einem Artikel im *Telegraph*[165] veröffentlichten die beiden Investigativreporter Christopher Booker und Richard North ihre Recherchen über die finanziellen Verstrickungen des damaligen IPCC-Vorsitzenden:

> »Dr. Pachauri ist ein ehemaliger Eisenbahn-Ingenieur mit einem Doktortitel in Wirtschaftswissenschaften und hätte keine Qualifikationen in der Klima-Wissenschaft, hieß es dort. Was fast völlig unbemerkt von der Öffentlichkeit blieb, ist jedoch die Tatsache, dass Dr. Pachauri ein erstaunliches weltweites Portfolio an Wirtschaftsinteressen mit Einrichtungen hat, die Milliarden von Dollar in Organisationen investiert haben, die abhängig sind von der Politik der festgelegten IPCC-Empfehlungen. Zu dieser Ausstattung zählen Banken, Öl- und Energie-Unternehmen und

---

165 https://web.archive.org/web/20100324025802/, http://www.telegraph.co.uk/news/6847227/Questions-over-business-deals-of-UN-climate-change-guru-Dr-Rajendra-Pachauri.html

Fonds, die sich stark am ›Emissionshandel‹ und Entwicklungen zu ›nachhaltigen Technologien‹ beteiligen, die zusammen den am schnellsten wachsenden Rohstoff-Markt der Welt bilden, der bald mit einem Umsatz von Billionen Dollar pro Jahr geschätzt wird. Heute nimmt Dr. Pachauri zusätzlich zu seiner Funktion als Vorsitzender des IPCC mehr als ein Dutzend solcher Posten als Geschäftsführer oder Berater in vielen Firmen, die eine führende Rolle spielen und die bekannt geworden sind als die internationale ›Klima-Industrie‹, ein, zitierte der *Telegraph* Booker und North.«[166]

Rajendra Pachauri musste 2015 zurücktreten, allerdings nicht wegen seiner Gebarungen als IPCC-Vorsitzender, sondern angesichts massiver Vorwürfe wegen sexueller Belästigung, er starb 2020.[167] Nachdem der damalige Vizepräsident Ismail El Gizouli, ein Mathematiker, Physiker und Statistiker, kurzfristig die kommissarische Leitung übernommen hatte, folgte ihm von 2015 bis 2023 der koreanische Ökonom Hoesung Lee. Angesichts der Tatsache, dass der Ausstieg aus den fossilen Energieträgern auch finanziert werden muss, macht das schon Sinn, nur als Klimawissenschaftler ist Hoesung Lee mit bestem Willen nicht zu bezeichnen. Seit 2023 heißt der neue Vorsitzende Jim Skea. Der Brite war bisher Co-Vorsitzender der Working Group III und ist Professor für erneuerbare Energie (Sustainable Energy) am *Imperial College London*.[168] Nicht nur er, »auch die weiteren Mitglieder in das insgesamt 34-köpfige IPCC-Leitungsgremium werden gewählt.«[169] Seine Aussage, das 1,5-Grad-Ziel sei nicht einzuhalten, wirbelte einigen Staub auf, im Grunde sprach er nur eine Banalität aus. Auch bei ihm stellt sich die Frage: Ist eine hoch kompetente Person in Sachen erneuerbare Energieproduktion deswegen ein Klimaforscher?

Ich habe mir die Qualifikation und die berufliche Tätigkeit der 39 AutorInnen des Syntheseberichts des Weltklimarats (IPCC)[170] vom März 2023

---

166   https://www.radio-utopie.de/2009/12/24/geld-regiert-mit-ipcc-klima-die-welt-welche-lobby-bestimmt-wirklich-unser-wetter/
167   Dass sein Porträt auf der Wikipedia Seite etwas anders als hier klingt, sollte nicht überraschen.
168   Sein kompletter Lebenslauf ist hier zu finden: https://apps.ipcc.ch/fp/_readcv.php?t=SKEA_Jim_CV_1680711906.pdf
169   https://de.investing.com/news/economy/brite-jim-skea-ist-neuer-vorsitzender-des-weltklimarats-2431192
170   https://apps.ipcc.ch/report/authors/report.authors.php?q=38&p=

angesehen. Nach meinen Recherchen haben diese AutorInnen folgende Ausbildung: Physik 26 %, allgemeine Naturwissenschaften und Mathematik 31 %, Ökonomie 7 %, alle anderen Qualifikationen insbesondere Geographie 29 %, bei 7 % konnte ich die akademische Qualifikation nicht recherchieren. Interessant ist auch der aktuelle Arbeitsplatz: Wer jahrelang in einer nicht-wissenschaftlichen Institution arbeitet, kann wohl schwerlich als Klimaforscherin oder Klimaforscher bezeichnet werden. Diese Zuordnung ergibt folgendes Bild: Klimaforschungsinstitute 33 %, klimabezogene Forschungsinstitute (z. B. Geographie) 28 %, alle anderen Universitätsinstitute 10 %, private, staatliche und internationale Institutionen 29 %. Explizit zum Klima Forschende an entsprechenden Instituten sind klar in der Minderheit. Ein, zugegeben extremes Beispiel ist der IPCC-Mitarbeiter Oliver Geden. »2018 wurde Geden vom Weltklimarat (IPCC) zum Leitautor für die Arbeitsgruppe III (Klimaschutz) des Sechsten Sachstandsberichts (AR6) berufen. 2020 folgte die Berufung ins Kernautorenteam für den abschließenden Syntheseberichts des IPCC AR6.«[171] Und welche Qualifikation kann Geden vorweisen? »Nach Ausbildung zum Industriekaufmann und Zivildienst beim Bund für Umwelt und Naturschutz Rheinland-Pfalz studierte er Europäische Ethnologie, Politikwissenschaft und Gender Studies. 2005 wurde er bei Wolfgang Kaschuba und Frank Decker an der Humboldt-Universität zu Berlin mit einer Dissertation über ›Diskursstrategien im Rechtspopulismus‹ zum Dr. phil. promoviert. Seine Arbeitsschwerpunkte sind Fragen der Energie- und Klimapolitik der Europäischen Union, CO2-Entnahme aus der Atmosphäre, Governance von solarem Strahlungsmanagement sowie die Schnittstellen zwischen Wissenschaft, Politik und Medien. Er ist Permanent Fellow beim Institute for Science, Innovation and Society der Universität Oxford (seit 2017) sowie beim Institut für Höhere Studien in Wien (seit 2019).«[172] Man stelle sich vor, der gute Mann wäre kein IPCC-Autor, sondern betriebe einen kritischen Blog…

WissenschaftlerInnen, die im vagen Verdacht stehen, mit Institutionen zusammenzuarbeiten, die auch von Ölfirmen finanziell unterstützt werden, haben keine Chance, beim IPCC gehört zu werden. Dazu zählen auch

---

171 https://de.wikipedia.org/wiki/Oliver_Geden
172 https://de.wikipedia.org/wiki/Oliver_Geden

ehemalige IPCC-Leitautoren wie Richard S. Lindzen und John R. Christy. Über Richard S. Lindzen steht in der englischsprachigen Wikipedia (von mir ins Deutsche übersetzt): »Lindzen arbeitete an Kapitel 7 der IPCC-Arbeitsgruppe 1 von 2001 mit, in dem die physikalischen Prozesse untersucht werden, die in der realen Welt des Klimas aktiv sind. Zuvor hatte er bereits an Kapitel 4 des zweiten IPCC-Assessment von 1995 mitgewirkt.«[173] In der englischsprachigen Wikipedia wird er als ernsthafter Wissenschaftler dargestellt, der allerdings die offiziellen IPCC-Positionen kritisiert. Im September 2019 zählte er zu den Erstunterzeichnern eines Appells an António Guterres, den Generalsekretär der Vereinten Nationen, dessen Überschrift lautet: »Es gibt keine Klimakrise.«[174] Die deutschsprachige Version des Eintrags zu Richard S. Lindzen klingt doch deutlich anders, was auch einem aufmerksamen Leser beider Wikipedia-Einträge aufgefallen ist: »Die englische Version zu diesem Artikel scheint mir nicht nur deutlich umfassender, sondern auch deutlich objektiver zu sein! Warum ist in diesem Artikel nicht zu übersehen, dass es wohl eher um die Herabsetzung der Person Richard Lindzen geht?« Ein unter dem Pseudonym »Hob« Schreibender keift auf der Wikipedia-Diskussionsseite: »Hast du konkrete Verbesserungsvorschläge oder willst du nur vage darüber motzen, dass der Artikel nicht mit deiner Meinung übereinstimmt?«[175] Und unser unvermeidlicher Andol sekundiert: »Also nach der Diffamierung des wissenschaftlich nun wirklich seit Jahrzehnten unstrittigen Klimawandels als ›Zeitgeistthema‹, bei dem es von vornherein nur eine offiziell erlaubte Ansicht gibt, habe ich absolut keine Lust auf eine Diskussion.«

Auch John R. Christy arbeitete 2001 in führender Rolle bei der Abfassung der IPCC-Berichte mit. Seit 2003 äußert er sich öffentlich kritisch über die Temperaturprognosen des IPCC. Eine wichtige Aussage von ihm lautet: »Climate science isn't necessarily ›settled‹«,[176] die man mit »Die Wissenschaft des Klimas ist nicht notwendig abgeschlossen« übersetzen könnte.

---

173 »Lindzen worked on Chapter 7 of 2001 IPCC Working Group 1, which considers the physical processes that are active in real world climate. He had previously been a contributor to Chapter 4 of the 1995 IPCC Second Assessment.«
174 https://www.new-swiss-journal.com/wp-content/uploads/2019/09/ecd-letter-to-un.pdf
175 https://de.wikipedia.org/wiki/Diskussion:Richard_Lindzen#Neutralit%C3%A4t, Hob (Diskussion) 14:17, 11. Dez. 2014 (CET)
176 https://www.centredaily.com/opinion/article42846180.html

Im Kontrast dazu: »›Was darin steht, ist wissenschaftlich gesetzt, das wird nicht mehr in Frage gestellt‹, sagte Jochem Marotzke, Direktor am Max-Planck-Institut für Meteorologie in Hamburg, am Montag gegenüber *dpa*.« Diese Stellungnahme bezieht sich auf den Synthesebericht des Weltklimarats vom März 2023.[177]

Zudem tragen zu den IPCC-Berichten sehr wohl Personen bei, deren Qualifikation in erster Linie in ihrem politischen Engagement besteht, wenn ich das etwas ironisch bemerken darf. »Auch am aktuell entstehenden 6. Klimazustandsbericht des IPCC schrieben Klimaaktivisten wieder mit, darunter mehrere Mitarbeiter des Berliner Thinktanks *Climate Analytics*, der 2008 von drei Greenpeace-nahen Wissenschaftlern begründet wurde und der sich unter anderem über Zuwendungen von Greenpeace und der aktivistischen Stiftung *European Climate Foundation* (ECF) finanziert.« (Lüning, Vahrenholt 2021, 267) Auch Personen wie Michael Sterner, dessen Forschungsfeld die praktische Anwendung neuer Energieformen darstellt, ist »Mitautor im Weltklimarat«. (Sterner 2023, 295) Er ist nach eigenen Angaben stolzer Erfinder der »Power-to-Gas«-Technologie,[178] die alle Umweltprobleme löst. Bescheidenheit ist nicht gerade seine Zier: »Oft heißt es in der Klimadiskussion: Wir brauchen einen Plan, einen Masterplan der Energiewende. Er liegt in ihren Händen.« (Sterner 2023, 11) Er meint sein Buch *So retten wir das Klima*.

Zur Entwicklung einiger Aussagen des IPCC

Interessanterweise geht der erste Sachstandsbericht keineswegs von einer eindeutigen Ursache für die Erderwärmung aus. In AR1 ist zu lesen: »Das Ausmaß dieser Erwärmung [damals 0,3 bis 0,6 Grad auf Basis 1850] stimmt weitgehend mit den Vorhersagen der Klimamodelle überein, hat aber auch die gleiche Größenordnung wie die natürliche Klimavariabilität. Der beobachtete Anstieg könnte also größtenteils auf diese natürliche Variabilität zurückzuführen sein; alternativ könnten diese Variabilität und andere menschliche Faktoren eine noch stärkere vom Menschen verursachte Erwärmung durch den Treibhauseffekt ausgeglichen haben. Die eindeutige

---

177 https://www.jungewelt.de/artikel/447254.synthesebericht-kippunkt-weltklima.html
178 Es handelt sich dabei letztlich um Elektrolyse, also die Zersetzung von Wasser mittels Stroms in die zwei Gase Sauerstoff und Wasserstoff.

Feststellung des verstärkten Treibhauseffekts anhand von Beobachtungen ist erst in einem Jahrzehnt oder später zu erwarten.«[179] Diese Aussage kann auf zweierlei Arten interpretiert werden. Entweder spiegelt sie den damaligen einhelligen Konsens wider, oder sie war eine Kompromisslösung zwischen jener Gruppe von ForscherInnen, die die natürliche Klimavariabilität als wichtigen Faktor beibehalten wollten und jenen, die ausschließlich die vom Menschen emittierten Treibhausgase als Ursache bestimmten. Der zweite Sachstandsbericht AR2 1995 verschob die Ursache mehr Richtung Treibhausgase: »Die Bilanz der Beweise deutet auf einen erkennbaren menschlichen Einfluss auf das globale Klima hin.«[180] Die *Connolly Scientific Research Group* macht für diesen Schwenk vor allem ein Papier[181] von Dr. Ben Santer verantwortlich, der als führender Autor des wichtigen Abschnitts *Erkennung des Klimawandels und Zuweisung der Ursachen* (Detection of climate change and attribution of causes) fungierte. Dieses Papier soll massive Mängel aufweisen.[182]

Der eigentliche Durchbruch zur ausschließlichen CO_2-These gelang jedoch erst 2001 mit dem Sachstandsbericht AR3. Im Mittelpunkt stand das Hockey-Stick-Diagramm des Michael Mann und seiner Mitarbeiter. Diese groß präsentierte und grafisch drastisch umgesetzte These setzte die natürliche Klimavariabilität zumindest für die nördliche Hemisphäre für Jahrhunderte, ja für zumindest zwei Jahrtausende auf null. Denn wenn es stimmt, dass Jahrhunderte lang die Temperaturen konstant blieben, ab 1850 jedoch beginnen rasant anzusteigen, dann kann ja wohl nur der Mensch die Ursache sein. Wie ich im Abschnitt *Temperaturentwicklung, Temperaturmessung und das 2-Grad-Ziel* gezeigt habe, ist diese These unhaltbar. Aber wir verstehen, warum so krampfhaft versucht wird, daran festzuhalten. Denn wenn sich zeigt, dass die natürliche Klimavariabilität zu teilweise drastischen Temperaturveränderungen in der Vergangenheit geführt hat, warum sollen diese Einflüsse plötzlich Mitte des 19. Jahrhunderts zu Ende sein?

---

179 Zitiert nach: https://globalwarmingsolved.com/2021/03/10/how-the-uns-climate-change-panel-created-a-scientific-consensus-on-global-warming/
180 Zitiert nach: https://globalwarmingsolved.com/2021/03/10/how-the-uns-climate-change-panel-created-a-scientific-consensus-on-global-warming/
181 https://link.springer.com/article/10.1007/BF00223722 -
182 Connolly et al. nennen Michaels & Knappenberger (1996); Weber (1996); Legates & Davis (1997); Singer (1999a) and Singer (1999b).

Für einen gewissen Zeitraum schien es zumindest so, als ob alles geklärt wäre. Die Ursache für die Erderwärmung sei bekannt, nun gelte es nur noch die Politik von den notwendigen Maßnahmen zu überzeugen. Im Grunde hat der IPCC seit 2001, also seit inzwischen 23 Jahren, seine grundlegende Botschaft nicht verändert. Damals verstärkte sich auch die problematische Ehe zwischen Wissenschaft und Politik. »Der Höhepunkt dieser zugleich wissenschaftlichen, politischen und kulturellen Entwicklung war die Verleihung des Friedensnobelpreises 2007 an das IPCC und Al Gore.« (Krauß, von Storch 2013, 57) Es ist offensichtlich, dass die Vergabe von Friedensnobelpreisen ein Mittel der politischen Intervention darstellt, und wenig mit dem tatsächlichen Beitrag zum Frieden in dieser Welt zu tun hat. Was, so könnte man fragen, hat denn die Zusammenfassung und Publikation von Forschungsergebnissen zum Klima mit Frieden zu tun? Da muss man schon mehrmals um die Ecke denken, so nach dem Motto, wenn die Staaten auf den IPCC hörten und das 1,5-Grad-Ziel einhielten, dann gäbe es weniger Klimaprobleme und Klimaflüchtlinge und daher sinke die Gefahr für Klimakriege. Was sich in der Vergabe dieses Nobelpreises ausdrückt, ist die eigentliche Funktion des IPCC, nämlich bestimmte politische Interventionen zu legitimieren. »Die Gründung des IPCC erfolgte aus politischen und wissenschaftlichen Motiven zugleich.« Es ging darum, ein Werkzeug der Politik zu schaffen, kein unmittelbares, sondern ein mittelbares und daher schwer angreifbares. Der IPCC ist »keine rein wissenschaftliche Institution. Vielmehr ist das IPCC ein Hybrid, ein Mischwesen, dessen Charakterisierung in der historisch besonderen Verbindung besteht, welche die Wissenschaft hier mit der Politik eingegangen ist.« (Krauß, von Storch 2013, 59)

AR4, 2007 publiziert, stellte die Hockey-Stick-Theorie nicht mehr ins Zentrum. Die Vergabe des Nobelpreises ließ dieses vorsichtige Zurückrudern in den Hintergrund treten, aber es kam neues Ungemach auf den IPCC zu. »Ende November 2009 wurde von unbekannten Personen eine große Anzahl von E-Mails veröffentlicht, die von einem Server der *Climate Research Unit* (CRU) in England stammten. So gelangten viele Tausend private E-Mails von zum Teil renommierten Klimawissenschaftlern, die einen signifikanten Einfluss auf das Ergebnis der IPCC-Einschätzungen hatten, an die Öffentlichkeit.« (Krauß, von Storch 2013, 109) Die sensationslüsterne Presse gab dem Ereignis den Namen Climategate, in Anspielung an Watergate.

Fachlich war der Inhalt dieser Mails nicht gerade sensationell, aber sie zeigten die Bereitschaft führender IPCC-Funktionäre, ihnen genehme Inhalte auf unkorrekte Art und Weise durchzusetzen. So ging aus den E-Mails zum Beispiel hervor, »dass CRU-Wissenschaftler die Erfüllung des *Freedom-of-Information*-Gesetzes in Großbritannien sabotierten – wonach sie die Originaldaten ihrer Analysen hätten herausgeben müssen.« (Krauß, von Storch 2013, 111) Vor allem: »Zudem wurde offenkundig, dass sich in der Klimawissenschaft ein kleines Kartell gebildet hatte. Das war so weit verzweigt und einflussreich, dass praktisch jede Publikation, die zum Thema ›bedrohlich steigende Erwärmung‹ bei einem relevanten wissenschaftlichen Journal eingereicht wurde, bei einem Vertreter dieser Gruppe zur Begutachtung landete.« (Krauß, von Storch 2013, 113) Zudem belegen diese E-Mails, was eigentlich bereits länger offensichtlich war: Wer nicht das herrschende Narrativ affirmierte, wurde als bezahlter Schurke der Öl-Lobby diffamiert. So etwas wirkt. »Eine fatale Dynamik kam in Gang: Klimaforscher, die Zweifel an Ergebnissen äußerten, liefen Gefahr, der Industrielobby zugerechnet zu werden. Die illegal veröffentlichten E-Mails zeigen, wie führende Wissenschaftler auf das PR-Trommelfeuer der sogenannten Skeptikerlobby reagiert haben: Aus Angst, die Gegenseite könne Unsicherheiten der Forschungsergebnisse ausnutzen, haben viele Forscher versucht, die Schwächen ihrer Resultate vor der Öffentlichkeit zu verbergen.«[183]

Es ist interessant zu wissen, was der IPCC sagt, aber auch, was er nicht sagt. Ralph Alexander hat in seiner Arbeit *Wetterextreme: Der Kurswechsel des IPCC* (Alexander 2023) untersucht, inwieweit sich die Aussagen des letzten Sachstandsberichts AR6 bezüglich der Wetterextreme von vormaligen unterscheiden. »In weiser Voraussicht ändert der AR6 die bisherige Position des IPCC zu Überschwemmungen, Tornados oder Waldbränden nicht.« (Alexander 2023, V) Wohl führt der IPCC diese Phänomene in unterschiedlichem Ausmaß auf die Erderwärmung zurück, aber im Grunde bleibt er bei den Aussagen der früheren Sachstandsberichte. Eine signifikanten Zunahme gegenüber dem vorherigen Sachstandsbericht AR5 aus 2014/15 wird *nicht* festgestellt. Bei anderen Themen hingegen, insbesondere beim Thema

---

[183] https://www.spiegel.de/wissenschaft/natur/climategate-alles-ueber-den-skandal-in-der-klimaforschung-a-688175.html

Dürren, Hitzewellen und Hurrikans, spricht der IPCC von einer Intensivierung; eine generelle Zunahme vom Extremwetterereignissen wird jedoch *nicht* behauptet. Auch daran lässt sich festmachen, dass zwischen dem, was in den Papieren des IPCC steht, und dem, was in seinem Namen verkündet wird, eine Kluft existiert. Alexander weist auch darauf hin, dass der IPCC bei einigen Themen sehr zurückhaltend ist. Tatsächlich ist im Kapitel 11 des AR6, *Weather and Climate Extreme Events in a Changing Climate*, zu lesen: »Die Evidenz, dass Veränderungen der Wahrscheinlichkeit oder des Ausmaßes von Hochwasserereignissen auf den menschlichen Einfluss zurückzuführen sind, ist im Allgemeinen gering, da es nur eine begrenzte Anzahl von Studien gibt und die Ergebnisse dieser Studien unterschiedlich sind (...).« (IPCC 2021c, 1569) Insbesondere wird das Thema der Waldbrände nicht skandalisiert. »Zu Waldbränden wird im AR6 noch weniger gesagt als zu Überschwemmungen oder Tornados, und in der Zusammenfassung für politische Entscheidungsträger wird das Thema gar mit keinem Wort erwähnt.« (Alexander 2023, 13) Zurückhaltend wird von »begünstigen« gesprochen: »Es besteht ein mittleres Vertrauen, dass Wetterbedingungen, die Waldbrände begünstigen, in Südeuropa, Nordeurasien, den USA und Australien während des letzten Jahrhunderts wahrscheinlicher geworden sind.« (IPCC 2021c, 1600) Wie ich im Kapitel 6 anhand zahlreicher Studien dokumentiert habe, ist diese Aussage sehr zu hinterfragen. Aber immerhin, es wird weder von »hohem Vertrauen« gesprochen, noch wird die Zunahme von Waldbränden als sichere Tatsache bezeichnet. Alexander spricht auch ein Thema an, das der IPCC als Problem der Vergangenheit bezeichnet: Extreme Kälte. Seine Beispiele stammen nicht zufällig aus den USA, das sich geographisch und klimatisch etwa von Europa deutlich unterscheidet. Insbesondere die Jahre 2015 und 2021 weisen extreme Tiefsttemperaturen auf. »Dieses Jahr [2015] war zusammen mit 1904 der kälteste Januar-bis-März-Zeitraum im Nordosten, wobei die Aufzeichnungen bis ins Jahr 1895 zurückreichen.« (Alexander 2023, 23)

Weltformeln – Aussagen über die weitere Entwicklung der Menschheit

Die letzten Sachstandsberichte basieren auf zwei Entwicklungsszenarien, die als Pathways bezeichnet werden, die Shared Socioeconomic Pathways

(SSPs) und die Representative Concenrations Pathways (RCPs). Die Shared Socioeconomic Pathways (SSPs) sind Prognosen über mögliche kulturelle und soziopolitische Entwicklungen. »Sie beschreiben mögliche ökonomische und gesellschaftliche Entwicklungspfade, die zu unterschiedlichen zukünftigen Treibhausgasemissionen und dadurch zu unterschiedlichen Treibhausgaskonzentrationen führen.« Die Representative Concentrations Pathways (RCPs) werden so beschrieben: »Sie definieren unterschiedliche mögliche Pfade der zukünftigen Treibhausgaskonzentrationen in der Atmosphäre für die nächsten Jahrzehnte bis hin zum Ende des 21. Jahrhunderts und darüber hinaus«, erläutert das deutsche Umwelt-Bundesamt.[184] In der englischsprachigen Originalfassung wird der Zusammenhang der SSPs und RCPs so gefasst (meine Übersetzung): »Die Arbeitsgruppe 1 bewertete die Entwicklung des Klimas auf Basis fünf illustrativer Szenarien der sozioökonomischen Entwicklungspfade (SSP), die die in der Literatur beschriebene Bandbreite möglicher zukünftiger Entwicklungen der anthropogenen Faktoren des Klimawandels abdecken. (...) Darüber hinaus wurden von der Arbeitsgruppe 1 und der Arbeitsgruppe 2 repräsentative Konzentrationspfade (Representative Concentration Pathways, RCPs) verwendet, um regionale Klimaänderungen, Auswirkungen und Risiken zu bewerten.« (IPCC 2023a, 9)

Ich versuche zusammenzufassen: Die SSPs thematisieren die gesellschaftlichen, ökonomischen und politischen Entwicklungen hinsichtlich der Emission der Treibhausgase, die RCPs thematisieren die klimatischen Folgen, wobei die den Temperaturanstieg mildernden Maßnahmen auf Basis der sozioökonomischen Entwicklungen mit einberechnet werden. Präzise Klarheit klingt zugegeben anders, aber präzisere Definitionen konnte ich den Unterlagen nicht entnehmen. In der deutschsprachigen Fassung der *Naturwissenschaftlichen Grundlagen, Zusammenfassung für die politische Entscheidungsfindung* (IPCC 2021a) des AR6 werden die RCPs gar nicht erwähnt. Die hier abgebildete und in vielen Artikeln verwendete Grafik des IPCC stellt die Kombination der SSPs und der RCPs dar. Diese Grafik ist immer wieder zu finden: (IPCC 2021a, 13)

---

184 https://www.umweltbundesamt.de/sites/default/files/medien/380/dokumente/szenariennamen-stand_20220315.pdf

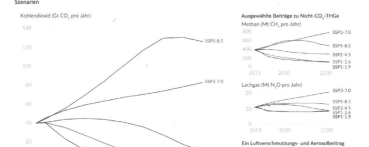

Zukünftige Emissionen verursachen zukünftige zusätzliche Erwärmung, wobei die Gesamterwärmung von vergangenen und zukünftigen CO_2-Emissionen dominiert wird

(a) zukünftige jährliche CO_2-Emissionen (links) und Emissionen wichtiger Nicht-CO_2-Antriebsfaktoren (rechts) über fünf illustrative Szenarien

Die Zahlen nach den SSPs bedeuten nicht die erwartete Erhöhung der Temperatur, sondern den zusätzlichen Strahlungsantrieb Watt pro m². Der Strahlungsantrieb kann definiert werden als die Differenz zwischen der von der Erde absorbierten Sonnenenergie und der in den Weltraum zurückgestrahlten Energiemenge. RCP-8,5 ist also jener Emissionspfad, bei dem der Strahlungsantrieb im Zeitraum 2000–2100 um 8,5 Watt/m² zunimmt. In den populären alarmistischen Interpretationen der IPCC-Thesen wird jedoch das SSP5–8,5/RCP-8,5 Szenario als »business-as-usual« dargestellt und behauptet, in diese Richtung würde sich das Klima entwickeln, wenn ›nichts‹ unternommen würde. Das ist irreführend. Dieses Szenario, wie aus der Grafik zu entnehmen, setzt voraus, »dass sich der Verbrauch der fossilen Brennstoffe bis 2100 jährlich verfünffachen wird. Eher werden uns Öl und Gas ausgehen, als dass ein solches Szenario eintreten wird.« (Lüning, Vahrenholt 2021, 330f) Statt jetzt 40 Gigatonnen, werden 2100 nach diesem Schema jährlich 130 Gigatonnen CO2 emittiert!

Auch Hans von Storch hält diese Prognose für unrealistisch. »Demnach ist das Szenario mit den stärksten Zunahmen der Emissionen, SSP5, das sehr ähnlich dem früheren RCP8,5 ist, sehr unwahrscheinlich und definitiv nicht das erwartete Ergebnis eines ›Business as usual‹, auch das mit 4 Grad endende Szenario SSP3 wird als unwahrscheinlich eingestuft, weil dies die

Umkehr einiger gegenwärtig schon wirksamer Elemente der Klimapolitik erforderlich machen würde.« (von Storch 2023, 96)

Nun ist es leider so, dass SSP5−8.5 als das zu erwartende Szenario auch in der Wissenschaft gehandelt wird. In seinem Blogbeitrag *Die unaufhaltsame Eigendynamik veralteter Wissenschaft* (The Unstoppable Momentum of Outdated Science) schreibt Roger Pielke Jr.: »Wir stellen fest, dass die in der Klimaforschung am häufigsten verwendeten Szenarien bereits erheblich von der realen Welt abweichen, und dass diese Abweichung in den kommenden Jahrzehnten nur noch größer werden wird. Dies wird in der nachstehenden Grafik deutlich, in der die Kohlendioxidemissionen aus fossilen Brennstoffen von 2005, dem Beginn vieler Szenarien, bis 2045 dargestellt sind.«[185] Er konfrontiert dabei Emissionsprognosen des IPCC der verschiedenen SSP-Szenarien mit der realen Entwicklung und kurzfristigen Erwartungen des zukünftigen Verbrauchs fossiler Brennstoffe. Dominieren doch in vielen Studien die extremsten Varianten eines steigenden Verbrauches. Tatsächlich ist der Verbrauch seit 2005 bis 2023 laut *Our World in Data* von 2005 bis 2021 von 30 Gigatonnen auf 37 Gigatonnen gestiegen, das ist ein Anstieg von 0,43 Gigatonnen pro Jahr. Wenn wir unterstellen, die Emissionen würden in diesem Tempo weiter steigen, so kämen wir im Jahre 2100 auf eine Emission von zusätzlichen 34 Gigatonnen, also auf eine Gesamtemission von 71 Gigatonnen. Das IPCC unterstellt 130 Gigatonnen im Szenario SSP5.

Halten wir einfach die Voraussetzungen der IPCC-Berechnungen fest: Die Klimasensitivität, zweifellos das heikelste und zugleich wichtigste Thema, wird trotz logarithmischer Wirkung des CO_2, auf 1,5 bis 4,5 Grad eingeschätzt, eine beeindruckende Bandbreite. Zudem wird der Einfluss der Sonne auf null gesetzt, auch andere, nicht anthropogene Faktoren werden nicht berücksichtigt, da es laut AR6 »zweifelsfrei« (unequivocally)(2023a, 4) sei, dass menschliche Aktivitäten den Temperaturanstieg verursacht hätten. Die Formulierung lässt es ein wenig offen, ob *ausschließlich* die menschlichen Aktivitäten die Erwärmung verursacht hätten oder ob es sich dabei um den wichtigsten Faktor handeln würde.

---

185 https://rogerpielkejr.substack.com/p/the-unstoppable-momentum-of-outdated

Jenseits sozialphilosophischer Standards

Als ich in meiner Reise durch den Dschungel der Klimadebatte auf die Shared Socioeconomic Pathways (SSPs) stieß, war ich zu Beginn verblüfft. Bei der Unterstellung dieser Entwicklungspfade bewegt sich der IPCC weit über das bloße naturwissenschaftliche Gebiet hinaus auf die Ebene der sozioökonomischen und kulturellen Entwicklung. Es ist auch seltsam, dass die darin unterstellen Dynamiken der fünf Entwicklungspfade kaum diskutiert werden, weder von den Apologeten des IPCC noch von den KritikerInnen. Sehen wir uns diese Entwicklungspfade ein wenig näher an. Ich orientiere mich dabei an den Erläuterungen des Deutschen Umwelt-Bundesamtes.

»SSP1–1.9: Der 1,5-Grad-Weg. Die Welt beschreitet verstärkt einen nachhaltigen Entwicklungspfad. Die globalen Gemeinschaftsgüter werden als wichtig erachtet und bewahrt, die Grenzen natürlicher Systeme werden respektiert. Der Konsum orientiert sich *verstärkt an einem geringen* Material- und Energieverbrauch. Der Einsatz erneuerbarer Energien hat gesellschaftlich eine hohe Priorität und wird dementsprechend stark forciert.«[186] Der SSP1–2.6–2-Grad-Weg habe dieselbe gesellschaftliche Orientierung, nur orientiert sich der Konsum nicht mehr an einem *geringen* Material- und Energieverbrauch. SSP2–4.5 stelle den Mittelweg dar. »Die bisherige Entwicklung (gemessen am Jahr 2022) setzt sich in die Zukunft fort. Die bis dahin etablierte Zusammenarbeit zwischen den Staaten wird sich jedoch nur geringfügig weiterentwickeln. Das globale Bevölkerungswachstum ist moderat und schwächt sich in der zweiten Jahrhunderthälfte ab. Umweltsysteme erfahren eine Verschlechterung.«

Dann kommen die tatsächlich bedrohlichen Entwicklungen.

»SSP3–7.0: Der konfliktreiche Weg. Durch eine Verstärkung des Nationalismus, eine Abschwächung der internationalen Zusammenarbeit und regionaler Konflikte rücken globale Themen in den Hintergrund. Die

---

186 https://www.umweltbundesamt.de/sites/default/files/medien/380/dokumente/szenariennamen-stand_20220315.pdf

Politik orientiert sich zunehmend an nationalen und regionalen Sicherheitsfragen. Investitionen in Bildung und technologische Entwicklung nehmen ab. Soziale Ungleichheiten nehmen zu. Die Bevölkerung in den armen Ländern wächst stark. In einigen Regionen kommt es zu starken Umweltzerstörungen, beispielsweise von Wäldern und anderen Ökosystemen.« Noch dramatischer sei jene Entwicklung, die uns SSP5–8.5 beschere: »Die soziale und ökonomische Entwicklung basiert auf der verstärkten Ausbeutung der fossilen Brennstoffressourcen mit einem energieintensiven Lebensstil weltweit. Die globale Wirtschaft wächst schnell. Das ist vor allem auf die Entwicklung in Industrie- und Schwellenländern zurückzuführen. Der Nutzung fossiler Brennstoffe wird eine hohe gesellschaftliche Akzeptanz entgegengebracht, erneuerbare Energien sind hingegen wenig anerkannt.« Doch nach dem Desaster käme die Rückbesinnung. »Die klimatischen Veränderungen sind sehr stark. Durch internationale Zusammenarbeit, die sich im Rahmen einer stark vernetzten Weltwirtschaft etabliert hat, erhalten jedoch die durch die Klimaänderung am stärksten betroffenen Länder Unterstützung. Ein effektiver Mechanismus zum Umgang mit klimabedingten Risiken jenseits der Anpassungsgrenzen ermöglicht es vielen Ländern, die notwendigen und oftmals transformativen Anpassungsmaßnahmen (zumindest teilweise) umzusetzen. Für Schäden und Verluste durch die Klimaänderung, für welche keine proaktiven Anpassungsmaßnahmen mehr greifen, existieren international abgestimmte Kompensationsmechanismen.«[187]

Auf der Seite der *GeoSphere Austria* findet sich eine wortgleiche Erklärung.[188]
Ich bin kein Naturwissenschaftler, wohl aber ein habilitierter Philosoph mit Schwerpunkt Sozialphilosophie. Kein ernsthafter Soziologe oder Sozialwissenschaftler würde es wagen, derartige flapsige Gesamtaussagen über die weitere Entwicklung der Menschheit (!) bis 2100 zu treffen. Es fragt sich, worauf beziehen sich diese holzschnittartigen Voraussagen: Auf die gesamten Staaten dieser Erde, auf die wichtigsten Treibhausgas

---

187 https://www.umweltbundesamt.de/sites/default/files/medien/380/dokumente/szenariennamen-stand_20220315.pdf
188 https://www.zamg.ac.at/cms/de/klima/informationsportal-klimawandel/klimaforschung/klimamodellierung/emissionsszenarien

emittierenden Staatengruppen? Offenbar auf die gesamte Welt. Bierernst werden im IPCC-Papier *Summary for Policymakers, Emissions Scenarios* (IPCC 2023a) das Wachstum der Weltbevölkerung, das Bruttoinlandsprodukt und die unterschiedlichen prognostizierten Emissionen bezogen auf die verschiedenen Szenarien eingeschätzt und mit bunten Grafiken illustriert. Sind schon die rein naturwissenschaftlichen Prognosen bezüglich CO_2-Konzentration und Erderwärmung mit Unsicherheiten behaftet, so sind diese Voraussagen bezüglich Weltbevölkerung, Bruttoinlandsprodukt sowie kultureller-politischer Entwicklung schlichtweg Wissenschaftstheater. Keine Soziologin und kein Sozialphilosoph, der nicht seinen guten Namen aufs Spiel setzten möchte, hält derart globale Aussagen im Zeithorizont bis 2100 für seriös. Mit den Shared Socioeconomic Pathways (SSPs) präsentiert uns der IPCC tatsächlich eine Weltformel, in der alle wesentlichen Faktoren der gesellschaftlichen Dynamik, je nach Szenario gewichtet, eingehen. Und das angesichts der bedeutenden sozialen, politischen und ökonomischen Unterschiede der großen emittierenden Nationen wie China, der USA, Indien und der EU.

Um es zusammenzufassen: die Shared Socioeconomic Pathways (SSPs) sind alberne Versuche, die Entwicklungspfade der gesamten menschlichen Gesellschaft in quasi Max Weber'scher Manier idealtypisch zu fassen. Es ist kein Zufall, dass sich diese Begrifflichkeiten in keiner ernsthaften sozialphilosophischen oder soziologischen Literatur wiederfinden. Sie sind exklusiv innerhalb des IPCC für den IPCC entworfen worden. Laut IPCC wurden die SSPs auf Basis der Zusammenfassungen folgender AutorInnen erstellt: »Nebojša Nakićenović, Ogunlade Davidson, Gerald Davis, Arnulf Grübler, Tom Kram, Emilio Lebre La Rovere, Bert Metz, Tsuneyuki Morita, William Pepper, Hugh Pitcher, Alexei Sankovski, Priyadarshi Shukla, Robert Swart, Robert Watson, Zhou Dadi.«[189] Keine der angeführten Personen besitzt einen Lehrstuhl für Soziologie, Sozialphilosophie bzw. Gesellschaftswissenschaft oder kann eine Reihe einschlägiger wissenschaftlicher Arbeiten auf diesen Gebieten vorweisen. Es handelt sich um IPCC-AutorInnen mit gesellschaftspolitischen Interessen.

---

189 https://www.ipcc.ch/site/assets/uploads/2018/03/sres-en.pdf

… und die österreichische Version des IPCC

Um dieses sehr ernste Kapitel mit etwas Humor ausklingen zu lassen. Ich gebe es zu, ich konnte nicht widerstehen, das Marx'sche Diktum von der »Tragödie, die sich das andere Mal als Farce ereignet«[190] zu zitieren. Ist der IPCC die Tragödie, so die APCC, die österreichische Version des Weltklimarates, die Farce.[191] ÖkonomInnen und PolitikwissenschaftlerInnen vermeinten, eine österreichische Version des IPCC kreieren zu müssen. Die ProtagonistInnen arbeiten mehrheitlich an der Wirtschaftsuniversität Wien und der Universität für Bodenkultur in Wien und kopieren die Sachstandsberichte bis in die Terminologie und den Sprachduktus.[192] Es gibt wie beim IPCC LeitautorInnen, beitragende AutorInnen, RevieweditorInnen und ReviewerInnen. In 28 Kapiteln legen sie eine Blaupause vor, die sich *Strukturen für ein klimafreundliches Leben* nennt. Gedacht ist an alles. Ein komplettes Gesellschaftsmodell mit Kapiteln zu allem, was unser Leben betrifft, inklusive einer *Summary for Policy Makers*.[193] Kurzum ein Teil der keynesianischen, linken akademischen Szene möchte führend bei der österreichischen Version des Green New Deal dabei sein. Bei den MinisterInnen Leonore Gewessler und Martin Kocher war man schon vorstellig, um sich als Expertinnen für das gute und klimafreundliche Leben zu empfehlen.

---

190 »Hegel bemerkt irgendwo, daß alle großen weltgeschichtlichen Tatsachen und Personen sich sozusagen zweimal ereignen. Er hat vergessen hinzuzufügen: das eine Mal als Tragödie, das andere Mal als Farce.« (MEW 8, 115)
191 https://klimafreundlichesleben.apcc-sr.ccca.ac.at/
192 Die Personen arbeiten insgesamt bei folgenden Institutionen: AIT Austrian Institute of Technology GmbH, Brandenburgische Technische Universität Cottbus-Senftenberg, GABU Heindl Architektur, International Institute for Applied Systems Analysis (IIASA), Johannes Kepler Universität Linz, Kammer für Arbeiter und Angestellte für Wien, KMU Forschung Austria, Österreichische Akademie der Wissenschaften, Paris Lodron Universität Salzburg, Technische Universität Wien, Universität für Bodenkultur Wien, Universität Graz, Universität Innsbruck, Universität Wien und Wirtschaftsuniversität Wien.
193 https://klimafreundlichesleben.apcc-sr.ccca.ac.at/wp-content/uploads/2023/04/APCC2023_KapitelII_SummaryForPolicymakers.pdf

8. Das Potsdam-Institut für Klimafolgenforschung. Über Kipppunkte und Heißzeiten

Das *Potsdam-Institut für Klimafolgenforschung* (PIK) wurde 1992 von Joachim Schellnhuber gegründet und beschäftigt nach eigenen Angaben »zurzeit (Stand 31.12.2022) 407 Menschen, davon 261 WissenschaftlerInnen und 142 wissenschaftsunterstützendes Personal. (...) Im Jahr 2022 erhielt das Institut insgesamt etwa 13,3 Millionen Euro institutioneller Förderung, dazu kamen etwa 18,2 Millionen Euro Drittmittel für Forschungsprojekte.«[194] Eine jährliche Gesamtsubvention von 31,5 Millionen Förderung muss auch einmal lukriert werden. Dieses Institut ist ein privater, eingetragener Verein ohne jede Eingliederung in universitäre Forschungsinstitute oder akademische Strukturen. Die auf der Homepage angegebene Information, das PIK sei ein Institut der *Leibnitz-Gemeinschaft*, verändert diese Sachlage keineswegs, auch wenn die *Leibnitz-Gemeinschaft* nach eigener Angabe enge Kooperationen mit Hochschulen pflegt, was sie jedoch keineswegs zu einem institutionellen Teil der akademischen Welt macht.

Joachim Schellnhuber und sein engster Vertrauter Stefan Rahmstorf stellen den extremsten alarmistischen Flügel der Klimaforschung dar. Werden in Medien katastrophistische Folgen des Klimawandels beschworen, so fehlt fast nie die Berufung auf Schellnhuber, Rahmstorf oder andere MitarbeiterInnen des *Potsdam-Instituts für Klimafolgenforschung*. Ihr Wirken kann durchaus als erfolgreich eingeschätzt werden. Schellnhuber wie Rahmstorf waren als Berater der Deutschen Bundesregierung tätig. Das Wirken Schellnhubers im *Wissenschaftlichen Beirat globale Umweltveränderungen* (WBGU) der Deutschen Bundesregierung stieß offenbar nicht nur auf ungeteilte Zustimmung, wie unter anderem der *Spiegel* berichtet.[195] Rahmstorf schrieb 2007 am vierten Sachstandsbericht des IPCC mit, das Bundesverfassungsgericht berief sich bei seinem Urteil vom 21. März 2021, das Klimaschutzgesetz vom 12.12.2019 sei verfassungswidrig, da hinreichende Maßnahmen für die weitere

---

194 https://www.pik-potsdam.de/de/institut/ueber
195 https://www.spiegel.de/wissenschaft/natur/wbgu-neue-umwelt-politikberater-der-bundesregierung-berufen-a-897730.html

Emissionsreduktion ab dem Jahre 2031 fehlen würden, unter anderem auf das Buch *Der Klimawandel* von Schellnhuber und Rahmstorf.

Inhaltlich gelang es Schellnhuber und Rahmstorf zwei Begriffe in den Diskurs einzubringen, die seitdem die Runde machen. Da ist einmal der Ausdruck Heißzeit, auf die wir angeblich zusteuern würden. Dabei wird unterstellt, dass die Erderwärmung davon galoppieren könnte und die Temperaturen unaufhaltsam steigen würden. Der Ausdruck als solcher ist schlichtweg Panikmache und wird jenseits des Tagesjournalismus auch nicht verwendet. Besser etabliert ist hingegen der Begriff der Kipppunkte (tipping points), der auch in den Jargon des IPCC eingegangen ist. In AR6 werden die Kipppunkte so definiert: »Kipppunkt. Eine kritische Schwelle, über die sich ein System umorganisiert, oft abrupt und/oder irreversibel.« (IPCC 2021b, 2251) Die Zeitung *Welt* versucht die Position des IPCC zu den Kipppunkten so zusammenzufassen: »Nach Sichtung der wissenschaftlichen Literatur kommt der IPCC zu dem Schluss, dass es für mögliche Kipppunkte zu wenig Belege gibt, um eine seriöse Aussage über sie treffen zu können. Ausschließen ließen sich die Katastrophen aber nicht.«[196] In den populären Fassungen klingt dies anders. Zumeist werden die Kipppunkte mit dem willkürlichen 1,5-Grad-Ziel verknüpft. Nur zur Erinnerung, nach dieser Zielvorgabe hätte die Menschheit bereits 1,2 Grad »verbraucht«. Eine weitere Erwärmung um 0,3 Grad würde somit die Kipppunkte kippen lassen und Desaster auslösen.

Interessant ist die Art und Weise, wie die Kipppunkte in der Forschung etabliert wurden. »Die bis heute grundlegende Publikation zu den Kipppunkten stammt von einer Gruppe um Rockström und seinem Vorgänger, dem Gründungsdirektor des PIK, Hans Joachim Schellnhuber. Zusammen mit ihrem PIK-Kollegen Stefan Rahmstorf, dem britischen Klimatologen Timothy Lenton und anderen hatten sie 2008 eine Umfrage mit Antworten von 52 KlimaforscherInnen veröffentlicht, die rasch zu einer der meistzitierten Arbeiten der Klimaforschung aufstieg. Tausende Studien beziehen sich auf sie, es ist das mit Abstand einflussreichste Papier zum Thema.«[197]

---

196 https://www.welt.de/wissenschaft/article233011855/IPCC-und-Klimawandel-Globale-Erwaermung-und-die-Folgen-das-steht-im-neuen-UN-Klimabericht.html
197 https://www.welt.de/wissenschaft/plus244282479/Klimawandel-Wie-eine-Forschergruppe-die-Kipppunkt-Warnung-in-die-Debatte-trickste.html?

Bei dieser Publikation handelt es sich um die Arbeit *Kippelemente im Klimasystem der Erde* (»Tipping elements in the Earth's climate system«). Gefragt wurden ausgesuchte KollegInnen, was sie über Kipppunkte denn so denken. Das wird in der Studie auch unumwunden eingeräumt: »Anhand einer Expertenbefragung wird eine Rangfolge ihrer Empfindlichkeit gegenüber der globalen Erwärmung und der Unsicherheit über die zugrunde liegenden physikalischen Mechanismen erstellt. (...) Die Befragung basierte auf einem computergestützten interaktiven Fragebogen, der von den teilnehmenden Experten individuell ausgefüllt wurde.« (Lenton et al. 2008) Halten wir fest, der Begriff der Kipppunkte wurde mittels einer Umfrage unter ausgewählten KollegInnen in die Debatte eingeführt.

Die Methode der Befragung wurde ein Jahr später, 2009, nochmals verwendet und zwar im Papier *Ungenaue Wahrscheinlichkeitsabschätzung von Kipppunkten im Klimasystem* (Imprecise probability assessment of tipping points in the climate system). Auch diesmal finden wir Joachim Schellnhuber unter den Autoren. Erneut ging es um eingeholte Meinungen, um Einschätzungen der KollegInnen, nicht um exakte Berechnungen. Das wird im Papier sehr offen ausgesprochen:

»Häufig wird kritisiert, dass Expertenbefragungen den wissenschaftlichen Kenntnisstand nicht erweitern, wenn sie nicht durch Daten oder Theorie verifiziert werden. Im Kontext der Risikoanalyse und Entscheidungsfindung haben sich Expertenbefragungen jedoch als einzigartiges Instrument zur systematischen Erfassung und Projektion wissenschaftlicher Informationen bei komplexen politischen Problemen erwiesen. Es wird zunehmend anerkannt, dass sie eine wertvolle Rolle bei der Entscheidungsfindung in der Klimapolitik spielen können. (...) Subjektive Wahrscheinlichkeiten, die im Zusammenhang mit normativen Entscheidungstheorien verwendet werden, können als Wettquoten in einem risikoneutralen Umfeld interpretiert werden.« (Kriegler et al. 2009)

Aus einer bloßen Befragung von ausgewählten KollegInnen, aus »subjektiven Wahrscheinlichkeiten«, werden in populären Darstellungen wissenschaftliche Gewissheiten. Geteilt wird dieses Konzept in der Fachwelt von kaum jemanden, zumindest nicht in der alarmistischen Version des PIK.

Psychologisch ist das Konzept der Kipppunkte jedoch ein ganz wichtiges Element der Panikmache. Der Klimakollaps soll sich in einer nicht näher terminisierten Zukunft ereignen. Aktuell seien nur die Vorboten zu erkennen, aber wehe, wenn die Emissionen nicht zurückgefahren werden. Kipppunkte sind ein ausgesprochen suggestives Mittel, latente Ängste zu schüren. Scheinbar langsam verlaufende, fast unmerkliche Veränderungen würden plötzlich in neue Qualitäten umschlagen und irreversible Folgen zeitigen. Die biblischen Konnotationen der Kipppunkt-Rede sind nicht zu übersehen. Die Vorzeichen der Apokalypse sind schon da, aber die Rache Gottes wird mit einem Schlag einsetzen. Grundsätzlich gibt es keine irreversiblen Klimaänderungen, es kommt eben auf die zeitlichen Dimensionen an, unter denen sie betrachtet werden. Die Erde war nachweislich sowohl völlig eisfrei, als auch von Eis bedeckt. Temperaturen und CO_2-Konzentrationen schwankten im Laufe der Erdgeschichte beträchtlich. Die Kontinente driften, neue Bergzüge und Meere entstehen, alte verschwinden. Die Donau hatte ein höchst wechselhaftes Schicksal und Wien lag am Meeresstrand. Irreversibel wird das Schicksal der Erde sein, wenn sich die Sonne über die Marsbahn hinaus ausdehnt, um dann in sich zusammen zu stürzen. Das wird in etwa fünf Milliarden Jahren eintreten. Wenn wir über Klima und Klimaveränderungen sprechen, so sollten wir diese planetarischen Dimensionen außen vor lassen und über die nächsten Jahrhunderte sprechen. In diesen Dimensionen schmilzt keine Antarktis und auch das Grönland-Eis benötigt selbst bei steigenden Temperaturen über tausend Jahre, um abzuschmelzen. Jochem Marotzke, Direktor am Max-Planck-Institut für Meteorologie in Hamburg, schätzt etwa die Dauer des Abtauens des Grönland-Eises auf über 3000 Jahre.[198] Rasant gehen die Veränderungen nur im Hollywood-Film vor sich.

Ein Großteil der Forscher-Szene steht dem Konzept der Kipppunkte äußerst reserviert gegenüber. Wohl kann es sehr langfristig gesehen zu bedeutenden Klimaveränderungen kommen. Der Eisschild auf Grönland kann in tausenden Jahren abschmelzen und der Meeresspiegel steigt in diesem Zeitraum um bis zu sieben Meter. Aber das Verständnis von Kipppunkten am PIK ist ein ganz anderes. Bjorn Stevens, Direktor am *Max-Planck-Institut für*

---

198 Quelle: *Spiegel*, 5. Oktober 2018

Meteorologie in Hamburg, bemerkt kritisch zu seinen KollegInnen vom PIK: »Aber die Tipping-Points, die mein Kollege Hans Joachim Schellnhuber und andere am PIK hervorheben, basieren auf ihrer privaten, viel schwächeren Definition. Da werden Tipping-Points umgedeutet, sodass auch weniger abrupte oder sogar umkehrbare Klimaveränderungen darunterfallen. Mit dieser Neudefinition finden sie Kipppunkte überall. Dann ist Daueralarm.«[199] Auch Hans von Storch zählt zu einer ganzen Reihe von Forschern, die dieses Konzept nicht teilen. So erwähnt er die Arbeit *Climate tipping points – too risky to bet against*[200] von T. M. Lenton, Rahmstorf, Schellnhuber und anderen, ein weiterer Versuch, den Begriff der Kipppunkte als wissenschaftlichen Konsens zu etablieren. Von Storch kommentiert diesen Aufsatz: »Demnach handelt es sich bei den Kipppunkten um ein Konzept, das eine Gruppe von Wissenschaftlern seit Jahrzehnten versucht, auf das Klimasystem zu übertragen, ursprünglich vor allem auf das Zerbrechen des westantarktischen Eisschilds und des Golfstromsystems. Diese Hypothese fand aber nie die nötige empirische Unterstützung.« (von Storch 2023, 116) Er findet auch recht deutliche Worte, die ganz offensichtlich an die Adresse des PIK gerichtet sind. »Tatsächlich wird in wissenschaftlichen Kreisen das Kipppunktekonzept weitgehend als interessante Spekulation verstanden. Damit diese Aussage hier nicht als bloße Behauptung stehen bleibt, verweise ich auf die drei Direktoren des Max-Planck-Instituts (MPI) für Meteorologie in Hamburg, die sich in den letzten Jahren in der Sache öffentlich eindeutig geäußert haben. Dabei sollte man sich klarmachen, dass das wirklich führende deutsche Institut für Klimaforschung eben dies MPI in Hamburg ist.« (von Storch 2023, 116) Und eben nicht das PIK, wenn ich das ergänzen darf.

Auch Fritz Vahrenholt und Sebastian Lüning verweisen auf viele kritische Stimmen:

»Eine Vielzahl von Fachkollegen geht die Dramatik der Kipppunkte zu weit, darunter James Annan, Experte für Klimaprognosen. (…) Auch der renommierte Klimawissenschaftler Mike Hulme von der Universität of Cambridge warnte in einem im Oktober 2019 im Fachblatt *WIREs*

---

[199] https://www.zeit.de/2022/43/klimaforschung-wolken-klimawandel-erderwaermung-ipcc-bericht
[200] Zu finden unter: https://www.nature.com/articles/d41586-019-03595-0, https://www.pik-potsdam.de/de/aktuelles/pik-in-den-medien/pik-in-den-medien

Climate Change erschienenen Leitartikel vor Klimapanikmache (…) Ähnlich sieht es Hulmes Kollege Myles Allen von der Universität of Oxford, der in einem Meinungsbeitrag auf der Webseite der Universität schreibt: ›Hört bitte auf zu sagen, dass im Jahr 2030 eine globale Katastrophe eintritt. Die Klimaentwicklung ist zwar bedenklich und jedes halbe Grad Erwärmung zählt. Aber der IPCC hat keine planetare Grenze bei 1,5 °C gezogen, jenseits derer der Klimadrache auf uns warten würde.‹« (Lüning, Vahrenholt 2021b, 43)

Das Demagogische bei der Rede von den Kipppunkten besteht darin, letztlich völlig unterschiedliche Prozesse unter einen vereinheitlichenden Begriff zu subsumieren. Der AR6-Report zählt insgesamt 15 Prozesse als möglicherweise »anfällig für Kipppunkte« auf. (IPCC 2021b, 634) Gemeinsam ist diesen Prozessen eben nur, dass sie für folgenreiche Veränderungen anfällig sein könnten. Diese sind: Globaler Monsun, tropischer Wald, borealer Wald, Permafrost-Kohlenstoff, arktisches Sommer-Meereis, arktisches Winter-Meereis, antarktisches Meereis, grönländischer Eisschild, westantarktischer Eisschild und Schelfeis, globaler Wärmeinhalt der Ozeane, globaler Meeresspiegelanstieg, AMOC [Atlantic Meridional Overturning Circulation, einfach gesagt der Golfstrom], südliche MOC [Meridional Overturning Circulation], Versauerung der Ozeane, Sauerstoffmangel in den Ozeanen. Alle diese Größen werden durch verschiedenste Prozesse angetrieben, unterliegen den unterschiedlichsten Gesetzen und unterscheiden sich bedeutend in ihrem möglichen zeitlichen Verlauf. Das Potenzial für eine rasche Veränderung wird vom IPCC sehr unterschiedlich eingeschätzt, ebenso die Frage, wie rasch sich die Trends wieder umkehren können. Vor allem wird die Auswirkung auf das Klima unterschiedlich beurteilt. In der Rubrik »Potential Abrupt Climate Change?« werden zwölf Faktoren als extrem klimawirksam eingeschätzt, allerdings wird diese Einschätzung nur bei sechs mit »high confidence« bewertet. Drei Kipppunkte werden überhaupt als kaum klimarelevant bezeichnet. In der populären, demagogischen Fassung wird diese Komplexität auf die simple Formel reduziert, bei einer Erwärmung über 2 Grad würden nicht näher spezifizierte Kipppunkte die Katastrophe auslösen. Die Apokalyptiker Pablo Servigne und Raphaël Stevens wenden den Begriff der Kipppunkte auf alles und jedes an: »Ökosysteme, Organismen,

Gesellschaften, Ökonomien, Märkte« (Servigne, Stevens 2022, 98), all dies soll von Kipppunkten bedroht sein.

Das PIK im Allgemeinen und seine Protagonisten Hans Joachim Schellnhuber und Stefan Rahmstorf sind nicht einfach Wissenschaftler, sie sind von tiefem Sendungsbewusstsein durchdrungen, die Welt warnen und aufklären zu müssen. Das PIK geizt nicht mit Pressekonferenzen und dokumentiert auf seiner Webseite mit offensichtlicher Genugtuung jene Presseartikel, in denen die Botschaft des *Potsdam-Institut für Klimafolgenforschung* positiv aufgenommen wurde.[201] Man kann es umgekehrt sehen: Schellnhuber, Rahmstorf und Co. sind hoch motivierte politische Aktivisten, die auch Klimaforschung betreiben. Oder nochmals anders gesagt, sie setzten ihr Prestige als Wissenschaftler ein, um Politik zu beeinflussen. Ihr Duktus ist eindeutig, sie *sind* die Klimawissenschaft, Wissenschaft erkennt Tatsachen, *ihre Tatsachen*, und über Tatsachen kann man nicht diskutieren.

Diese Mischung aus Sendungsbewusstsein und Überheblichkeit motivierte Joachim Schellnhuber allen Ernstes dazu, für einen individuellen CO_2-Zertifikatshandel zu plädieren. Alle sollten das Recht haben, jährlich 3 Tonnen CO_2 zu verbrauchen. Wer weniger verbraucht, kann nicht in Anspruch genommene CO_2-Emissionsrechte mittel Zertifikat verkaufen, wer mehr benötigt, muss eben Zertifikate zukaufen. Nur zur Information, im Durchschnitt verbraucht jede Person in unseren Breiten etwa 10 Tonnen. Die Atmung nicht mitgerechnet, das sind je nach Aktivität 400 bis 1000 kg im Jahr. Diese Idee hat Schellnhuber bereits in seiner Eigenschaft als Berater der Bundesregierung dem Kabinett Merkel vorgelegt und wiederholt sie seitdem immer wieder in der Öffentlichkeit. »Schellnhuber fordert deshalb im Interview mit dem *ARD*-Magazin »Panorama«, eine individuelle CO_2-Grenze einzuführen und gleichzeitig einen privaten Handel mit CO_2-Rechten zu ermöglichen. ›Jeder Mensch kriegt drei Tonnen CO_2 pro Jahr, aber wer mehr braucht, muss es sich eben einkaufen‹, erklärt der Klimawissenschaftler – und zwar von anderen, die weniger verbrauchen.«[202] Die wohl entscheidende Frage, wie denn dieser individuelle CO_2-Verbrauch gemessen werden kann, wurde Schellnhuber offensichtlich nicht gestellt. Auch

---

201 https://www.pik-potsdam.de/de/aktuelles/pik-in-den-medien/pik-in-den-medien
202 https://www.tagesschau.de/wirtschaft/technologie/co2-budget-habeck-101.html

das zeigt die geradezu untertänige Haltung der Leitmedien gegenüber den Klimapropheten. Da es sich bei der Feststellung des Verbrauchs ja nicht um freiwillige, individuelle Selbsteinschätzungen handeln kann, soll das Konzept funktionieren, wäre die erste Nachfrage gewesen: »Herr Schellnhuber, wie stellen Sie sich die Feststellung dieses individuellen Verbrauches vor? Muss dazu nicht jeder Datenschutz ausgehebelt werden?« Das Konzept von Schellnhuber funktioniert nur unter einer Bedingung: Wie das Jahreseinkommen, das als Grundlage für die Besteuerung gilt, vom Finanzamt geprüft wird, muss der CO_2-Verbrauch von staatlicher Seite geprüft werden. Das bedeutet die Einführung einer umfassenden Kontrolle des individuellen Konsums. Was als großartige Gerechtigkeit verkauft wird – die Reichen müssen eben von den Armen die Zertifikate kaufen – wird in der Realität auf eine unfassbare Kontrolle des individuellen Konsumlebens hinauslaufen müssen. Wir erkennen bereits eine Kontur des Green New Deals, Überwachung und forcierte Reduktion des Massenkonsums. Denn jene, die mit ihren Privatjets um die Welt reisen, werden sich den Ankauf von Zertifikaten wohl leisten können, einkommensschwache Personen, die angenommen im August ihre zugewiesenen 3 Tonnen bereits verbraucht haben, wohl kaum. Der Publizist Norbert Häring schreibt unter der Überschrift *Individuelle CO2-Budgets als Herrschaftsinstrument*:

> »Um individuelle CO_2-Budgets ins Auge fassen zu können, muss der gesamte Konsum der Menschen registriert und gespeichert werden. Daran arbeitet nicht nur Alibaba. (...) Das norwegische Statistikamt hat bereits ein Projekt gestartet, mit dem es die digitalen Kassenzettel der Supermärkte und die Daten der Finanzdienstleister zu den jeweiligen Käufen zusammenführt, um zu erfassen, was genau jeder einzelne Bürger kauft. Was Norwegen kann, können andere auch, zumal wenn es nicht bloß darum geht, die Ernährungsgewohnheiten der Bürger zu erforschen, sondern die Menschheit vor dem Hitzetod zu retten. Bargeld sollte natürlich abgeschafft werden, denn das steht der verlässlichen Erfassung aller Käufe im Wege. Dank der geplanten digitalen Zentralbankwährungen wird sich das bald umsetzen lassen. Außerdem nötig ist eine genaue und verlässliche Identifizierung jedes Menschen, damit zum Beispiel alle Käufe über verschiedene Kanäle sicher der gleichen Person zugewiesen

werden können. Das gibt den vom Weltwirtschaftsforum und den Milliardärsstiftungen vorangetriebenen Projekt global harmonisierter, digital-biometrischer Identitäten für alle Menschen Auftrieb. Das ist der Teil des Schellnhuber-Vorschlags, der den Mächtigen wunderbar als Vorwand für die offene Verfolgung ihrer größenwahnsinnigen Projekte zur Kontrolle der Weltbevölkerung dienen kann. Sie nehmen das dankbar an.«[203]

Hinzuzufügen wäre noch, das Deutschland gerade 2 bis 3 % der weltweiten CO_2-Emissionen verursacht. Würde der dystopische Plan des Herrn Schellnhuber tatsächlich in Deutschland umgesetzt, so würde dies an den weltweiten Verhältnissen so gut wie nichts ändern. Wie sehr Schellnhuber auch Richtung Ökodiktatur denkt, zeigt sein seinerzeitiges Wirken im *Wissenschaftlichen Beirat globale Umweltveränderungen*. »Der letzte große Bericht las sich wie Schellnhuber in Reinkultur: Der Beirat erneuerte seine alte Forderung nach einer ›Großen Transformation‹ der Zivilisation. Der ambitionierte Weltplan sieht kontinentale Arbeitsteilung vor: Die gemäßigten Breiten produzieren Nahrung, die Subtropen Sonnenenergie, und die Tropen dienen der Erholung und der Erhaltung der Artenvielfalt.«[204] Der Vorschlag stammt aus 2013 und natürlich ist nichts davon realisierbar. Aber es zeigt die Bereitschaft, mit staatlichen und herrschaftlichen Mitteln die Gesellschaft gestalten zu wollen, alles auf Basis gesellschaftspolitischer Wahnideen.

Ich möchte die demagogische und alarmistische Sichtweise von Schellnhuber und Rahmstorf an einem weiteren Beispiel demonstrieren, nämlich anhand ihres Kapitels *Der Anstieg des Meeresspiegels* in ihrem Buch *Der Klimawandel* (Rahmstorf, Schellnhuber 2019, 61–64). Dramatisch wird sofort zu Beginn über die Folgen des vollständigen Abschmelzens des Grönlandeises, 7 Meter hoch, und der Antarktis, insgesamt 58,5 Meter, berichtet, ungeachtet der Tatsache, dass dieses Ereignis von keiner Forschergruppe erwartet wird. Zudem würde ein derartiger Prozess Jahrtausende benötigen. Statt diesen Forschungsstand zu referieren, wird kryptisch verlautbart: »Die Stabilität der Eisschilde in Grönland und der Westantarktis ist daher die große Unbekannte bei Abschätzungen des künftigen Meeresspiegelanstiegs.« (Rahmstorf,

---

203 https://norberthaering.de/macht-kontrolle/co2-budget-schellnhuber/
204 https://www.spiegel.de/wissenschaft/natur/wbgu-neue-umwelt-politikberater-der-bundesregierung-berufen-a-897730.html

Schellnhuber 2019, 62) Nein, das ist keine große Unbekannte, es existieren zahllose Studien dazu, nur muss man sie halt auch zur Kenntnis nehmen.

Weiters wird im Text wie selbstverständlich das inzwischen massiv kritisierte Szenario RCP8.5 herangezogen, um vor einem drohenden massiven Anstieg des Meeresspiegels zu warnen. Dieser liegt laut IPCC im RCP8.5-Szenario maximal bei 95 Zentimetern. (vergl. IPCC 2021a, 22) Nun, so richtig dramatisch sind selbst die 95 Zentimeter im höchst unwahrscheinlichen Fall des Eintretens des RCP8.5-Szenarios auch wieder nicht. Also wird noch eins draufgesetzt: »Bis zum Jahre 2300 erwarten die Experten sogar zwei bis drei Meter.« (Rahmstorf, Schellnhuber 2019, 63) Das von ihnen zitierte Experten-Papier trägt den Titel: *Expert assessment of sea-level rise by AD 2100 and AD 2300*[205] und neben Benjamin P. Horton wird auch Stefan Rahmstorf als Autor angeführt. Diese Studie diente offensichtlich dazu, den Meeresanstieg dramatischer darzustellen, als es selbst die IPCC-Berichte tun und wurde auch entsprechend, insbesondere von der englischsprachigen Presse, rezipiert. »Sea levels could rise more than a metre by 2100, experts say.«[206] Dramatisierende Wortwahl, Unwahrscheinlichkeiten, die als reale Möglichkeiten dargestellt werden, die Suggestion, bei bloß vermuteten Entwicklungen würde es sich um gesicherte Forschungsergebnisse handeln; all das muss Wirkung zeigen, insbesondere bei einer Leserschaft, die gerne das bestätigt haben möchte, was sie erwartet. Ein letztes, typisches Beispiel: »Die Zahlen zeigen, dass bereits bei einer Stabilisierung der CO2-Konzentration bei 450 ppm der Verlust einiger tief liegender Inselstaaten und zahlreicher Küstenstädte und Strände der Welt zumindest riskiert wird.« (Rahmstorf, Schellnhuber 2019, 64) Aktuell beträgt die Ppm-Konzentration 480 und kein einziger Inselstaat, keine einzige Küstenstadt und kein einziger Strand dieser Welt wurde bisher »riskiert«. Nie wirklich konkret werden, immer im Vagen und Allgemeinen bleiben, aber eine düstere Zukunft suggerieren – so läuft die Rhetorik.

Ein Sendungsbewusstsein, dass auf dem unerschütterlichen Glauben ruht, die absolute Wahrheit zu wissen, führt mit Notwendigkeit zu Intoleranz

---

205   https://www.researchgate.net/publication/259123765_Expert_assessment_of_sea-level_rise_by_AD_2100_and_AD_2300
206   https://www.theguardian.com/environment/2020/may/08/sea-levels-could-rise-more-than-a-metre-by-2100-experts-say

und der Neigung zu autoritärem und repressivem Gehabe. Ein Musterbeispiel ist ein Artikel von Stefan Rahmstorf, der auch auf der offiziellen PIK-Seite veröffentlicht wurde.[207] Er trägt den Titel: *Alles nur Klimahysterie? Wie »Klimaskeptiker« die Öffentlichkeit verschaukeln und wirksame Klimaschutzmaßnahmen verhindern.* Mit dem Titel ist der Inhalt bereits gesagt. Verantwortungslose Pseudoexperten würden Unwahrheiten verbreiten und so eben wirksame Klimaschutzmaßnahmen verhindern, etwa die Einführung der 3-Tonnen-CO_2-Emissionengrenze für Privatpersonen, ist man geneigt nachzufragen. Das Problem ist nun nicht seine harsche Kritik an so manchen tatsächlich fragwürdigen Aussagen, sondern die de facto geforderte Zensur der Medien. Rahmstorf zieht ein Fazit und schreibt:

> »Wir Wissenschaftler können die Missstände in den Medien nicht beseitigen – wir können nur unser eigenes Haus in Ordnung halten, fachlich fundierte Informationen bereitstellen und gelegentlich darauf hinweisen, wenn Unsinn verbreitet wird. Die Qualitätssicherung der Medien muss die Medienwelt selbst leisten. (…) Doch ohne eine solche Qualitätskontrolle verliert unsere Gesellschaft die Fähigkeit, zwischen Wissenschaft und Scharlatanerie zu unterscheiden – und sie verliert dabei die Fähigkeit, mit einem komplexen Problem wie dem Klimawandel erfolgreich umzugehen. Wir alle, vor allem aber unsere Kinder und Enkel, könnten dafür einen hohen Preis bezahlen.«[208]

Was bedeutet aber Qualitätskontrolle anderes, als Inhalte, die in den Augen des Herrn Rahmstorf Fehlinformationen sind, einfach nicht zuzulassen? Und was bedeutet dies praktisch anderes als Zensur? Nun gesteht Rahmstorf durchaus auch unterschiedliche Meinungen in der Wissenschaft zu. Aber die Grenze zwischen Wissenschaft und Scharlatanerie ist strikt zu ziehen. »Doch bringt eine Diskussion nur dann Erkenntnisgewinn, wenn sie intellektuell redlich und auf Basis korrekter Fakten geführt wird. Dies unterscheidet fundamental die in den Medien geführten Scheinkontroversen von den Diskussionen unter seriösen Wissenschaftlern.« Und wer entscheidet

---

207 https://www.pik-potsdam.de/~stefan/klimahysterie.html
208 https://www.pik-potsdam.de/~stefan/klimahysterie.html

über diese Unterscheidung? Am besten das *Potsdam-Institut für Klimafolgenforschung*, Rahmstorf und Schellnhuber.

Es kommt selten vor, dass offene Kritik innerhalb der Wissenschaftsgemeinschaft über Medien ausgetragen wird. Aber offenbar ist einem Direktor am *Max-Planck-Institut für Meteorologie* in Hamburg, Bjorn Stevens, angesichts des Alarmismus des PIK endgültig der Kragen geplatzt. In einem viel beachteten Interview mit der *ZEIT*[209] kritisiert der Wissenschaftler seine Kollegen in Potsdam entschieden und nennt auch Schellnhuber mit Namen. Der Anlass ist eine interessante Aussage von Stevens über die große Schwierigkeit, die Auswirkung der Wolken in die Klimamodelle einzubauen. Ich zitiere zuerst diesen Abschnitt.

»ZEIT: Lassen Sie uns noch mal über die Gefahr von Wolken sprechen. Werden Wolken die globale Erwärmung beschleunigen?
Stevens: Die interessante Zahl hier ist die Klimasensitivität. Sie beziffert, wie stark sich die Erde erwärmt, wenn die CO_2-Konzentration in der Atmosphäre sich verdoppelt ...
ZEIT: ... verglichen mit der CO_2-Konzentration vor der Industrialisierung. Das wäre noch in diesem Jahrhundert?
Stevens: Wenn wir so weitermachen wie bisher, ja. Im letzten IPCC-Bericht war man sich einig, dass die globale Durchschnittstemperatur dann wohl um 2,5 bis 4,0 Grad Celsius ansteigen würde. Wobei die höheren Temperaturen den Simulationen zufolge wesentlich durch eine Veränderung der Wolken verursacht werden. Diesen Effekt halten wir heute für überbewertet.
ZEIT: Waren die Modelle fehlerhaft?
Stevens: Ja. Zu viel Kinderbuch-Wolke, zu wenig echte Wolke. Im Weltklimaforschungsprogramm haben wir uns die Klimamodelle vorgeknöpft. Die Modelle mit den extremsten Vorhersagen sind durchgefallen, und das Vertrauen in die weniger katastrophalen Werte der Klimasensitivität hat zugenommen. Meiner Meinung nach wird der Beitrag der Wolken aber immer noch überbewertet.
ZEIT: Wie hoch ist er denn?

---

209 https://www.zeit.de/2022/43/klimaforschung-wolken-klimawandel-erderwaermung-ipcc-bericht

Stevens: Auf Basis unserer neuesten Messungen und der Fortschritte in der Theorie würde ich heute sagen: null.
ZEIT: Null?
Stevens: Richtig, das ist zumindest meine Arbeitshypothese. Die Klimasensitivität liegt dann eher am unteren Ende der IPCC-Schätzung, etwa bei 2,8 Grad. Wir sollten weitersuchen, aber bis jetzt steht der Beweis aus, dass die Wolken eine große Rolle spielen.«

Danach weist Stevens den Alarmismus des PIK entschieden zurück.

»ZEIT: Und wie verändert sich diese Bilanz mit der globalen Erwärmung? Wissenschaftler vom *Potsdam-Institut für Klimafolgenforschung* (PIK) haben vor Kurzem ein Worst-Case-Szenario veröffentlicht. Darin wird auch erwähnt, dass unser Planet bis zum Ende des Jahrhunderts so warm werden könnte, dass alle Wolken quasi verdampfen und wir dem Untergang geweiht sind.
Stevens: Das ist Unsinn. Einfach ausgedrückt: Die Atmosphäre will bewölkt sein, weil Luft nach oben steigt. Es ist schwer, Wolken loszuwerden.
ZEIT: Warum behaupten die Potsdamer Klimaforscher etwas anderes?
Stevens: Das müssen Sie sie fragen. Ich kann nur bewundern, wie die Kollegen dort die Fachliteratur nach den alarmierendsten Geschichten durchforsten. Ich finde es schade, dass diese dann unkritisch präsentiert werden.
ZEIT: Das Szenario ist also falsch?
Stevens: Ja. Es basiert auf einer aus dem Zusammenhang gerissenen Arbeit unseres Instituts und auf einem zweiten Paper, das zahlreiche Mängel hat.
ZEIT: Welche Mängel?
Stevens: Das dramatische Verhalten des Klimas in dieser Simulation beruhte auf einer groben Vereinfachung der Wolken, die mit der Wirklichkeit nichts zu tun hat. Wenn man genau hinschaut, halten die alarmierendsten Geschichten einer wissenschaftlichen Überprüfung oft nicht stand.«

In einem anderen Abschnitt des Gespräches geht es um die Kompetenz des wissenschaftlichen Diskurses. Auch Bjorn Stevens ist der Auffassung, dass wir wohl der Wissenschaft genau zuhören sollten, und zwar allen Stimmen aus der Wissenschaft. Und es gibt keinen Grund, vor Ehrfurcht zu erstarren. Welche Bildung wir immer auch haben, wir müssen auf unter Urteilsvermögen vertrauen, auch in dem Wissen, dass wir uns irren können – wie WissenschaftlerInnen auch.

»ZEIT: Beneiden Sie das Potsdam-Institut um seine Medienpräsenz?
Stevens: Wer würde nicht gerne interessant sein? Leider bevorzugen die Menschen Geschichten über den Weltuntergang. Davon verstehe ich nicht viel.
ZEIT: Wollen Sie damit sagen, dass die globale Erwärmung kein Problem ist?
Stevens: Sie ist ein Riesenproblem, auch weil wir so wenig über ihre tatsächlichen Auswirkungen wissen. Ob und wo biblische Dürren und Überschwemmungen auftreten werden, ist laut IPCC für fast alle Regionen ungewiss.
ZEIT: Stefan Rahmstorf vom PIK vergleicht sich mit einem Arzt, der herausgefunden hat, dass Rauchen gefährlich ist, und jetzt die Menschen dazu aufrufen müsse, damit aufzuhören.
Stevens: Als Wissenschaftler erkläre ich den Leuten gerne, wie die Dinge, von denen ich etwas verstehe, funktionieren. Aber was qualifiziert mich, ihnen zu sagen, wie sie sich verhalten sollen? Das muss der gesellschaftliche Diskurs ergeben, der mehr von gutem Journalismus als von charismatischen Wissenschaftlern geprägt sein sollte. Wenn die Menschen nicht lernen, selbst zu denken, sind wir sowieso verloren.«

Dieses Gespräch stieß international auf viel Interesse und ist auch auf englischsprachigen Seiten zu finden.[210]

---

210 https://iowaclimate.org/2022/10/23/an-interview-with-top-climate-scientist-bjorn-stevens-2/, https://judithcurry.com/2022/10/22/an-interview-with-top-climate-scientist-bjorn-stevens/

9. Von Al Gore zu Greta Thunberg

Der Klima-Alarmismus ist mit zwei Namen verbunden, Al Gore und Greta Thunberg. Diese Personen könnten unterschiedlicher nicht sein. Auf der einen Seite Al Gore, als langjähriger Vizepräsident (1993 bis 2001) der USA einer der mächtigen Männer der Erde, auf der anderen eine halbwüchsige junge Frau, die nichts anderes als ihr Engagement in die Waagschale werfen kann. Ich versuche zu begreifen, was dieser Wechsel in der Leitfigur des Klima-Alarmismus eigentlich bedeutet.

Vizepräsident Al Gore

Al Gore war acht Jahre lang der Vizepräsident unter Bill Clinton. Hier ist nicht der Ort, die Innen- und Außenpolitik der USA im Detail oder das politische System der USA zu analysieren. Jetzt nur so viel: Ich halte es mit Terry Eagleton, die herrschende Klasse in den USA ist in einer Partei organisiert, die in zwei getrennten Flügeln auftritt, den Republikanern und den Demokraten. Obwohl es temporäre Differenzen bei verschiedenen Themen gibt, gemeinsam ist ihnen die Sicherung der Klassenherrschaft nach innen und des weltumspannenden Macht- und Herrschaftsanspruchs nach außen. Es ist interessant, wie es gelingt, den Machthabern in den USA immer wieder ein sympathisches Image zu verpassen. Barack Obama wurde uns als Bürgerrechtskämpfer im Stile von Martin Luther King vorgeführt, der zufällig auch Präsident der USA war. Al Gore wird, nach seiner umstrittenen Wahlniederlage[211] 2000 gegen George W. Bush, zum Philanthrop und Menschenfreund, der gegen alle Widerstände des fossilen Kapitals die Erde vor dem Klimakollaps retten möchte. Al Gore beginnt durch die USA zu touren, aus seinen bebilderten Vorträgen entsteht der mit üppigem Budget finanzierte Film *Eine unbequeme Wahrheit*. Der Titelsong des Filmes *I need to wake up*, gesungen von Melissa Etheridge, wurde 2007 mit dem Oscar für den besten Filmsong ausgezeichnet. Im selben Jahr konnte Al Gore,

---

211 Den Ausschlag gab das Ergebnis in Florida. Eine Neuauszählung der Stimmen, die eventuell das Blatt für Al Gore gewendet hätte, wurde von den Republikanern mittels eines Gerichtsbescheides gestoppt.

gemeinsam mit dem IPCC, den Friedensnobelpreis entgegennehmen. In seinen über tausend Vorträgen weiß Gore, wie er sein Publikum motivieren und unterhalten muss. Neben düsteren Prognosen werden auch Anekdoten und Witze vorgetragen, der Unterhaltungsfaktor bleibt nicht auf der Strecke. Aus seiner Performance sind insbesondere zwei Aussagen in Erinnerung, der um sein Leben kämpfende Zeichentrick-Polarbär und eine dramatische Überschwemmungssimulation. Al Gore lässt, entgegen allen Berechnungen auch des IPCC, die Ozeane um mehrere Meter ansteigen und New York versinkt im Wasser. Seine Botschaft enthält noch ein weiteres, bleibendes Moment: »Der Anpassung an den Klimawandel aber räumt Al Gore fast keinen Platz ein. (…) Der frühe Al Gore betrachtete Anpassung noch als Sünde.« (Krauß, von Storch 2013, 65) Diese Haltung ist geblieben und konnte sich innerhalb der Alarmisten-Szene durchsetzen. Im Sommer 2023 war das klar zu beobachten. Der prophezeite extrem heiße Dürresommer in Mitteleuropa[212] blieb wohl aus, aber hohe Temperaturen in Südeuropa sollten uns wie Kaninchen vor der Schlange erstarren lassen: Die Heißzeit ist unabwendbar… Diverse Trittbrettfahrer bescherten uns pfiffige Ratschläge, wie mit der Hitze umzugehen sei, aber die alten und vulnerablen Gruppen schienen den hohen Temperaturen hilflos preisgegeben. Da möchte man laut ausrufen: »Leute, die Klimaanlage ist schon längst erfunden! Wie wäre es mit einem flächendeckenden Einbau?« Al Gore gab diesbezüglich die argumentative Richtung vor. Schutzmaßnahmen gegen die Folgen des Klimawandels seien Ablenkung und könnten letztlich die Apokalypse nicht abwenden. Nur die rasante Senkung der Emissionen werde uns retten. »Zugleich bildete er Legionen von Vermittlern aus, die seine Botschaft weiter in die Schulen, Kirchen, Gewerkschaften und Kindergärten tragen.« (Krauß, von Storch 2013, 63)

Auch ein weiteres Moment entstammt der Ära Al Gore: Die These von der Erdöl- und Kohleindustrie, die alles daransetzt, die unbequeme Botschaft zu desavouieren und Zweifel und Misstrauen zu streuen. Festgemacht wurde das an der Person Fred Singer (1924–2000). Der ursprünglich aus Österreich stammende Siegfried Frederick Singer konnte 1938 vor den Nazis

---

[212] https://www.telepolis.de/features/2023-wird-hoechstwahrscheinlich-ein-besonders-heisses-Jahr-8988878.html

fliehen[213] und durchlief eine bedeutende wissenschaftliche Karriere in den USA, unter anderem als Atmosphärenphysiker, und arbeitete in vielen akademischen und wissenschaftlichen Institutionen. Singer bezeichnete sich selbst als »Skeptiker« und und nicht als »Leugner« des globalen Klimawandels.[214] Er agierte sozusagen als Spiegelbild der Auftritte von Al Gore. »Fred Singer, der ebenso wie Al Gore auf einer permanenten Vortragstour war, richtete sich in seinen Vorträgen fast vollständig an seinem großen Gegenspieler aus.« (Krauß, von Storch 2013, 71) Singer machte nie ein Hehl daraus, auch Geld von verschiedenen Industrielobbys zu bekommen. Insbesondere agierte er entschieden gegen die These der Gefährlichkeit des Passivrauchens, was ihm auch die Unterstützung der Tabakindustrie einbrachte. Die entscheidende Frage ist, was beweist der Hinweis auf die Finanzierung? Die Denunziation als sachfremd und unwissenschaftlich kann gegen Fred Singer nicht in Stellung gebracht werden, also muss es die Finanzierung tun?

Vor allem, auch auf der anderen Seite, also bei Al Gore, waren und sind Millionen im Spiel. Kapital steht da gegen Kapital. Gore ist Mitglied des Aufsichtsrats von Apple als auch hochrangiger Berater von Google. Er ist zudem in dem Investmentfonds *Kleiner Perkins Caufield & Byers* (KPCB) in leitender Stellung aktiv. Im November 2009 wurde bekannt, dass *Kleiner Perkins Caufield & Byers* einen Staatsauftrag in der Höhe von 560 Millionen Dollar erhalten hatte. Al Gore besitzt auch Anteile am *Chicago Climate Exchange*, der amerikanischen Terminbörse für den Emissionsrechtehandel und Anteile am *European Climate Exchange*. »Sein Reichtum hat sich nach der Niederlage [2000 gegen Bush] innerhalb von 14 Jahren auf geschätzte 200 Millionen US-Dollar akkumuliert. Allein im vergangenen Januar [2015] soll er 100 Millionen Dollar (umgerechnet 75 Millionen Euro) verdient haben.«[215] Dagegen sind die 5000 Dollar pro Monat, die Fred Singer vom *Heartland Institute* erhalten haben soll, wahrlich eine bescheidene Summe.[216]

---

213 In der deutschsprachigen Wikipedia wird diese Flucht als Emigration dargestellt. Die Vertreibung durch die Nazis könnte ja Sympathien für Siegfried Frederick Singer hervorrufen, und die darf es für einen Klimaleugner nicht geben.
214 https://en.wikipedia.org/wiki/Fred_Singer. Auch im Falle Fred Singer empfehle ich, den englischsprachigen und den deutschsprachigen Wikipedia-Eintrag zu vergleichen.
215 https://www.focus.de/panorama/welt/reichtum-nach-politik-al-gore-verdiente-75-millionen-euro-im-monat_id_2540972.html
216 Quelle: https://de.wikipedia.org/wiki/Fred_Singer

Die Konfrontation zwischen Al Gore und Fred Singer prägt bis zur Gegenwart das Bild des Diskurses um den Klimawandel. Auf der einen Seite ein Philanthrop, dessen Verstrickungen in mächtige wirtschaftliche Interessensgruppen geschickt ausgeblendet wurden, auf der anderen ein abtrünniger Wissenschaftler, der offen von diversen Lobbys hofiert und unterstützt wurde. Wissenschaftliche Vernunft gegen Kapitalinteressen, so konnte das Gespann dargestellt werden. Dieses Bild ist aus mehreren Gründen irreführend. Keine Universität oder Forschungsinstitution in den USA könnte ohne private Sponsoren existieren. Auch hierzulande haben sich die Verhältnisse längst verändert, Stichwort Drittmittelfinanzierung. Die finanziellen Interessen an einem Green New Deal sind seit den 2000er-Jahren gewaltig gewachsen und die Industrie, die auf sogenannte erneuerbare Energieproduktion setzt, wird mächtiger und mächtiger. Und schon längst haben sich Konzerne, die bisher in der Ölindustrie tätig waren, hinzugesellt. Aus welchen Gründen sollen sich auch diese Firmen das große Geschäft entgehen lassen?

Was also für die Momentaufnahme zu Beginn des Jahrhunderts, zudem beschränkt auf die USA, galt, muss fast 20 Jahre später nicht mehr gelten. Der direkte Einfluss großer Konzerne auf Wissenschaft, Forschung und Universitätswesen ist in den USA bedeutend größer als etwa in Europa. Es entspricht einer simplen Weltsicht, die Korrektheit naturwissenschaftlicher Aussagen linear von der Gesinnung der Akteure ableiten zu wollen. Das *Heartland Institute* sei als Beispiel gewählt. Gesellschaftspolitisch ist das Institut neoliberal ausgerichtet und steht gegen den »rise of socialism«, was immer auch darunter verstanden wird. Aber *deswegen* alle dort getroffenen Aussagen zum Klima als Irreführung und Unsinn abzuqualifizieren, ist unsachlich. Die inhaltliche Auseinandersetzung muss geführt werden. Wem Gesinnung und Finanzierung genügen, der oder die kann sich jegliche ernsthafte Beschäftigung mit Themen ersparen. Um es nochmals klarzustellen: In der Klimadebatte wird auf allen Seiten teilweise Unsinn erzählt, da bleibt man sich nichts schuldig. Und um nochmals auf Al Gore zu sprechen zu kommen. »Im Jahre 2007 prognostizierte Al Gore, dass im Jahre 2015 das arktische Meereis im Sommerminimum verschwunden sein wird. (…) Das Meereis hielt sich nicht daran.«[217]

---

217 https://klimanachrichten.de/2023/06/06/fritz-vahrenholt-nach-dem-waermepumpendesaster-der-daemmhammer/#more-1845

Die Alarmisten-Szene stürzt sich wohl zu recht auf jede Falschaussage ihrer Gegner, gegenüber den unsinnigen Aussagen auf ihrer Seite schließen sie jedoch fest beide Augen. Diese Art von Parteilichkeit trägt nicht gerade zur Seriosität ihres Diskurses bei.

Seit dem Film *Eine unbequeme Wahrheit* ist das Klimathema in allen Medien präsent. Die Behauptung, dass die Erde bei weiterer Erwärmung in Gefahr sei, fehlt in keiner Dokumentation, in keiner Talkshow-Runde und in keinem Artikel, der nur irgendwie etwas mit Klima und Wetter zu tun hat. In dem internationalen Abkommen des Kyoto-Protokolls (1997) und dem Pariser Klimaabkommen (2015) wurde die Reduktion der Treibhausgasemissionen vertraglich fixiert. In seinem Buch *The Grip of Culture* (»Im Griff der Kultur«) zitiert Andy A. West akribisch Aussagen der Großen und Mächtigen dieser Welt zum Klimawandel. Er dokumentiert insgesamt 67 Zitate mit alarmistischem Tenor,[218] darunter Sentenzen von Angela Merkel, Ban Ki-Moon, Bill Clinton, Christine Lagarde, Emmanuel Macron, François Hollande, Hillary Clinton, Nicolas Sarkozy, Papst Franziskus, Prince Charles sowie Tony Blair; Aussagen im Stile von »Es ist fünf vor 12« oder »Wir sind an der Grenze des Selbstmords«. Jüngst gesellte sich auch Prinz William zu den Mahnern. 2023 warnen unter anderem die EU-Kommisionspräsidentin Ursula van der Leyen und der UNO-Generalsekretär António Guterres vor dem »kollektiven Suizid«,[219] würde der Erderwärmung nicht Einhalt geboten.

All jene, die die Erde in Gefahr sehen, müssten doch grundsätzlich zufrieden sein. Die Policymakers, für die der IPCC periodisch Zusammenfassungen publiziert, greifen die Botschaft auf und teilen die Schlussfolgerungen. Die EU realisiert konsequent den Green New Deal (siehe dazu Kapitel 14). Warum also die neue Symbolfigur Greta Thunberg? Liegt es wirklich daran, dass die große Politik zu zögerlich, zu langsam, zu kompromissbereit ist? Tritt sie dem fossilen Kapital nicht entschieden genug entgegen? Ich meine, Greta Thunberg steht für weit mehr als für radikalere Maßnahmen und entschlosseneres Handeln. Sie steht für eine strukturell religiöse Bewegung, die im prophezeiten Klimakollaps die Strafe für rücksichtsloses und egoistisches Fehlverhalten zu erkennen meint. Ich werde diese These hier Schritt für Schritt entwickeln.

218 https://www.thegwpf.org/content/uploads/2023/07/TGoC-CN-Archive.pdf
219 https://www.spiegel.de/ausland/klimakoferenz-in-berlin-antonio-guterres-warnt-vor-kollektivem-suizid-a-fa4b9ca3-b245-44ec-a73f-24866d284423

Greta Thunberg

Ich beginne mit einer Skizze der Hintergründe, die erklären, wie aus einem schwedischen Mädchen eine weltweit bekannte Aktivistin werden konnte. »Am 20. August 2018 setzt sich das 15-jährige Mädchen Greta Thunberg am ersten Schultag nach den Sommerferien mit einem Schild vor den schwedischen Reichstag. Auf dem Schild stand geschrieben: ›Schulstreik für das Klima‹. Am gleichen Tag veröffentlicht das Internet-Unternehmen #*WeDontHaveTime* ein Bild von Greta auf Twitter …«[220] Nur vier Tage danach ist das Buch *Scener ur hjärtat*, von Malena Ernman, Gretas Mutter, und Svante Thunberg, ihrem Vater, auf dem Buchmarkt. In der deutschen Übersetzung mit dem Titel *Szenen aus dem Herzen. Unser Leben für das Klima* werden auch Greta Thunberg und ihre Schwester irreführend als Autorinnen angeführt. In den Buchbesprechungen sowohl von Ulrike Stockmann als auch von Peter Gasser wird auf die Inszenierungen hingewiesen, die in diesem Buch ausgebreitet werden. Stockmann referiert vor allem jene Aspekte des Buches, die die schweren Erkrankungen der gesamten Familie wiedergeben. Nicht nur Greta Thunberg litt (und leidet) an »Asperger-Syndrom, hochfunktionalem Autismus und OCD (Zwangsstörungen)«. Ulrike Stockmann zieht folgendes Resümee:

> »Die herbei prophezeite Klima-Katastrophe gibt Malena Ernman und ihrer Familie die Möglichkeit, das eigene Schicksal und auch die Zuständigkeit für das eigene Wohlergehen hintanstellen zu können. Die Erde ist krank, die Thunbergs sind krank, also sind wir alle krank, basta. Erst wenn ›die Menschheit‹ sich ändert, wird es auch Familie Thunberg-Ernman besser gehen. Hoffnungslose Projektion? Kindischer Boykott der Eigenverantwortung? Oder wahnhaftes Streben nach diesseitiger Erlösung?«[221]

Peter Gasser fokussiert auf einen anderen Aspekt: »Vorab möchte ich klarstellen, dass ich Greta Thunberg selbst für authentisch halte; nicht aber ihr Umfeld. (…) Wer das Buch wirklich zu Ende liest (und das ist nicht leicht), ist nachher eines Besseren belehrt: er kann das Narrativ, Tochter Greta habe

---

220 https://innenweltpolitik.wordpress.com/2019/01/30/ganz-grosse-oper-wie-ein-schwedischer-teenager-zu-einer-globalen-marke-aufgebaut-wurde/
221 https://www.achgut.com/artikel/die_thunberg_ernmans_eine_unendlich_traurige_familiengeschichte

sich selbständig und unbeeinflusst mit Pappschild vor das schwedische Parlament zum Demonstrieren gesetzt, nicht mehr vertreten.«[222]

Wenn sich ein Teenager mit einem Pappschild vor ein öffentliches Gebäude setzt, passiert üblicherweise – nichts. Nicht so aber am 20. August 2018. Wohl sind die Thunbergs in Schweden keine unbekannte Familie, der Vater ist Produzent und Schauspieler, die Mutter Schauspielerin und Sängerin, die auch für Schweden am Songcontest teilnahm. Aber der Durchbruch zur Weltberühmtheit geht auf das Konto des Unternehmers Ingmar Rentzhog, der die Plattform *We Don't Have Time*[223] betreibt und über beste Beziehungen zur internationalen Politik verfügt, in Kontakt mit Al Gore stand und unter anderem Mitglied der *European Climate Policy Task Force* ist.[224] Die Idee, mit einem Pappschild vor dem schwedischen Reichstag zu demonstrieren, stammte möglicherweise von Klima-Aktivist Bo Thorén. »Er gehört unter anderem zu den Initiatoren der Bewegung *Extinction Rebellion*. Im Jahr 2017 suchte er nach Kindern und Jugendlichen, die sich für Klimaschutz einsetzen wollen. Dafür organisierte er einen Schreibwettbewerb in der Zeitung *Svenska Dagbladet*. Gretas Text wurde im Mai 2018 in eben dieser Zeitung veröffentlicht.«[225] Wie immer auch die Verbindungen im Konkreten verliefen, Ingmar Rentzhog erkannte offenbar rasch, welchen Rohdiamanten er kennengelernt hatte und mobilisierte auch den Dokumentarfilmer Nathan Grossman, um die Aktivitäten von Greta zu dokumentieren. Dann ging es Schlag auf Schlag. Die Aufmerksamkeit für Greta Thunberg stieg rasant, Greta agierte auch kurzfristig als Beraterin im Unternehmen von Ingmar Rentzhog, der ihr eine Akkreditierung für die Klimakonferenz in Katowice im Dezember 2018 und einen Auftritt in Davos 2019 organisierte. Greta zog sich aber aus dem Unternehmen von Rentzhog zurück, zwischen ihm und der Familie Thunberg soll es zu Zerwürfnissen gekommen sein. Sehr rasch gesellte sich die gebürtige Australierin Janine O'Keeffe hinzu, die seit Jahren in Stockholm lebt und die Facebook-Seite *Fridays for Future* administriert. Dem Zufall wurde nichts überlassen, *Fridays for Future* ist, wie etwa *Coca-Cola*, unter der Trademark-Nummer 018147674 und der Owner-ID-Nummer

---

222 https://www.salto.bz/de/article/05012020/szenen-aus-dem-herzen
223 https://app.wedonthavetime.org/
224 https://wikitia.com/wiki/Ingmar_Rentzhog
225 https://www.nau.ch/news/europa/das-sind-die-stillen-helfer-hinter-greta-thunberg-65590007

1043982 ein eingetragenes Markenzeichen mit weltweiter Geltung. Eigentümerin: Janine O'Keeffe.[226]

Der Klimaaktivismus als religiöse Bewegung

Wie immer auch inszeniert, damit aus Greta Thunberg *die* Greta Thunberg werden kann, bedarf es eines in der Gesellschaft vorhandenen Bedürfnisses. 2018 zählte das Narrativ, die Erde sei durch menschliche Aktivitäten ernsthaft bedroht, zum Mainstream. »I want you to get to panic« verkündete sie im Europäischen Parlament. Die von ihr symbolisierte Botschaft lässt sich auf folgenden Nenner bringen: Panik und Verzweiflung sind angesagt, sollte nicht rasch und rücksichtslos gehandelt werden. Und exakt dies verweigere die große Politik. Ihr Handeln sei von Halbherzigkeit, von zögerlichen Maßnahmen gekennzeichnet, und immer wieder gelinge es den üppig finanzierten Leugnern, notwendige Schritte zu hintertreiben. Was denn genau zu tun sei, das bleibt offen. Von einer 16-jährigen Schülerin darf man solche Vorschläge auch nicht erwarten. Dass in der Panik-Bewegung auch ältere Semester aktiv sind, die sich oftmals ihrer Kompetenzen rühmen, steht auf einem anderen Blatt. Aber man muss die Pointe verstehen. Es ging nicht und es geht nicht um konkrete, gar abwägende Vorschläge. Und es geht schon gar nicht um Maßnahmen der Anpassung, um Küstenschutz, Einbau von Klimaanlagen, Entsiegelung der Oberflächen. Das mag wohl auch genannt werden, aber der Kern der Botschaft lautet Panik und sofortiges Handeln, dafür steht Thunberg, und deswegen wurde sie, was sie heute ist. Konkrete Einzelschritte sind nicht gefragt oder bleiben vage und unverbindlich. Welche Staaten nun tatsächlich die Emissionen in die Höhe treiben und in welchen sie gesenkt wurden, tritt vollständig in den Hintergrund. Seit 2000 sind die CO_2-Emissisonen in den USA und in der EU gesunken, in Indien und vor allem China jedoch gestiegen.[227] Sollte man daher nicht besser vor der chinesischen Botschaft demonstrieren? Dem Panikdiskurs ist jegliche Differenzierung abhold.

Zahlreichen AutorInnen und PublizistInnen sind die Parallelen zwischen der Klimabewegung, die mit dem Namen Greta Thunberg verknüpft ist,

---

226 https://euipo.europa.eu/eSearch/#basic/1+1+1+1/100+100+100+100/FRIDAYS%20FOR%20FUTURE
227 Quelle: https://ourworldindata.org/co2-emissions

und religiösen Glaubenssystemen aufgefallen. Sie sind auch zu offensichtlich, um übersehen zu werden. Wenn eine Gruppe aus Panik und Angst propagiert, keine Kinder in die Welt zu setzen, so ist bereits das besorgniserregend. Wenn ein solcher Schritt allerdings mit folgenden Worten begründet wird, dann ist die Parallele zur Erbsünde kaum zu übersehen: »Eine der effektivsten Maßnahmen für die Reduzierung der eigenen Umweltbelastung ist der Entschluss, keine kleinen Klimaschädlinge in die Welt zu setzen.«[228] Das Neugeborene trage also schon den Fluch in sich, das Klima und somit die Menschheit zu schädigen, einfach weil es auf der Welt ist. Andy A. West hat in seinem Buch *The Grip of Culture auf* einige Überschneidungen zwischen fanatischer Religiosität und der Klimabewegung hingewiesen. Gemeinsam ist ihnen der unverrückbare Glaube an die eigenen Wahrheiten. In der Tat werden Aussagen wie »das Leben auf der Erde ist massiv bedroht, wenn wir so weiter machen wie bisher«[229] nicht diskursiv aufgelöst, sondern als unverrückbare Glaubensaussage gesetzt. *Die Wissenschaft* würde das eindeutig sagen, so wie die Bibel sagt, Jesus ist der Gottessohn. Daran gäbe es nichts zu deuten oder zu hinterfragen. Religiöse FanatikerInnen vertreten einen Wahrheitsanspruch, Abweichung und Infragestellung wird als Ketzerei aufgefasst und entsprechend denunziert. Eine ergebnisoffene Debatte um die Inhalte kann es nicht geben. »Wir sind nicht länger bereit, dieses Verbrechen an der Menschheit widerstandslos hinzunehmen. Wir werden nicht abwarten, während ein Staat nach dem anderen kollabiert. Am Ende sind wir alle in Gefahr. Wir sind der Überlebenswille dieser Gesellschaft«,[230] so die *Letzte Generation*. Die Übereinstimmung in der Wortwahl ist teilweise verblüffend. Da wird von Leugnern gesprochen, von üblen Mächten, die Zweifel säen und Verwirrung stiften. Auf der Klimademo am 4. September 2023 in Wien wurde tatsächlich der Bezug zum Jüngsten Gericht hergestellt. »Ihr seid Mörder und Gauner (…). Es ist jetzt Zeit für das jüngste Gericht!«,[231] wurde skandiert.

Ich kenne diesen Geist aus dem katholischen Religionsunterricht in meiner Kindheit, nun fand ich ihn im Panikdiskurs der Klimabewegung wieder.

---

228 https://sz-magazin.sueddeutsche.de/die-loesung-fuer-alles/birthstrike-blythe-pepino-gebaerstreik-87007
229 West meint: „IPCC science doesn't in fact support such claims" (West 2023, 96) Ich meine, teils ja, teils nein.
230 https://letztegeneration.org/wer-wir-sind/
231 https://tkp.at/2023/09/15/demobilanz-klimabewegung-und-klassenfrage/

Der intolerante und hysterisch rechthaberische Habitus der Klimabewegung dokumentierte sich erneut, als es Greta Thunberg wagte, sich Ende 2023 mit den PalästinenserInnen zu solidarisieren. Nach kurzer Schockstarre reagierten die *Fridays-for-Future*-Gruppen auf ihr vormaliges Idol so, wie sie auf ihren Pappkameraden Klimawandelleugner reagieren, nämlich mit gehässiger Kritik, Denunziation und Abscheu. Es ist wohl sonnenklar, dass das Thema Klimawandel und das Thema des Konflikts zwischen Israel und Palästina von der Sache her nichts gemeinsam hat. Das Gemeinsame ist die Hybris der KlimaaktivistInnen, eine makellose Bewegung der Wahrhaftigkeit zu sein.

Religiöse FanatikerInnen fragen nicht nach dem Erfolg ihres Engagements. Man muss Zeugnis ablegen, wie immer auch die Welt darauf regiert. Dieses Muster findet sich auch innerhalb der Klimabewegung. So erklärt sich auch die seltsame Gleichgültigkeit gegenüber der politischen Erfolglosigkeit der Aktionen. Ob das Anschütten von Gemälden mit Farbe oder das Festkleben auf der Straße – was haben diese Aktionen tatsächlich bewirkt? Diejenigen, die das Narrativ teilen, solidarisierten sich, viele andere, auch vage Sympathisierende, schüttelten eher den Kopf. Drastisch trat die Erfolglosigkeit dieser Aktivitäten bei der Abstimmung am 26. März 2023 in Berlin zutage. Berlin ist eine Hochburg des Klimaaktivismus. Es ging um die Frage, ob die Stadt bereits 2030 klimaneutral werden solle. Der Entscheid wurde von den Befürwortern mit großem Pomp vorbereitet, Demo und Konzert inklusive.[232] »Der Klima-Volksentscheid am kommenden Sonntag in Berlin hat das Rekord-Budget von 1,2 Millionen Euro und veranstaltet damit eine wahre Materialschlacht in der Hauptstadt.«[233] Das Ergebnis war ein Desaster. Obwohl die Abstimmung mit 51 % gewonnen wurde, nahmen nur etwas über 18 % daran teil, damit war sie ungültig, 25 % wären mindestens notwendig gewesen. Wenn es also das Ziel der diversen Aktivitäten sein soll, die Bevölkerung für die Notwendigkeit einer radikalen Wende zu sensibilisieren, dann ist zumindest in Berlin dieses Ziel gründlich verfehlt worden. Nun sagt die schwache Beteiligung bei dieser Volksabstimmung an sich nichts über die Berechtigung der Anliegen aus, aber sie sagt etwas über das Scheitern der diversen Schütt- und Klebeaktionen aus. Nicht wenige, auch der

---

232 https://www.telepolis.de/features/Klima-Volksentscheid-Die-Panik-fossiler-Lobbys-vor-der-Energiewende-7758062.html?seite=all
233 https://www.nachdenkseiten.de/?p=95365

Klimabewegung Wohlgesonnene, halten diese Aktivitäten sogar für kontraproduktiv. Doch das Märtyrertum ist inhärenter Bestandteil der Kultur der Klimapanikbewegung. Die Gesinnung muss dokumentiert, die Überzeugung auch gegen alle Widrigkeiten manifest gemacht werden. Dass dieses Märtyrertum und die damit verbundenen Risiken so gewaltig nicht sind, steht auf einem anderem Blatt. Die Häme über Erholungsflüge nach Bali[234] und den Millionen Unterstützungsgeldern insbesondere aus den USA für die AktivistInnen ist eher hinderlich, will man die eigentliche Gesinnung wirklich verstehen. Es geht um die nicht ruhende Anklage gegen Lippenbekenntnisse und halbherzige Maßnahmen. Dieses Beharren darauf, dass »sie« es nicht ernst meinen, ist aus Sicht der Klimakirche für ihre Existenzberechtigung bitter notwendig. In fast verschwörerischem Gestus wird das Übel mit den fossilen Konzernen identifiziert. Aber das sind nicht alle. »Sie«, das ist letztlich die gesamte ältere Generation.

Generationen

Die Figur Greta Thunberg ermöglicht der Panikkultur eine wichtige, spezifische Prägung, nämlich die Identität einer erkennenden und rebellischen Generation. Dass Thunberg sehr jung ist, ist von herausragender Bedeutung. Mit der Galionsfigur Thunberg konnte das Klimathema in einen Generationskonflikt überführt werden. Die junge Frau verkörpert nicht nur authentisch die Panik und Angst vor dem Ende der bewohnbaren Welt. Bei aller Inszenierung, ihre Empörung ist wahrhaftig. Zudem ist sie jung, aber reif genug, zu erkennen. Wäre Greta Thunberg ein 16-jähriger Bursche, hätte das Stück nicht funktioniert. Dass Mädchen in diesem Alter den Buben an Reife überlegen sind, zählt zu den Banalitäten der Entwicklungspsychologie. Sie vertritt somit nicht nur authentisch die Sorge um die Welt, sie vertritt auch ihre Generation. Das ist elementar. Mit Al Gore als Leitfigur wäre es nicht denkbar, dass sich die junge Generation gegen die müden, zögerlichen und halbherzigen Alten erhebt. Die Überführung des Klimathemas in einen Generationskonflikt ist ein Geniestreich. Es ist die Folie, die verstehen lässt, warum die UNO, die EU, die diversen Regierungen trotz aller

---

234 Zwei Aktivistinnen wurde nachgewiesen, mit dem Flugzeug nach Bali auf Urlaub geflogen zu sein.

Bekenntnisse nur halbherzig und völlig unzureichend auf die Krise reagieren. Die Generationsthese schafft Raum für absurde Erklärungen wie jene, dass der Klimawandel die vorhergehenden Generationen nicht mehr betreffen wird, so, als hätten sie keine Kinder und Enkelkinder, um die sie sich sorgen.

Die Art und Weise, wie hier der Generationsbegriff verwendet wird, unterläuft alle sozialwissenschaftlichen Standards. Der Begriff der Generation macht Sinn, wenn er auf gemeinsam erlebte welthistorische Ereignisse verweist. Es gab eine Kriegsgeneration, eine Nachkriegsgeneration, es gab eine Generation, die die 68er-Bewegung miterlebte, die Generation des deutschen Wirtschaftswunders, die Internetgeneration. Generation besagt jedoch keinesfalls, dass in gleicher Weise auf die Verhältnisse reagiert wurde, dass sich deswegen der Unterschied zwischen Herrschaft und Beherrschten, zwischen Chefs und Untergebenen, zwischen Mann und Frau, zwischen MigrantInnen und Einheimischen einebnet – diese Liste ließe sich sehr lange fortsetzen. Die Kultur der Klimapanik jedoch schafft mit dem Generationsbegriff ein dumpfes »ihr« und setzt es einem einhelligen »wir« entgegen. Die vorhergehende Generation hätte das kommende Desaster verschuldet. Der bequemen und uneinsichtigen alten Generation wird ein »wir«, eine wache und sich der Verantwortung bewusste Generation gegenübergestellt. An diesem Missbrauch des Generationsbegriffs stimmt nichts. Weder agierte die vorangegangene Generation in dieser unterstellten einheitlichen Weise, noch bekennt sich die junge Generation durchgehend zu den Werten und den Sichtweisen der Klimabewegung. Ob es die Mehrheit oder die überwiegende Mehrheit ist, denen diese Anliegen völlig egal sind, sei dahingestellt. In bestimmten Szenen mag die Panikkultur dominieren, in anderen sicher nicht. Dass im Tagesjournalismus gegen diese Verwendung des Generationsbegriff nicht protestiert wird, ist noch nachzuvollziehen – aber dass in linken, sozialphilosophisch informierten Kreisen dieser Unfug schweigend zur Kenntnis genommen wird, ist bezeichnend.

Der Generationsbegriff ermöglicht es der Klimabewegung, sich als Kreuzzug zu verstehen. Wer dabei ist, vertritt diese Anliegen, auch wenn man wie die Beraterin und Vertraute von Greta Thunberg, Janine O'Keeffe, Jahrgang 1965 ist. Es hat schon seine Logik: Wenn ich der felsenfesten Meinung bin, die Erde steht vor dem Kollaps und die vorhergehende Generation produziere außer Lippenbekenntnissen wenig, dann liegt die Last der Aufklärung auf den Schultern der jungen Generation. Dem strukturell religiösen Charakter der Bewegung entspricht die strukturell religiöse Form der Aktivität: der Kreuzzug. Wir sind Zeugen eines Kreuzzuges, genauer eines Kinderkreuzzuges. Auch die historischen Kinderkreuzzüge waren keinesfalls Aufbrüche von alleingelassenen Kindern nach Jerusalem, Kinder nahmen gemeinsam mit Erwachsenen an den Kreuzzügen teil, da sie mit ihrer Unschuld den Segen Gottes eher bewirken könnten, als wenn Erwachsene alleine unterwegs wären. Eine aktuelle Form eines Kinderkreuzzuges sind die Klagen, die im Namen von Jugendlichen, aber auch von Kindern bei Gericht eingereicht werden. Hier zwei Beispiele aus Österreich und Portugal. »Die fünf- bis sechzehnjährigen Kläger*innen berufen sich auf ihre Kinderrechte. (…) Anwältin Michaela Krömer vertritt die Kinder vor dem [österreichischen] Verfassungsgerichtshof.«[235] »Cláudia Agostinho, ihre zwei Geschwister Martim und Mariana sowie die drei Freunde Catarina, Sofia und André im Alter zwischen acht und 20 Jahren sind angetreten gegen die Regierungen von 33 europäischen Staaten. Sie wollen vor dem Europäischen Gerichtshof für Menschenrechte (EGMR) wirksame Maßnahmen gegen den Klimawandel durchsetzen.«[236] Statt von Missbrauch zu sprechen, wird die Instrumentalisierung von Kindern gefeiert. Sie als KlägerInnen für Themen auftreten zu lassen, die sie nicht beurteilen können, zählt zu den Niederungen des öffentlichen Klimadiskurses.

Eine Win-Win-Situation

Wichtig für den Panikdiskurs ist die Achse zwischen den AktivistInnen und kleinen Teilen der wissenschaftlichen Szenen. Es ist wohl ein Gemeinplatz, dass auch WissenschaftlerInnen nicht außerhalb oder jenseits ihrer Gesellschaft agieren, steht doch die Wissenschaft insgesamt unter dem Einfluss einer Kultur, die sie teilweise ja selbst mitgeschaffen hat. Auch WissenschaftlerInnen haben die unterschiedlichsten politischen und religiösen Überzeugungen. Es gibt unter ihnen Atheisten, aber auch fanatische Gläubige, rabiate Nationalisten, Rassisten, aber auch Menschen mit links orientierten, marxistischen Ideen, und zwar unabhängig von ihrem Fach und ihrer Qualifikation.

---

235 https://www.ots.at/presseaussendung/OTS_20230221_OTS0008/neue-klimaklage-zwoelf-kinder-und-jugendliche-klagen-beim-verfassungsgerichtshof-gegen-das-unzureichende-klimaschutzgesetz
236 https://www.sueddeutsche.de/politik/klimawandel-portugal-jugendliche-klage-1.5245950

Das ist wahrlich keine besonders originelle, neue Erkenntnis, aber wir dürfen dies auch bei der Klimafrage nicht einfach vergessen. Natürlich spielen weltanschauliche, politische und soziale Überzeugungen und Werte auch in der wissenschaftlichen Klimaszene für die jeweilige Positionierung eine bedeutende Rolle. Hinzu tritt auch die individuelle Disposition, sucht man das Licht der Öffentlichkeit oder scheut man es lieber? Versteht man die eigene wissenschaftliche Karriere als Sprungbrett in die große Politik oder will man lieber innerhalb des wissenschaftlichen Diskurses verbleiben?

Hans von Storch hat die unterschiedlichen Reaktionen der WissenschaftlerInnen auf die öffentliche Debatte um das Klima mit Rekurs auf Roger A. Pielke jr. thematisiert. (von Storch 2023, 159f) Vereinfacht gesagt gibt es den Typus, der einfach Wissenschaft betreibt und sich aus öffentlichen Debatten heraushält, dann gibt es jene, die eine kritische und deeskalierende Stimme erheben und damit den Konflikt mit der AktivistInnenszene riskieren, mit all den bekannten Folgen. Und dann gibt es jene Gruppen, die dieser Szene zuarbeiten und von ihr als *die Wissenschaft* hofiert werden. Diese Rolle spielt in Deutschland unter anderem das *Potsdam-Institut für Klimafolgenforschung*. Eine Win-Win-Situation für beide Seiten, die Panikkultur bestätigt den dortigen AkteurInnen ihre herausragende Wissenschaftlichkeit, die WissenschaftlerInnen den AktivistInnen die Berechtigung ihrer Sorge und Panik.

Wie reagiert die große Politik?

Wie reagieren Mächtige, warum lassen sie sich von einem Teenager in aller Öffentlichkeit wie kleine Schulbuben zusammenstauchen? Niemand kann bestreiten, dass Greta Thunberg[237] Tür und Tor geöffnet wurden. Sie durfte vor allen großen weltweiten Institutionen sprechen, vor der UNO, vor dem *Europäischen Parlament*, auf den Treffen des *World Economic Forum*. Warum hofierte die Leitpresse Greta Thunberg in geradezu schamlos offener Weise? Ich kenne kein Thema, bei dem Regierungen, die EU-Kommission, die UNO sowie die Leitmedien einer offen und eigentlich aggressiv vorgetragenen

---

237 Nach ihren Aussagen zum Massaker im Gaza-Streifen hat Greta Thunberg viel Kredit verspielt. Aber ich meine, ihre Zeit ist fast schon abgelaufen. Je älter sie wird, desto mehr erlischt das Faszinosum der psychisch beeinträchtigten, aber gerade deswegen so engagierten jungen Frau. Ich wünsche ihr jedenfalls, dass sie sich von der Last befreit, das Schicksal des Planeten auf ihren Schultern tragen zu müssen.

Kritik ähnlich den roten Teppich ausrollen. Ist das bei der Pandemie-Politik, beim Krieg in der Ukraine, bei den Gebarungen von Frontex, beim Zensurthema nur im Ansatz denkbar? Nein. Ist es bei spezifischen Themen denkbar, wie bei der Erhöhung des Rentenalters in Frankreich, bei der illegalen Folterhaft für Julian Assange, bei den Protesten gegen unbezahlbare Mieten? Nein. Im Gegenteil, die Reaktion ist Zensur, Unterdrückung und nicht zuletzt die Denunziation und Herabwürdigung jener, die diese Kritik aussprechen oder gar organisieren. Das Argument ist oftmals der Polizeiknüppel. Warum also beim Klimathema so anders? Weil dieser Panikdiskurs für die Herrschenden und Mächtigen dieser Welt funktional ist. Wohl sind die Forderungskataloge der KlimaaktivistInnen nicht einheitlich und oftmals mit Positionen angereichert, die sich nicht unmittelbar auf das Klima beziehen, aber dieses Thema steht stets im Mittelpunkt. Wegen all der anderen Themen und Forderungen hätte die Klimabewegung nie und nimmer jene Aufmerksamkeit, die ihr gesellschaftlich zuteil wird. Der kommende Green New Deal, der auf einen neuen Akkumulationszyklus des Kapitals abzielt, wird mit massiven Einschnitten in die Lebensqualität der Massen verbunden werden müssen. Der ideologische Legitimationsbedarf für die geplanten Maßnahmen ist gewaltig. Wie schön, dass es da junge und engagierte Menschen gibt, die bereitwillig als Flankendeckung agieren.

10. Die Informationslobbys und der 97%-Konsens

Die Anzahl der Institutionen, Lobbyorganisationen,[238] Plattformen, Blogs und Fake-News entlarvenden Internetseiten, die die Botschaft vom drohenden Untergang der Erde vermitteln, ist inzwischen unübersehbar. Die Bandbreite reicht von Organisationen, die Klimaaktivitäten unterstützen oder sie organisieren, direkt mit Industrieclustern verbundenen Vereinen bis zu Institutionen, die im Namen der Wissenschaft Presse und Medien mit den entsprechenden Informationen versorgen. Hinzu kommen die von der jeweiligen Bundesregierung und den Landesregierungen direkt oder indirekt betriebenen Informationsseiten. Auch die EU selbst schaltet sich inzwischen in die Informationsgestaltung ein. Und als ob die deutschsprachige Wikipedia nicht bereits höchst einseitig orientiert wäre, soll diese Enzyklopädie vollständig auf Kurs gebracht werden:

»Das Projekt mit dem Titel ›Improving communication of climate change knowledge through Wikipedia‹ (Verbesserung der Verbreitung von Wissen über den Klimawandel via Wikipedia) läuft seit Mitte 2022 und soll bis Mitte 2024 andauern. Wikipedia beschreibt es als ›eine Zusammenarbeit von Wikipedia-Editoren und inhaltlichen Experten bei SEI, dem IPCC und UNFCCC‹, also dem Stockholm Environment Institute, dem Weltklimarat und dem UN-Rahmenabkommen zum Klimawandel. Das SEI [Stockholm Environment Institute], das 1996 von der schwedischen Regierung gegründet wurde und unter anderem von den Regierungen Schwedens, Norwegens und Großbritanniens finanziert wird, managt das Programm.«[239]

---

238 oekoworld.com, klimafonds.gv.at, greenclimate.fund, skepticalscience.com, scientistrebellion.org, www.worldweatherattribution.org, correctiv.org, klimafakten.de, blog.wwf.de, sdglobal.org, caad.info, coveringclimatenow.org, www.helmholtz-klima.de, www.fjum-wien.at, www.klimafakten.de, cleanenergywire.org, europeanclimate.org, stiftung-mercator.de, klimax.online; das ist nur ein sehr kleiner Ausschnitt.
239 https://norberthaering.de/propaganda-zensur/wikipedia-klimawandel/

Eine weitere Institution, die im Hintergrund agiert, um Berichte und Positionen über das Klima zu kontrollieren und nach Möglichkeit zu zensurieren, ist das *Institute for Strategic Dialogue* (ISD).[240]

»Getreu der offenkundig beim ISD geltenden Definition fällt alles, was gegen die Politik der Regierenden gerichtet ist und den von diesen propagierten Narrativen widerspricht, unter mindestens einen der Begriffe Extremismus, Hass, Populismus oder Polarisierung. Folgerichtig hat das ISD nach dem Corona-›Extremismus‹ nun auch den Klima-›Extremismus‹ zum neuen Betätigungsfeld erkoren bzw. es wurde als Partner und Koordinator der Regierungen auserkoren.«[241] Das ISD[242] arbeitet mit einer großen Anzahl von »Partnern« zusammen, und so ergibt sich ein ausuferndes Geflecht von teils staatlichen, teils privaten Institutionen wie *Greenpeace, Unearthed, European Climate Foundation,* und *DeSmog.* »Zu den Mitteln dieses Kampfes gegen abweichende Meinungen gehört zuvorderst Zensur in ihren verschiedenen Erscheinungsformen. Denn eben dieses ISD koordiniert ja im Rahmen des von der Bundesregierung finanzierten *Digital Policy Lab* auf welche Weise und mit welcher Intensität die Regierungen Druck auf die Plattformbetreiber und IT-Dienstleister machen.«[243]

Da das *Institute for Strategic Dialogue* auch direkt mit staatlichen Stellen kooperiert und insgesamt 36 staatliche Institutionen als Partner anführt, wird im Kontakt mit den sogenannten NGOs nochmals die »diffus definierte Gruppe oder Organisation namens *Climate Action Against Disinformation* (CAAD)«[244] dazwischen geschaltet. Es soll ja nicht so aussehen, als ob staatliche Stellen direkt intervenieren würden.

---

240 https://www.isdglobal.org/about/
241 https://norberthaering.de/propaganda-zensur/isd-klima/
242 Beeindruckend sind auch die das ISD unterstützenden Organisationen: Bill & Melinda Gates Foundation, British Council, Children‹s Investment Fund Foundation (CIFF), Europäisches Forum Alpbach, Gemeinnützige Hertie Stiftung, Gen Next Foundation, Hirondelle Foundation, International Republican Institute (IRI), Mercator Stiftung Germany, Mercator Stiftung Switzerland, National Democratic Institute, Omidyar Group, Open Society Foundations, Robert Bosch Stiftung, United States Institute for Peace, Judith Neilson Institute, Audible, Facebook, GIFCT, Google, Google.org, Jigsaw, Microsoft, Spotify Safety Advisory Council, YouTube. (Quelle: https://www.isdglobal.org/partnerships-and-funders/)
243 https://norberthaering.de/propaganda-zensur/isd-klima/
244 https://norberthaering.de/propaganda-zensur/isd-klima/

Die World Weather Attribution Initiative

Eine Institution scheint inzwischen besondere Bedeutung gewonnen zu haben, die *World Weather Attribution Initiative* (WWA). Ihre Spezialität ist die Attribution von Wetterereignissen. Attribution bedeutet schlicht und einfach Zuschreibung und ist von Anbeginn der Klimaforschung die selbst gestellte Aufgabe. Klima ist, wie mit Hans von Storch gesagt werden kann, die Statistik des Wetters. Aus den Datenreihen des Wetters können Klimatrends abgeleitet werden. Attribution bezieht sich auf die Vergangenheit, auf die Interpretation längerer statistischer Datenreihen.

Die *World Weather Attribution Initiative* hat jedoch ein neues, sehr spezifisches Verständnis von Attribution entwickelt. Tatsächlich behauptet diese Institution Wetterereignisse noch während sie sich vollziehen einordnen zu können, nämlich ob und in welchem Ausmaß sie dem Klimawandel zuzuordnen sind. »Die Folgen der Klimakrise machten sich jüngst auch mittels Hitzewellen in den USA, Europa und China bemerkbar – die heftigen Hitzewellen in Europa, den USA und China wären ohne den menschengemachten Klimawandel ›praktisch unmöglich‹, ging aus einer Schnellanalyse von Wissenschaftlerinnen und Wissenschaftlern des Forschungsnetzwerks *World Weather Attribution* (WWA) kürzlich hervor.«[245] Unmissverständlich wird auf der Webseite dieser Initiative konstatiert: »Die meisten Studien werden rasch nach extremen Wetterereignissen durchgeführt – oder sogar noch während sie stattfinden –, um die immer häufiger gestellte Frage zu beantworten: ›Welche Rolle spielte der Klimawandel bei diesem Ereignis?‹«[246] Die Schnellanalyse zeige also: Es sei der menschengemachte Klimawandel, der für Unwetter verantwortlich sei. Und die englischsprachige Wikipedia-Seite betont, »Das Projekt ist darauf spezialisiert, Berichte schnell zu erstellen, solange die Nachrichten über das Ereignis noch frisch sind.«[247] Die *World Weather Attribution* wurde 2015 von Dr. Friederike Otto und Dr. Geert Jan van Oldenborgh gegründet. Friederike Otto arbeitet jedoch nicht nur führend in der *World Weather Attribution*, sie ist ebenso im *Imperial College London* engagiert, das während der Pandemie mit wahnwitzigen Voraussagen

---

245 https://orf.at/stories/3326352/
246 https://www.worldweatherattribution.org/
247 https://en.wikipedia.org/wiki/World_Weather_Attribution

aufgefallen ist. Auf der Seite *www.klimareporter.de* heißt es vollmundig: »Die Attributionsforschung kann heute in wenigen Tagen sagen, welchen Anteil der Klimawandel an einem extremen Wetterereignis hat.«[248] Weiters wird behauptet, die spezifische Verwendung der Methode der Attributionsforschung sei anerkannt. Als Begründung wird angeführt, weil »Friederike Otto und Geert Jan van Oldenborgh (…) auf der Liste der 100 in diesem Jahr einflussreichsten Menschen des US-Nachrichtenmagazins *Time* stehen.«[249] Wer also auf der Liste vom *Time*-Magazin aufscheint, dessen Methode ist wissenschaftlich anerkannt? Ein seltsamer Beweis. Dieser Hinweis scheint mir jedenfalls aussagekräftiger: Im Herausgeberrat von *www.klimareporter.de* findet sich auch der Name Prof. Friederike Otto, die auch zahlreiche Artikel für die Plattform verfasst.

Mit dem, was ich über die Klimaforschung gelernt habe, lässt sich dieses Verfahren nicht vereinbaren. Wie ich im Abschnitt *Extreme Wetterereignisse* ja dokumentiert habe, ist es statistisch sehr schwierig, überhaupt eine Häufung von extremen Wetterereignissen zu dokumentieren. Genauso gelingt es nicht, sich über vergangene Temperaturreihen zu einigen, die Debatte ist immer noch virulent. Selbst beim IPCC engagierte AutorInnen sind der Meinung, science is not settled. Im Grunde ist das Problem der Attribution, also der Zuschreibung, selbst auf Basis langer statistischer Reihenuntersuchung grundsätzlich nicht vollständig gelöst. Welchen Anteil hat die Klimasensitivität der Treibhausgase tatsächlich an der Erderwärmung, welchen die Sonne? Welche Rolle spielen die Ozeanischen Oszillationen, insbesondere bezogen auf temporäre Erwärmungen der Meere? Wie ist der Einfluss von El Niño einzuschätzen und von anderen Faktoren abzugrenzen? Jedes einzelne Wetterereignis kann nur ein Datensatz in der Statistik des Klimas sein. Das ist das Prinzip der Klimaforschung. Die Methode von *World Weather Attribution* bricht mit diesem Prinzip.

Dass die Presseaussendungen von *World Weather Attribution* mit Begeisterung aufgenommen werden, überrascht nicht. Endlich wird dem Publikum die unmittelbare sinnliche Gewissheit des Klimawandels vorgeführt. Denn empirisch ist der weltweite Klimawandel nicht unmittelbar erfahrbar. So

---

248 https://www.klimareporter.de/erdsystem/hitzewellen-werden-zur-gefaehrlichen-normalitaet
249 https://www.klimareporter.de/erdsystem/klimaforscherinnen-auf-time-liste-der-100-einflussreichsten-personen

sind zum Beispiel jährliche durchschnittliche Erwärmungsraten in Europa von zirka 0,02 Grad nicht zu fühlen. Wohl kommt etwa in Mitteleuropa die Erderwärmung zu Bewusstsein, wenn man die heutigen Temperaturen mit jenen vor Jahrzehnten vergleicht. Damals konnte man im Winter in Wien Skifahren, heute ist es nicht mehr möglich. *World Weather Attribution* befriedigt das Bedürfnis nach Unmittelbarkeit und durchforstet zu diesem Zweck die Welt auf der Suche nach Extremwetterereignissen. Diese werden journalistisch präsentiert und ermöglichen so den Leitmedien die entsprechenden Artikel und Kurzmeldungen. »Die WWA gibt zu jeder Studie eine Medienmitteilung heraus und veranstaltet ein Pressegespräch.«[250] Das Bedürfnis nach Unmittelbarkeit ist schon deswegen elementar, da es jedes komplexe Argument durch »das sieht man doch« ersetzt.

Auf der Seite der *World Weather Attribution* findet sich in zwölf Sprachen auch ein Leitfaden für Medienberichterstattung. Die deutschsprachige Version wurde von Özden Terli, Wettermoderator des *ZDF*, verfasst. Auf den ersten Blick beinhaltet dieser Leitfaden übliche Falschaussagen und sehr einseitige Darstellungen. So behauptet Terli »dass das Klima, (…) die letzten Jahrtausende – seit der letzten Eiszeit – stabil war«. Dass das Klima seit Jahrtausenden (!) stabil gewesen sein soll, ist eine wahrhaft kühne Aussage. Hier wird die Hockey-Stick-Theorie gleich um Jahrtausende in die Vergangenheit verlängert, obwohl sie nur den Anspruch hatte, die Temperaturen der letzten 2000 Jahre zu rekonstruieren. Der Autor beschwört etwas, was es nie gab und nie geben kann: »Nur ein stabiles Klima ermöglicht uns so zu existieren, wie wir es bisher kannten.«[251] Die »richtigen« Temperaturen für ein stabiles Klima sind offenbar jene am Ende der Kleinen Eiszeit. Die Natur selbst scheint keine Klimaänderungen zu bewirken, zumindest seit »Jahrtausenden«. Daher zögert der *ZDF*-Moderator auch nicht, die Flut 2021 im Ahrtal selbstverständlich als ausschließliche Folge des Klimawandels darzustellen und ärgert sich über den Auftritt eines »Kritikers« im Fernsehen, der dies bezweifelte. Meint Özden Terli gar Hans von Storch? Dieser verneint jedenfalls, dass »die Schäden vor Ort selbst vor allem durch den

---

250 https://www.worldweatherattribution.org/reporting-extreme-weather-and-climate-change-a-guide-for-journalists/
251 https://www.worldweatherattribution.org/wp-content/uploads/DE_WWA-Uber-xtremwetter-und-den-Klimawandel-berichten.pdf

Klimawandel zu erklären sind.« (von Storch 2023, 146) In diesem Stil geht es im Leitfaden weiter: In einer Art Zusammenfassung wird unter der Rubrik »Wichtig für die Berichterstattung« den journalistischen KollegInnen zu folgenden Aussagen bezüglich der Hitzewellen geraten: »Seien Sie nicht zu vorsichtig – Hitzewellen werden eindeutig durch die Erderwärmung beeinflusst.« Diese Aussage ist natürlich eine Tautologie, dass Hitzewellen durch die Erderwärmung beeinflusst werden, ist trivial. Aber keine Hitzewelle besagt etwas über die Gründe der Erderwärmung. Ich gehe deshalb länger auf diesen Leitfaden ein, weil mich einige Aussagen wirklich erstaunt haben. In einer Passage nimmt Özden Terli plötzlich zurück, was zum A und O der Panikberichterstattung zählt.

Aber lesen Sie selbst: »Über die Änderungen beim Schneefall gibt es noch sehr wenige sichere Erkenntnisse (...) Dürren sind sehr komplexe und vielgestaltige Phänomene, wissenschaftlich verlässliche Aussagen sind für sie deshalb schwer zu treffen.« Haben wir nicht hundertmal das Gegenteil gelesen? Und zu den Bränden finden wir folgende Aussage: »Für viele Weltregionen liegen nur wenige verlässliche Daten zu Waldbränden vor, Aussagen zum Zusammenhang mit dem Klimawandel sind deshalb sehr schwierig.« Daten zu den Bränden gibt es weltweit sehr wohl, ich habe sie im Kapitel *Extreme Wetterereignisse* zitiert. Aber immerhin, der Zusammenhang mit dem Klimawandel kann laut Terli nicht unmittelbar hergestellt werden. Ein permanenter Anstieg der Brände wird von Özden Terli verneint. Wirklich verblüfft hat mich aber folgender Hinweis: »Es gibt keinen generellen Anstieg der Zahl von Wirbelstürmen. Intensität und Windgeschwindigkeiten einzelner Wirbelstürme können momentan nicht sicher mit der Erderwärmung in Verbindung gebracht werden.«[252] Steht in 97 %[253] der Klimaberichterstattung nicht etwas anderes?

Coveringclimatenow.org

Auf der Seite *coveringclimatenow.org* wird exakt das Gegenteil von dem behauptet, was Özden Terli zu den Wirbelstürmen und Regenfällen ausführt. »Der vom Menschen verursachte Klimawandel führt dazu, dass extreme

---

252 https://www.worldweatherattribution.org/wp-content/uploads/DE_WWA-Uber-xtremwetter-und-den-Klimawandel-berichten.pdf
253 Das ist natürlich eine Anspielung, die Auflösung steht weiter unten.

Wetterereignisse und ihre Auswirkungen häufiger und intensiver werden. Beispiele hierfür sind mehr übermäßige Hitze, längere und häufigere Dürren, sich schneller verstärkende Hurrikane und stärkere Regenfälle. Bei der Berichterstattung über extreme Wetterereignisse ist es wichtig, den Zusammenhang mit dem Klima zu erklären, damit die Zuschauer verstehen, wie die Erwärmung des Planeten ihr Leben verändert.«[254] Die in New York beheimatete Seite ist hoch professionell gemacht und die Anzahl der Partner und Unterstützer so lange, dass sie in verschiedene Rubriken unterteilt aufgelistet wird.[255]

Die Seite ist weiters gespickt mit Links, Blaupausen für die Berichterstattung, Beispiele für richtigen Klimajournalismus, Kurzargumentationen wie »Why 1,5 Degrees C is so important«, die quasi zum Abschreiben bereitgestellt werden und ein Verweis auf *World Weather Attribution*[256] darf nicht fehlen. Das nimmt nicht Wunder. Der Wunderbegriff Attribution steht auch bei *coveringclimatenow.org* im Zentrum. »Mithilfe der Attributionswissenschaft sind Wissenschaftler zunehmend in der Lage, die Größe der Fingerabdrücke des Klimawandels bei einem bestimmten extremen Wetterereignis zu ermitteln. Laut Wissenschaftlern wurde beispielsweise die tödliche Hitzewelle in Indien im Jahr 2022 aufgrund des Klimawandels um das Hundertfache wahrscheinlicher.«[257] Wie man sieht, besonders zimperlich ist diese Seite nicht in ihren Superlativen, um das Hundertfache wahrscheinlicher wird hinausposaunt.

Es finden sich, einstellbar in verschiedenen Sprachen, detaillierte Anleitungen, wie Artikel über das Klima zu verfassen sind. Und vor allem, kein Fußbreit den Leugnern: »Die Organisation von Klimaleugnern in dem Bemühen, unsere Berichterstattung ›ausgewogen‹ zu machen, führt nicht nur die Öffentlichkeit in die Irre, sondern ist auch unzutreffend. Im Jahr 2023 gibt es einfach kein gutes Argument gegen die Klimawissenschaft. Und wenn man die Wissenschaft akzeptiert, kann man die Notwendigkeit eines schnellen, energischen Handelns nicht leugnen. Geschichten oder Kommentare, die

---

254 https://coveringclimatenow.org/resource/your-guide-to-making-the-climate-connection/
255 Neben »Television & Multimedia«,« Radio & Podcasts«, »Newspapers«, »Magazines«, »Journals and Digital News Sites« finden sich auch zahllose Institutionen.
256 https://coveringclimatenow.org/resource/your-guide-to-making-the-climate-connection/#
257 https://coveringclimatenow.org/resource/your-guide-to-making-the-climate-connection/#

den wissenschaftlichen Konsens bestreiten oder Klimaaktivismus lächerlich machen, gehören nicht in Nachrichtenagenturen.«[258] Offen wird aufgefordert, den Klimawandel mit allen nur denkbaren Themen in Verbindung zu bringen: »Ganz gleich, was Ihr Spezialgebiet ist – Politik, Wirtschaft, Gesundheit, Wohnen, Bildung, Ernährung, nationale Sicherheit, Unterhaltung, Sport, was auch immer – es gibt starke Klimazusammenhänge, die es hervorzuheben gilt.« Diese Anweisung ist für den herrschenden Klimadiskurs symptomatisch. Niemand stellt in Abrede, dass der Klimawandel *auch* Probleme verursacht. Aber alle, wahrlich alle Problematiken der Gesellschaft dem Klimawandel zuzuschreiben, diese Volte ist für den Panikdiskurs zentral und unverzichtbar. Auf einer weiteren Seite werden die Themen Gleichheit und Gerechtigkeit, Politik und Regierung, Wirtschaft und Business, Technologien und Praktiken, Zivilgesellschaft sowie Kultur unter dem Aspekt thematisiert, wie im Sinne des Klimawandels darüber zu berichten sei. Diese Sichtweise ist ein herausragendes Merkmal des Alarmismus. Alles soll unmittelbar mit dem Klimawandel zusammenhängen. Not, Hunger, Kriege und Elend – der Klimawandel ist mitverantwortlich; wirtschaftliche Krise und exorbitante Preissteigerungen – der Klimawandel ist Mitursache; Krankheiten und unzureichende medizinische Versorgung – der Klimawandel ist mitschuldig; Obdachlosigkeit, schlechte Schulen und fehlende Ausbildungsmöglichkeiten, Drogenmissbrauch und Kriminalität, zusammenbrechende Stromversorgung, *coveringclimatenow.org* zeigt Beispiele und gibt Hinweise, wie diese Themen mit dem Klimawandel zu verknüpfen sind. Vor allem die Prophezeiung, mit steigenden Welttemperaturen werden sich alle diese Probleme verschärfen, ist die wichtigste rhetorische Figur des Panikdiskurses.

Welche irrwitzigen Formen die Verbindung von drängenden Problemen mit dem Klimawandel hervorbringt, zeigt unter anderem die Seite von *Amnesty International Österreich*. Unter der Rubrik »Recht auf Wohnen« wird folgende Aussage getätigt: »Wir alle haben ein Recht auf einen angemessenen Lebensstandard für uns und unsere Familien, einschließlich einer angemessenen Wohnung. Die Klimakrise bedroht unser Recht auf Wohnen jedoch auf vielfältige Weise. Extremwetterereignisse wie Überschwemmungen und

---

258 https://coveringclimatenow.org/resource/climate-reporting-best-practices/

Waldbrände zerstören bereits jetzt die Häuser der Menschen und führen zu deren Vertreibung.«[259] Es ist schwierig, nicht zynisch zu werden. Die weltweit Millionen Obdachlosen, die weltweit Abermillionen Menschen, die in Slums leben, sie alle haben wegen Waldbränden und Überschwemmungen ihr Dach über dem Kopf verloren? Das Recht auf Wohnen wird durch exorbitante Mieten, unerschwingliche Kaufpreise und systematische Vertreibung durch Mächtige und skrupellose Landbesitzer seit Jahrhunderten mit Füßen getreten. Gerade *Amnesty International* müsste das wissen. Niemand, wahrlich niemand wurde wegen Waldbränden und Überschwemmungen dauerhaft obdachlos, es sei denn, es war der letzte Mosaikstein in einer prekären ökonomischen und sozialen Situation. *Amnesty International* behauptet weiters, dass der Klimawandel das Potenzial hat, »die größte Menschenrechtsverletzung zwischen Generationen in der Geschichte zu werden.«[260] So wird auch der Begriff der Verletzung von Menschenrechten völlig entleert und willkürliche Verhaftungen, Folter und Mord durch herrschende Regime mit zu laschen Maßnahmen gegen die CO_2-Emissionen in einen Topf geworfen.

Klimajournalismus.at, klimajournalismus.de

Mit der offensichtlich üppig finanzierten und die Botschaft hochprofessionell in epischer Breite darstellenden Seite *coveringclimatenow.org* können andere Seiten wie *klimajournalismus.at*, *klimajournalismus.de* oder *klimafakten.de* nicht mithalten. Dass wir auf diesen Seiten bereits bekannte Namen und Institutionen finden, überrascht nicht. Auf *klimajournalismus.at* informiert unter anderem Stefan Rahmstorf zum Thema »Kipppunkte im Klimasystem, wie ordne ich sie richtig ein?«[261] Der Link auf *World Weather Attribution* fehlt ebenso wenig wie jener auf *klimafakten.de*, in deren wissenschaftlichem Beirat wiederum unter anderem Stefan Rahmstorf und Friederike Otto aktiv sind. Insbesondere *klimafakten.de* bleibt hinter dem Niveau von *coveringclimatenow.org* klar zurück. Obwohl auch *coveringclimatenow.org* mit kräftigen

---

259 https://www.amnesty.at/themen/klimawandel-und-menschenrechte/klimakrise-und-menschenrechte-der-klimawandel-und-seine-folgen-fuer-die-menschen/
260 https://www.amnesty.at/themen/klimawandel-und-menschenrechte/klimakrise-und-menschenrechte-der-klimawandel-und-seine-folgen-fuer-die-menschen/
261 https://www.klimajournalismus.at/5vor12-klima-briefing/

Aussagen nicht spart, so werden doch offensichtlich unhaltbare Aussagen eher vermieden. *Klimafakten.de* hingegen ist sich nicht zu schade, sogar den Unsinn mit den Eisbären aufzuwärmen.[262] Die Seite ist offenbar ein Eldorado der Klimapanik-Fraktion. Und dass die Hockey-Schläger-Kurve verteidigt wird, überrascht auch nicht weiter. Der Eintrag zum Hockeyschläger stammt überdies von John Cook, Psychologe und Autor der 97 %-These. Von ihm gibt es auch ein farbiges Poster im A2-Format, auf dem alle Hauptmethoden der »Klimaleugner« in Farbe entlarvt werden. Und dass zwei leitende Journalisten von *klimafakten.de* zugleich bei *cleanenergywire.org* tägig sind, eine Lobbyorganisation zur Unterstützung der Energiewende in Deutschland, überrascht auch nicht.

Flooding the Zone

Alle Statistiken, Untersuchungen und Berichte auf seriösen, wissenschaftlichen Seiten zeigen, dass die Anzahl der extremen Wetterereignisse seit Jahren nicht zugenommen hat. Waldbrände, Überschwemmungen, Dürreperioden und Wirbelstürme gab es schon immer. Nur wurde kaum darüber berichtet, das macht den Unterschied ums Ganze aus. Es wäre eine Aufgabe der Publizistik, den Anstieg der Artikel und Berichte zu extremen Klimaereignissen der letzten Jahrzehnte zu untersuchen. Ich tippe auf den Faktor Hundert. Die Menge an Informationen via Zeitungsartikeln, Internetseiten und Blogs ist zweifellos ein wichtiger Faktor für die Durchsetzung der Erzählung. Was man »überall« liest, kann ja doch nicht so falsch sein. Flooding the Zone nennt sich diese Methode, die bereits vor der Pandemie-Politik in Think Thanks und Planspielen geprobt wurde.[263]

Was relevant ist, das zeigen uns die Leitmedien. Und dies ist bei jedem Thema so, nicht nur beim Klima. Nur ein paar Beispiele: Solange die NATO und die USA das Kalkül verfolgten, das Assad-Regime in Syrien zu stürzen, wurden wir wöchentlich über die Gräueltaten dieser Regierung informiert

---

262 »Fakt ist: Der Klimawandel bedroht die Lebensgrundlagen von Eisbären – wie auch etliche andere Tierarten können sie sich nicht einfach auf ein verändertes Klima einstellen.« https://www.klimafakten.de/behauptungen/behauptung-die-zahl-der-eisbaeren-nimmt-trotz-klimawandel-zu

263 Linda Obermayr, René Bohnstingl und ich haben sie im Buch *Corona als gesellschaftliches Verhältnis. Brüche und Umwälzungen im kapitalistischen Herrschaftssystem* ausführlich analysiert.

und Weißhelme retteten kleine Mädchen vor den unmenschlichen Angriffen mit Giftgas. Nachdem aber offensichtlich einige weitsichtige Strategen im NATO-Hauptquartier erkannt haben, dass ein Sturz Assads dem Westen ein neues Afghanistan bescheren, also einen aggressiven, fundamentalistischen Islamismus an die Macht bringen würde, verstummten im Gleichklang mit der politischen Wende der USA und der NATO fast über Nacht die Berichte über Syrien. Gibt es dort heute überhaupt noch einen Bürgerkrieg? *ZDF*, *ARD* und der *ORF* schweigen.

Monatelang wurden wir auch darüber informiert, dass die Opposition gegen das korrupte und gewalttätige Regime in Venezuela nun geeint unter der Führung von Juan Guaidó agieren würde. Dieser selbst ernannte Interimspräsident wurde von zahlreichen Staaten und auch von der EU als legitimer Vertreter seines Volkes anerkannt und seine markigen Sprüche über den nahenden Zusammenbruch der Regierung in Caracas wurden mit großer Bereitschaft verbreitet. Dies ermöglichte diesem Herrn auch den Zugriff auf die Staatsvermögen des Landes. Doch plötzlich mediale Funkstille, Venezuela scheint von der Landkarte verschwunden zu sein und mit ihm Juan Guaidó.

Als letztes Beispiel sei Covid-19 genannt. Über zwei Jahre wurden wir rund um die Uhr mit Zahlen, Dashboards und Kennziffern überschüttet, und das, obwohl ab Mitte 2020 eigentlich klar war, dass das Virus an Gefährlichkeit verloren hatte und mit jeder Modifikation einer normalen Grippe immer ähnlicher wurde. Nach dem offensichtlichen Zusammenbruch des Narrativs, nachdem Regierungen eine große Aufarbeitung verkündet hatten, muss es fast den Anschein haben, als sei das Virus aus der Welt verschwunden. Das ist es aber nicht, auch im August 2023 befinden sich Menschen deswegen im Spital.[264] Mit jeder neuen, harmloseren Variante öffnete sich die Schere zwischen tatsächlicher Gefährdung und Intensität der Berichterstattung, bis das Thema in den Medien in die letzten Reihen verbannt wurde. Zaghafter Nachschlag wird versucht, so schnell gibt das Impfkartell nicht auf. Themen und die damit verbundene Aufmerksamkeit werden gemacht. Was als opportun erscheint, darüber wird berichtet, was möglicherweise zu kritischen Nachfragen anregt, verschwindet aus den Nachrichten.

---

264   https://orf.at/corona/daten/oesterreich

Und nochmals, es gibt keine signifikante Steigerung von Unwetterkatastrophen: »Im Jahr 2022 wurden weltweit 421 Naturkatastrophen registriert. Dieser Wert liegt leicht über dem Durchschnitt der vergangenen zwanzig Jahre. Die meisten Naturkatastrophen im untersuchten Zeitraum ereigneten sich im Jahr 2019: In diesem Jahr kam es zu 444 Naturkatastrophen.«[265]

Der 97 %-Konsens

Abschließend möchte ich auf den Mythos des 97 %-Konsenses bezüglich der Ursachen für den Klimawandel eingehen. Dieser Mythos stammt vom Australier John Cook, der nach einem Bachelor in Physik in verschiedenen Berufen tätig war, um im Jahre 2016 an der *School of Psychology* an der *University of Western Australia* im Fach Kognitionspsychologie zu promovieren. Bekannt wurde er mit der 2013 gemeinsam mit Dana Nuccitelli, Sarah A. Green, Mark Richardson, Bärbel Winkler, Rob Painting, Robert Way, Peter Jacobs und Andrew Skuce veröffentlichten Arbeit: *Quantifizierung des Konsenses über die vom Menschen verursachte globale Erwärmung in der wissenschaftlichen Literatur* (Quantifying the consensus on anthropogenic global warming in the scientific literature) (Cook et al. 2013). 2016 veröffentlichte er eine zweite Studie, die die Ergebnisse der ersten wiederholt. Darin wird die bekannte These vom 97 %-Konsens bezüglich des menschengemachten Klimawandels (*Anthropogenic Global Warming*, AWG abgekürzt) vertreten. Dass diese Arbeit mit großer Begeisterung bis heute gerne zitiert wird, sollte nicht überraschen. John Cook hat sich seitdem nur einem einzigen Thema gewidmet, der gnadenlosen Entlarvung der Leugner des menschenverursachten Klimawandels. Er ist auch Gründer des Blogs *skepticalscience.com*, eine Seite, die sich durch besondere Gehässigkeit auszeichnet.

Wie kamen Cook und Co. zu dem 97 %-Ergebnis? Sie lasen unter der Mithilfe von Freiwilligen die Zusammenfassungen von 11.944 wissenschaftlichen Arbeiten zum Klimathema. Dabei benutzten sie eine siebenteilige Skala, um die Positionen einteilen zu können. Die Kategorien lauten in der deutschen Übersetzung:

---

265 https://de.statista.com/statistik/daten/studie/249326/umfrage/anzahl-der-weltweiten-naturkatastrophen/

»1: Bestätigen explizit AGW (Anthropogenic Global Warming – menschengemachte globale Erwärmung) und ordnen dem Menschen mehr als 50 % Anteil am Klimawandel zu.
2: Bestätigen explizit menschengemachten Klimawandel, quantifizieren oder minimieren den Anteil jedoch nicht.
3: Bestätigen implizit menschengemachten Klimawandel (z. B. durch Erwähnung desselben).
4: Nehmen keine Position ein.
5: Minimieren oder lehnen den menschengemachten Klimawandel wenigstens implizit ab.
6: Minimieren oder lehnen den menschengemachten Klimawandel explizit ab, quantifizieren aber nicht den Anteil.
7: Minimieren oder lehnen den menschengemachten Klimawandel explizit ab und behaupten, der menschliche Anteil liegt unter 50 %.«[266]

Markus Fiedler hat sich die Mühe gemacht und die Originalstudie bezüglich der Zuordnung zu den sieben Kriterien durchforstet. Das Ergebnis ist verblüffend. Ich stelle den Zahlen eine Kurzfassung der Kriterien voran.

1: [bestätigen AGW, mit +50 %]   64 Arbeiten oder 0,54 %
2: [bestätigen AGW]   922 Arbeiten oder 7,72 %
3: [implizit bestätigt]   2910 Arbeiten oder 24,36 %
4: [keine Position]   7070 oder 66,73 %
5: [implizite Ablehnung der AGW]   54 Arbeiten oder 0,45 %
6: [explizite Ablehnung]   15 Arbeiten oder 0,13 %
7: [Anteil d. Menschen unter 50 %]   9 Arbeiten oder 0,08 %

Wie kommen nun Cook und Co. auf 97 %? Explizit wird der Anteil des Menschen gerade von 8,26 %, implizit von weiteren 24,36 % der Arbeiten bestätigt.

»Wenn man die Kategorien 1 bis 3 aus der wissenschaftlichen Veröffentlichung von Cook et al. zusammenfasst, ergeben sich hier in Summe

---

[266] https://markus-fiedler.de/2020/01/02/die-97-einigkeit-unter-wissenschaftlern-die-es-nie-gegeben-hat/, das englische Original ist auf dieser Webseite dokumentiert.

32,62 % aller wissenschaftlichen Arbeiten. Dieser Wert ist weit von 97 % entfernt. Jetzt kommt der gravierendste Kniff: Ähnlich wie bei der Bundestagswahl haben Cook et al. einfach die Enthaltungen aus der Rechnung herausgenommen. Das sind in diesem Fall alle Arbeiten in Kategorie 4 mit knapp 67 %. Durch diesen rechnerischen Taschenspielertrick bezogen sich die Ergebnisse nur noch auf ca. 33 % der Gesamtstichprobenmenge. Und dann steht am Ende die Aussage, dass die überwältigende Mehrheit (97 %) der Wissenschaftler einen menschengemachten Einfluss am Klima erkennt.«[267]

In der Tat liegt der Schlüssel zum gewünschten Ergebnis bei den 66,73 %. Aus diesen Papers war offensichtlich keine Position zum Anteil des Menschen am Klimawandel zu entnehmen. Cook und Co. blendeten diese Untersuchungen einfach aus. Auch der Autor Sébastien Point, der sich ausführlich mit dieser Arbeit beschäftigt hat, kommt zu einem fast identischen Ergebnis. »Im Jahr 2013 analysierten Cook und Kollegen 11.944 Arbeiten von 29.083 Autoren, die in 1980 wissenschaftlichen Zeitschriften veröffentlicht wurden. Sie stellten einen Konsens von 97 % fest. Wie kam dieser 97 %ige Konsens zustande?«[268] Von den 11.944 Papieren beziehen jedoch nur 33,6 %, das heißt 4014 Papiere, überhaupt Stellung zum Klimawandel. Von den 4014 Arbeiten sagen wiederum 3898 Papiere aus, der Klimawandel sei explizit vom Menschen verursacht. *So gesehen* kommt man zu einem 97,1 %-Konsens. »Aber was ist mit den restlichen 66,4 % (7930) der ausgewählten Arbeiten?«[269] Seriös berechnet müssten Cook und Co. von einem 32 %-Konsens ausgehen, den nur jene Arbeiten, sie sich überhaupt zum Klimawandel äußern, dürften doch in die Berechnung eingehen. Cook und Co. schlagen einfach die schweigende Mehrheit von 7930 Arbeiten dem Konsens zu, ganz nach dem Motto: Wer nicht explizit Stellung nimmt, bejaht ihn! Sébastien Point hat die Unlogik dieser Aufsätze auch eindrucksvoll grafisch umgesetzt:

---

267 https://markus-fiedler.de/2020/01/02/die-97-einigkeit-unter-wissenschaftlern-die-es-nie-gegeben-hat/
268 https://www.europeanscientist.com/en/features/100-consensus-on-the-anthropogenic-global-warming-a-skeptical-examination/
269 https://www.europeanscientist.com/en/features/100-consensus-on-the-anthropogenic-global-warming-a-skeptical-examination/

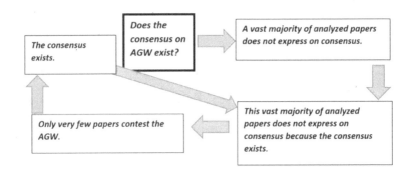

AWG bedeutet Anthropogenic Global Warming, also menschengemachte globale Erwärmung. (https://www.europeanscientist.com/en/features/100-consensus-on-the-anthropogenic-global-warming-a-skeptical-examination/)

Sébastien Point analysiert auch eine Studie von James Powell,[270] in dem gar ein 100 %-Konsens behauptet wird. Er benutzte die Datenbank *Web of Science* »um nach von Experten begutachteten Artikeln zum Thema ›Klimawandel‹ oder ›globale Erwärmung‹ zu suchen, die 2019 veröffentlicht wurden: Es handelt sich um 21.813 Artikel, bei denen er den Titel las, um zu entscheiden, ob die Artikel den menschengemachten Klimawandel in Frage stellen könnten. Wenn der Titel darauf hindeutete, dass der Artikel dies in Frage stellte, las Powell die Zusammenfassung und manchmal auch den Volltext, um nach einer klaren Ablehnung zu suchen.«[271] Auch bei Powell dominiert der Zirkelschluss, keine Aussage bedeutet für ihn automatisch Zustimmung.

Zurück zur Studie von John Cook. Wie aus den Kategorien 1 bis 3 ja hervorgeht, wird der Unterschied zwischen »der Mensch hat einen Anteil am Klimawandel« und »der Mensch ist vollständig für den Klimawandel verantwortlich« bewusst verwischt. Ich kenne überdies keine einzige ernsthafte Studie, die den Anteil des Menschen auf 100 % ansetzt. Aber die entscheidende Frage lautet doch, wie groß ist der Anteil des Menschen? Letztlich sind es bloß 64 Arbeiten oder 0,54 %, die offensichtlich von einem

---

270 J. Powell, Scientists Reach 100% Consensus on Anthropogenic Global Warming. Bulletin of Science, Technology & Society. 2019;37(4):183-184.
271 https://www.europeanscientist.com/en/features/100-consensus-on-the-anthropogenic-global-warming-a-skeptical-examination/

vollständigen Einfluss des Menschen ausgehen. Das alles hindert Cook keineswegs hinauszuposaunen: »97 % der Klimaforscher haben aus der Beweislage geschlossen, dass der Mensch den aktuellen Klimawandel verursacht.«[272] Markus Fiedler hat sich auch die Antwort von Cook und Co. auf Kritik angesehen. Statt inhaltlicher Diskussion dominiert die inhaltliche Abwertung von KritikerInnen.

Abschließend möchte ich noch auf eine wahrlich originelle Verteidigung der Studie von Cook et al. hinweisen. Nachdem es offenbar wurde, dass sie angesichts der Mängel und der willkürlichen Verfahren nicht zu halten ist, wird auf andere Studien verwiesen, die dasselbe Resultat zeitigen würden. Wenn die Leitstudie, die durch die Medien gegangen ist, in der Luft zerrissen wird, na dann probieren wir es eben mit anderen.

---

272 https://skepticalscience.com/docs/Consensus_Handbook_German_A4.pdf

11. Club of Rome

Aus mehreren Gründen empfiehlt sich ein Rückblick auf das 1973 in deutscher Sprache übersetzte Buch *Die Grenzen des Wachstums, Bericht des Club of Rome zur Lage der Menschheit.* Das Werk war ein durchschlagender Erfolg, erlebte zahlreiche Auflagen und prägte die entstehende ökologische Bewegung nachhaltig. Gegenwärtig ist es vor allem wegen der damals getroffenen kühnen Aussagen bekannt, der Menschheit würden bald die wichtigsten Rohstoffe ausgehen. Diese Aussagen haben sich allesamt als falsch herausgestellt. Aus den Tabellen der Seiten 46 bis 49 lassen sich folgende Voraussagen über das Erlöschen der Lagerstätten entnehmen: Kupfer 1994, Blei 1994, Quecksilber 1986, Gold 1982, Erdgas 1995.[273] Ein weiteres, schlagendes Beispiel für die geradezu absurd falschen Prognosen ist die Fehleinschätzung der ökonomischen Entwicklung Chinas. Die AutorInnen Meadows et al. prophezeiten für das Jahr 2000 ein Bruttosozialprodukt pro Kopf für China von 100 US-Dollar, für die USA von 11.000 US-Dollar. (Meadows et. al. 1994, 34) Tatsächlich betrug das Verhältnis *nicht kaufkraftbereinigt* 10.511 zu 63.358.[274] Statt einem Verhältnis von 1:110 ergab sich im Jahre 2000 tatsächlich ein Unterschied von 1:6. Eine kühne Behauptung löst die andere ab, etwa: »Abbildung 10 macht deutlich, dass selbst unter der optimistischen Annahme, dass alles potentiell bebaubare Land der Erdoberfläche landwirtschaftlich genutzt würde, schon vor dem Jahre 2000 eine hoffnungslose Landknappheit auftreten muss, wenn das Bevölkerungswachstum wie heute anhält.« (Meadows et. al. 1994, 41) Nun, das Bevölkerungswachstum ist seit 1973 gestiegen, von der hoffnungslosen Landknappheit des Jahres 2000 und danach ist nichts zu bemerken.

---

273 Wikipedia, bei solchen Themen immer auf der Seite der Apokalyptiker, verteidigt das Debakel der Prognosen mit folgenden Worten: »Von Anfang an und bis in die Gegenwart wird häufig kritisiert, dass das Versiegen einzelner Rohstoffe zu bestimmten Jahreszahlen noch im 20. Jahrhundert vorhergesagt würde. Diese Behauptung wird benutzt, die Aussagen des Buches in Gänze zu diskreditieren. Ob *Grenzen des Wachstums* diese falsche Vorhersage enthält, ist umstritten. Eine mögliche Sichtweise ist, dass es sich um eine Fehlinterpretation handelt: Die Studie listet für Rohstoffe jeweils drei ›Indexzahlen‹ für die Knappheit auf, von denen die Kritiker eine als Reichweitenprognose fehlinterpretieren.« (https://de.wikipedia.org/wiki/Die_Grenzen_des_Wachstums) Nun gut, für die alleroptimistischste Prognose lauten dann die Zahlen: Kupfer 2021, Blei 2037, Quecksilber 2014, Gold 2002, Erdgas 2022.

274 https://de.wikipedia.org/wiki/Liste_der_L%C3%A4nder_nach_historischer_Entwicklung_des_Bruttoinlandsprodukts_pro_Kopf

Diese Prophezeiungen fanden ihr Echo in der Peak-Oil-These, nach der, je nach Fassung, der Höhepunkt der Ölförderung zwischen 2010 und 2020 stattfinden sollte. Die diversen Peak-Oil-Seiten sind inzwischen vom Netz, neuere Prognosen schieben den endgültigen Niedergang der Ölförderung immer wieder weiter in die Zukunft.

Doch die eigentliche Botschaft, die durch das Aufzeigen der völlig falschen Voraussagen eher verdeckt wird, lautet: Es gibt zu viele Menschen. Die methodische Basis des *Club of Rome* ist der Malthusianismus, die auf den englischen Theoretiker Thomas Robert Malthus zurückgeht. Er schrieb 1798 sein viel beachtetes Werk *An Essay on the Principle of Population* und erfüllte damit Legitimationsbedürfnisse der herrschenden Klassen Englands. Seit der Vertreibung der Bauern von Grund und Boden sowie der Einhegung und Privatisierung der Almende lebten die verarmten und landlosen ehemaligen Bauern in bitterer Not und Armut. Marx beschreibt diesen Prozess im vorletzten Kapitel des ersten Bandes des *Kapital*; die Überschrift lautet: »Die sogenannte ursprüngliche Akkumulation« (MEW 23, 741–791). Der Prozess der Vertreibung begann »im letzten Drittel des 15. und den ersten Dezennien des 16. Jahrhunderts. Eine Masse vogelfreier Proletarier ward durch die Auflösung der feudalen Gefolgschaften, die, wie Sir James Stuart richtig bemerkt, ›überall nutzlos Haus und Hof füllten‹« (MEW 23, 745f) Das Land wurde für die Schafzucht benötigt. Jahrzehnte, ja Jahrhunderte lang wurden diese Menschen brutal mittels der Blutgesetzgebung verfolgt. Auf Vagabundage standen drakonische Strafen, die Armen wurden als Verbrecher behandelt, bis endlich das Industriezeitalter diese Massen in das Inferno des Frühkapitalismus integrierte und aus Vagabunden Proletarier machte. Vor diesem Hintergrund waren die Thesen des Robert Malthus äußerst willkommen. Seine Botschaft war einfach: Es gibt einfach zu viele Menschen, insbesondere die Armen vermehren sich gewissenlos wie die Karnickel. Die Armen seien an ihrem Schicksal selbst schuld. Oder feiner ausgedrückt, während die landwirtschaftliche Produktion nur linear steigen könnte, würden sich die Mittellosen exponentiell vermehren. Gegen dieses Naturgesetz sei kein Kraut gewachsen. Unterstützung für die Armen würde alles noch verschlimmern, da sie sich wohlgenährt noch schneller vermehren würden.

Malthus ignoriert gesellschaftliche Verhältnisse vollkommen und argumentiert krude naturalistisch, als wäre die menschliche Population mit jener von Tieren gleichzusetzen. Er negiert die Vertreibung von Grund und Boden ebenso wie die höchst ungleiche Verteilung der Nationalproduktes. Die gesellschaftlichen Verhältnisse, auch die Entwicklung und Dynamik der Agrikultur werden vollständig ausgeblendet. 175 Jahre nach Erscheinen des *Essay on the Principle of Population* präsentierten Meadows und seine MitautorInnen eine neue Version des Malthusianismus, methodisch an das historische Vorbild angelehnt. Auch in *Die Grenzen des Wachstums* sind es einfach zu viele Menschen, die die Probleme bereiten. Dass die Mensch-Natur-Beziehung gesellschaftlich gebrochen und modifiziert ist, dass Produktion grundsätzlich ökonomischen Gesetzen unterliegt, wird in der Denkwelt der *Grenzen des Wachstums* ausgeblendet. Dass eine Hungerkrise *auch* trotz ausreichender Nahrungsmittelproduktion entstehen kann, schlichtweg weil es an *zahlungsfähiger* Nachfrage fehlt, scheint den AutorInnen denkunmöglich. Insofern ist das Buch ein legitimer Nachfahre der Thesen des Thomas Robert Malthus.

Es gibt jedoch einen weiteren Grund, auf *Die Grenzen des Wachstums* zurückzublicken. Es ist vielleicht die erste, jedenfalls die populärste Studie, die versucht, mathematisierte Weltformeln zu benützen. Insofern stehen die Shared Socioeconomic Pathways des IPCC in dieser Tradition. Die Entwicklung der Computer erlaubte es bereits zu Beginn der 1970er-Jahre, verschiedene Faktoren zu quantifizieren und die Wachstumsdynamik mittels Rückkopplungsschleifen zu berechnen. Fünf Faktoren werden in *Die Grenzen des Wachstums* in Wechselwirkung gesetzt: Bevölkerung, Nahrungsmittelproduktion, Kapital, Rohstoffe, Umweltverschmutzung. Daraus wird tatsächlich ein Weltmodell geformt, also eine Weltformel, in der diese Faktoren in Zahlengrößen eingehen. Alle, die Gesellschaft und die das Mensch-Natur-Verhältnis bestimmenden Regelkreise, seien in das Computerprogramm eingespeist und auch die Variation der verschiedenen Parameter würde letztlich das immer gleiche Ergebnis zeigen: Es gäbe zu viele Menschen. Dass die Annahmen der Weltformel dem Geisteshorizont einer stockkonservativen Weltsicht entsprechen, ist offensichtlich. »Ein Beispiel eines solchen Regelkreises ist die bekannte Lohn-Preis-Spirale: Steigende Löhne haben steigende Geldausgaben und damit steigende Preise zur Folge, die wiederum die Forderung nach noch höheren Löhnen verursachen.« (Meadows et. al. 1994, 24) Das ist ökonomischer Unsinn und eine Reminiszenz an die von Marx scharf kritisierte Geldmengentheorie der Preise. Auch ohne Rekurs auf Marx zeigt sich, dass diese Theorie unhaltbar ist. Seit Jahren erleben wir in Europa eine veritable Inflation ganz ohne vorhergehende Lohnsteigerungen. Die Regelkreise schwanken zwischen Banalitäten – die Bevölkerungsentwicklung ist durch das Verhältnis von Geburtenrate zu Sterberate bestimmt, oder: »Die Nahrungsmittelmenge pro Kopf hat wiederum starken Einfluss auf die Sterbeziffer« (Meadows et. al. 1994, 84) – und einer Naturalisierung von Produktion, Konsumtion und Distribution von Gütern, die als simple Sachgrößen betrachtet werden. Der Doppelcharakter der Produktion, einerseits stofflich-materiell, andererseits wertmäßig und profitorientiert zu sein, diese Erkenntnis existiert für die AutorInnen nicht. Die Behauptungen werden fast alle in albernen Grafiken dargestellt, als ob diese Illustrierung dem Argument mehr Gewicht verleihen würde. Kurzum, mit ernster Miene wird ein Wissenschaftstheater aufgeführt und behauptet, es würden »die absoluten Wachstumsgrenzen auf der Erde im Laufe der nächsten Jahre erreicht.« (Meadows et. al. 1994, 17) Das würde uns der Computer sagen. Das Buch stammt aus dem Jahr 1973.

Das Autorenteam ist von der Idee des exponentiellen Wachstums geradezu besessen. Malthus setzte das Wachstum der Bevölkerung exponentiell, den gesteigerten Agrarertrag nur linear an. Die sich öffnende Schere würde die Armut erzwingen. Meadows et al. lassen alle Faktoren in einem sich verstärkenden Strudel exponentiellen Wachstums in den Untergang taumeln. Das behauptete exponentielle Wachstum der Bevölkerung würde das exponentielle Wachstum aller anderen Faktoren nach sich ziehen. »Die Wachstumskurve des Rohstoffverbrauchs wird daher exponentiell durch den positiven Regelkreis des Bevölkerungswachstums und des exponentiellen Kapitalwachstums hochgetrieben.« (Meadows et. al. 1994, 50) Vom Klimawandel ist in *Die Grenzen des Wachstums* nicht die Rede und die AutorInnen halten die Emission von CO_2 allen Ernstes für Luftverschmutzung. Auch hier käme exponentielle Dynamik zum Tragen: »Deshalb steigt auch der Kohlendioxidgehalt in der Luft gegenwärtig exponentiell um etwa 0,2 Prozent jährlich an (...).« (Meadows et. al. 1994, 61) Diese Aussage ist vollkommener Unsinn, die von den Autoren selbst zitierte Messstation von CO_2 auf Hawaii zeigt in ihren Grafiken und Zahlen einen linearen Anstieg, keinen exponentiellen. Pablo Servigne und Raphaël Stevens übernehmen im Buch *Wie alles zusammenbrechen kann* viele Sichtweisen aus *Die Grenzen des Wachstums* und sehen wie Meadows et al. überall exponentielles Wachstum am Werk. Ohne dass das Papier vor Scham errötet, wird behauptet: Zahlreiche Parameter würden »einen exponentiellen Verlauf aufweisen: der Wasser- und Energieverbrauch, die Nutzung von Düngemitteln, die Produktion von Motoren und Telefonen, der Tourismus, die atmosphärische Konzentration von Treibhausgasen, die Anzahl der Überschwemmungen, die den Ökosystemen zugefügten Schäden, die Zerstörung der Wälder, der Prozentsatz des Aussterbens der Arten usw.« (Servigne, Stevens 2022, 45) Tatsächlich ist es nur die Natur als Natur, die sich exponentiell zu vermehren versucht. Gänseblümchen, Kaninchen und Nashörner vermehren sich exponentiell – allerdings rein theoretisch. Der Grund, warum die Erde nicht von Gänseblümchen, Kaninchen und Nashörner übervoll ist, liegt einfach daran, dass hunderte verschiedene Faktoren dieses Wachstum einschränken und hemmen. Aber dass sich Telefone jährlich nach dem Muster 2, 4, 8, 16 usw. zu vermehren versuchen, ist mir neu. Und die Menschen? Menschen sind keine Kaninchen, die Fertilitätsrate (Geburten pro Frau) ist durch mannigfache soziale, kulturelle und gesellschaftliche Faktoren bestimmt.

Die Möglichkeit der exponentiell steigenden Anzahl der Menschen ist für Meadows und seine MitautorInnen eine Horrorvision. Zu viele Menschen sei der Grund allen Übels. Daher das Resümee: »Je mehr sich die menschliche Aktivität den Grenzen der irdischen Kapazität nähert, um so sichtbarer und unlösbarer werden die Schwierigkeiten. Die menschliche Gesellschaft hat noch nicht gelernt, diese Schwierigkeiten zu erkennen und zu beherrschen.« (Meadows et. al. 1994, 74) Dazu braucht es den *Club of Rome*, der uns sagt, was ist und was zu tun ist. Das Buch ergeht sich in dunklen Andeutungen, wie denn die Zahl der Menschen zu regulieren sei. Offen aussprechen jedenfalls konnte man folgendes: »Zu den Dienstleistungen gehören auch Erziehungswesen und Forschungsarbeiten zur Geburtenkontrolle ebenso wie die Förderung von Geburtenkontrollmaßnahmen durch Informationsschriften und sachliche Hilfsmittel.« (Meadows et. al. 1994, 85) Es geht also um eine »erwünschte Geburtenrate« (Meadows et. al. 1994, 97), die offenbar unabdingbar angestrebt werden muss. Daher auch die Notwendigkeit der »Dienstleistung« Geburtenkontrolle.

Eine gesicherte Zukunft habe die Menschheit jedenfalls nur dann, wenn alle wichtigen Faktoren, die Anzahl der Menschen und alle Faktoren der

Produktion, strikt auf einem bestimmten Level eingefroren werden. »Entscheidend aber ist, dass dieser Wachstumsstopp mit Sicherheit noch vor dem Jahr 2100 eintritt.« (Meadows et. al. 1994, 112) »Der Zustand des weltweiten Gleichgewichts« sei anzustreben. (Meadows et. al. 1994, 141) Aber leider, die »Reaktion der Gesellschaft richtet sich in erster Linie gegen die negativen Regelkreise.« (Meadows et. al. 1994, 142) Zu diesen »negativen Regelkreisen« zählen Maßnahmen gegen allzu frühes Sterben der Bevölkerung. Und dann der eigentliche Punkt: »Eine Gesellschaft, die dieses Ergebnis vermeiden will, muss von sich aus den positiven Regelkreis beeinflussen, sie muss die Geburtenrate reduzieren.« (Meadows et. al. 1994, 143) Alles muss weltweit geregelt werden, insbesondere Geburtenrate und Kapitaleinsatz. »Bevölkerung und Kapital sind die einzigen Größen, die im Stadium des Gleichgewichts konstant bleiben müssten.« (Meadows et. al. 1994, 157) »Das größte Hemmnis, das einer besseren Verteilung der Schätze dieser Welt entgegensteht, ist das Bevölkerungswachstum.« (Meadows et. al. 1994, 160) In Anspielung an Versuche der Geburtenkontrolle in Asien und Afrika der 1970er-Jahre schreiben die AutorInnen: »Zahlreiche Nationen beschäftigen sich mit Programmen zur Stabilisierung ihrer Bevölkerungszahl.« (Meadows et. al. 1994, 163) Das Konzept einer weltweiten Öko- und Wachstumsdiktatur ist zwischen den Zeilen klar ersichtlich.

In einem Interview mit der *ZEIT* vom 12. Oktober 2022 antwortet der Mastermind des *Club of Rome*, Dennis Meadows, auf den Einwand des Interviewers, das Bevölkerungswachstum nehme aktuell ab, mit folgenden Worten:

»In Wahrheit sieht man überall Zeichen, dass das Wachstum zu weit gegangen ist. Bei der Bodenerosion oder der Ozeanverschmutzung und allemal bei der Bevölkerung. Noch immer kommen jährlich 50 bis 100 Millionen Menschen hinzu. Da zu sagen, wir sollten glücklich sein, dass die Rate sinkt, ist etwas verzweifelt. (...) Mit acht Milliarden Menschen auf dem Planeten in seinem heruntergekommenen Zustand, dazu mit unseren Zielen von Gleichheit und Wohlstand, gibt es keine realistischen und attraktiven Szenarios. Darin liegt ja meine Frustration. Und deshalb ist dies auch mein letztes Interview über die *Grenzen des Wachstums*.«[275]

---

275 https://www.zeit.de/2022/41/dennis-meadows-wirtschaftswachstum-klimakrise

Ich hoffe, der Mann hält sein Versprechen.

Dass die Entwicklung der Computertechnologie Ende der 1960er-Jahre Fantasien über die grundsätzliche Berechenbarkeit der Entwicklung der Weltgesellschaft fördern musste, ist bis zu einem gewissen Grad verständlich. Ein Vorläufer dieser naiven Technikgläubigkeit war zweifellos der Lügendetektor. Das Wundermittel zur Aufdeckung von Wahrheit entpuppte sich als Fehlschlag. *Die Grenzen des Wachstums* war jedoch nicht die einzige Studie, die mit einer Weltformel operierte. Weniger bekannt ist die Studie *Global 2000, Bericht an den Präsidenten,* die im Jahre 1980 erstellt wurde. Diese im Auftrag von Jimmy Carter erstellte Untersuchung verwendete gleich mehrere Weltmodelle, um unter verschiedenen Annahmen unsere Zukunft zu berechnen.

Die Shared Socioeconomic Pathways des IPCC stehen in der Tradition der Weltformeln. Zwischen den simplen und holzschnittartigen Annahmen der *Die Grenzen des Wachstums,* in Computer eingespeist, deren Rechenleistung wohl in der Dimension eines heutigen Handys lag, und den hochkomplexen Annahmen des IPCC liegen gewaltige Unterschiede. Zudem umfassen die Aussagen des *Club of Rome* alle Aspekte der Gesellschaft und Zivilisation, während die Sachstandsberichte des IPCC sich auf zukünftige Klima konzentrieren. Obwohl, wie im Kapitel zum IPCC ja ausgeführt, in die Weltformeln der SSPs fließen auch kulturelle, ökonomische und soziale Aspekte ein. Die Zukunft wird so zum Voraussagegegenstand einer mathematisierten Wissenschaft. Es ändert methodisch nichts, dass mehrere Szenarien als Möglichkeiten aufgefächert werden. In beiden Fällen, bei den Szenarien des *Club auf Rome* und den Szenarien des IPCC, besteht die Pointe ja darin, dass politisches und soziales Handeln sich an *der* Wissenschaft zu orientieren habe. Die Weltformel wird zur Drohung, entweder man reagiert auf die Resultate der Computerprogramme oder der Untergang droht. Ich halte die Idee, die Zukunft der Menschheit *errechnen* zu können, für Größenwahn. Die unerschöpfliche Komplexität der Gesellschaft und des Mensch-Natur-Verhältnisses lässt sich nicht berechnen und wurde auch noch nie berechnet.

Es gibt noch einen interessanten Unterschied zwischen *Die Grenzen des Wachstums* und den Sachstandsberichten des IPCC. Spielt beim *Club of Rome* das Wachstum der Bevölkerung die entscheidende Rolle, so ist dieses Thema im Kontext der IPCC-Berichte kaum zu finden. Ob sich darin ein erfreulicher

Humanismus ausdrückt oder ein wenig die Tatsache ausgeblendet wird, dass mehr Menschen, insbesondere arme, mehr billige Energie benötigen, sei dahingestellt. Denn, gerade wenn man davon ausgeht, dass es in manchen Gebieten immer heißer wird, gerade dann benötigen die dort lebenden Menschen Klimaanlagen, in den Wohn- und Arbeitsräumen, in den Spitälern, in den Schulen und in den Transportmitteln usw. Gerd Ganteför, Professor für Physik in Konstanz, meint nämlich, dass »Windkraftwerke und besonders Photovoltaik für die armen Länder zu teuer sind.« (Ganteför 2012, 63) Diese Überlegung lässt sich verallgemeinern. Ganteför weist auf die empirische Tatsache hin, dass in reicheren Ländern das Bevölkerungswachstum geringer ist, ja sogar tendenziell zurückgeht. Mehr Wohlstand für alle ist erst mal keine Frage der billigen Energie, sondern der sozialen und gesellschaftlichen Beziehungen. Aber, insoweit kann ich dem gesellschaftspolitisch konservativ denkenden Professor zustimmen, es ist *auch* eine Frage günstiger Energie. .

12. Klima und Corona

Es gibt zwei Gründe, warum in diesem Buch der Brückenschlag zum Thema Corona naheliegend ist.

Der erste Grund

Erstens: Weil dieses Thema von den Klima-AlarmistInnen selbst massiv bespielt wurde. Die Konzeption von Wissenschaft durch die Big Player der Pandemie-Politik kam der AlarmistInnen-Szene sehr entgegen. Wer Wissenschaftler und wer Scharlatan ist, wurde dekretiert und repressiv durchgesetzt. Ein derartiges Diskursmonopol, wie es während der Pandemie verordnet wurde, wünschen sich viele innerhalb der Klimaszene. Auf dieser Basis erfolgte die Identifikation von Teilen der Klimaforschung mit den Granden der Viren- und Impfstoffforschung. Es ist schon skurril: Personen aus der Klimaszene, die keinerlei wissenschaftliche Qualifikation in Sachen Virologie und Pharmakologie besitzen, die permanent das Totschlagargument des Laien vor sich her tragen, erklären erfahrene VirologInnen und Medizinwissenschaftler zu inkompetenten Blendern. Allen voran Stefan Rahmstorf. Unter dem Titel *Wissenschaftsleugnung in Zeiten von Corona* beteiligte sich unser Ozeanograph an der seinerzeitigen Hetze gegen Wolfgang Wodarg. »Insbesondere Wodarg kritisierte in seiner Eigenschaft als Vorsitzender des Gesundheitsausschusses des EU-Parlaments die Einschätzung der Schweinegrippe als Pandemie als Wahnidee und inszenierten Schwindel und behielt damit recht: Die massenhaft eingekauften Impfstoffe und Medikamente erwiesen sich als unnötig, ja schädlich. Diese Schmach hat das Impfkartell Wodarg nie verziehen.« (Bohnstingl, Obermayr, Reitter 2023, 72f) Aus dem ehemaligen Vorsitzenden des Gesundheitsausschusses des EU-Parlaments wird bei Rahmstorf ein »pensionierter Amtsarzt«.[276] Am 26.12.2020 behauptet Rahmstorf: »Die Falschbehauptungen zu Corona [er meint jene der KritikerInnen] (…) entlarven sich aber binnen weniger Wochen bis Monate. (…) Was noch hinzukommt: In der Corona-Krise spürt ein Politiker, der versagt, die Folgen sofort im eigenen

---

276 https://scilogs.spektrum.de/klimalounge/wissenschaftsleugnung-in-zeiten-von-corona/

Land.«[277] Ich frage mich, was sagt Herr Rahmstorf heute zu seinen damaligen kühnen Behauptungen? Im April 2020 besitzt Rahmstorf die Chuzpe, die irrwitzige Verbotspolitik gegen Kinder und Jugendliche folgendermaßen zu würdigen. »Ältere Generationen müssten für die jüngere Generation, die zu Recht für den Klimaschutz auf die Straße geht, auf Dinge verzichten, sich umstellen. So wie es die Jüngeren derzeit in der Corona-Krise für die Älteren tun sollten. Keine Partys machen, nicht in Gruppen im Park sonnen.«[278] Rahmstorf war von der Pandemie-Politik sehr angetan, kein Wunder, *message control* nach seinem Geschmack wurde offen praktiziert. Auch innerhalb der Alarmisten-Szene ist das Bedürfnis nach Zensur nicht zu übersehen. Katharina Kleinen-von Königslöw publizierte auf der Seite des *Deutschen Klima Konsortiums* folgende Schlussfolgerung: »Wir brauchen auch für den Klimawandel einen Drosten.«[279] Und exakt dieser Drosten forderte auf der *World Health Summit*, finanziert von Regierungen und privaten Konzernen aus dem Pharma-Bereich, im Oktober 2023 folgendes: »Der de-facto Oberste Staatsvirologe Christian Drosten verstieg sich sogar zu der Forderung, im Pandemiefall müssten die Wissenschaftsorganisationen Listen verlässlicher Wissenschaftler erstellen, die sich dann allein zum Stand der Wissenschaft in einschlägigen Fragen äußern dürften.«[280] Ich vermute, diese Idee gefällt so mancher und manchem in der Alarmisten-Szene ganz gut.

Es ist kein Zufall, dass wir in diesem kurzen Kapitel auf inzwischen bekannte Namen stoßen. Je einseitiger, unduldsamer und rigider die Botschaft zum Klimawandel verbreitet wird, desto größer das Interesse am fiktiven Gegensatz zwischen der einen, geeinten Wissenschaft und den inkompetenten Häretikern. Daher stoßen wir auch auf Mr. 97 % John Cook. Er und seine Mitarbeiter schrieben ein »Kommunikationshandbuch zum COVID-19-Impfstoff«. Woher sie die Kompetenz dazu nehmen, bleibt offen. Auf *skepticalscience.com* war zu lesen:

---

277 https://www.rnd.de/politik/klimaforscher-rahmstorf-wir-mussen-mehr-uber-losungen-diskutieren-7K3YKDQF4FEBZMTVUSJSCZNPIE.html
278 https://www.derstandard.at/story/2000116418547/klimaforscher-corona-wirtschaftsfoerderung-nur-fuer-die-die-sich-am-green
279 https://www.deutsches-klima-konsortium.de/coronaklima.html#c5965
280 https://norberthaering.de/macht-kontrolle/world-health-summit-2023/

»Dieser Blogartikel über *Das Kommunikationshandbuch zum COVID-19-Impfstoff* mag hier auf Skeptical Science ein wenig fehl am Platz erscheinen. Lassen Sie uns daher erklären, warum wir entschieden haben, ihn zu veröffentlichen, obwohl er nicht viel mit unserem Schwerpunktthema, der Klimawissenschaft, zu tun hat. Viele von Ihnen werden inzwischen wissen, dass es viele Überschneidungen zwischen der Klimaforschungsleugnung und der COVID-19-Wissenschafts- und der Impfstoffleugnung gibt: Sie werden die gleichen Techniken der Wissenschaftsleugnung sowie viele der gleichen – oder zumindest ähnlichen – Gruppen entdecken, die an der Verbreitung von Falschinformationen und Verschwörungsmythen beteiligt sind. Es wird Sie daher nicht sonderlich überraschen zu erfahren, dass es auch bei den Personen, die am Kommunikationshandbuch zum COVID-19-Impfstoff beteiligt sind, eine Menge Überschneidungen gibt! Stephan Lewandowsky und John Cook gehören zu den federführenden koordinierenden Autoren.«[281]

Diese Passage kann wie ein Kippbild gelesen werden. Man kann sie im Sinne der Autoren verstehen. Man kann sie aber auch als Darstellung der Strategie der Produktion eines einheitlichen Narrativs verstehen. Denn tatsächlich, die »gleichen Techniken« wurden und werden sowohl bei der Implementierung des Corona-Narrativs als auch bei der Klimadebatte verwendet. Wissenschaft und die WissenschaftlerInnen werden jenseits von gesellschaftlichem, machtpolitischem und ökonomischem Interesse als weiße Blätter imaginiert, die bloß an wertfreien wissenschaftlichen Forschungsergebnissen Interesse haben. Innerhalb dieses Elfenbeinturms mag es wohl Differenzen, verschiedene Positionen und sogar Unsicherheiten geben. Aber die Beurteilung dieser Faktoren obliege wiederum der Wissenschaft, die als mythisches Subjekt autonom in sich gekehrt sich selbst reflektiert. Die Ergebnisse dieser Selbstbeurteilung werden dann, so der Anspruch, von Insidern wie Cook und Rahmstorf protokolliert und den Laien mitgeteilt. Und siehe da, es wäre ein überwältigender Konsens in allen wirklich entscheidenden Fragen zu konstatieren. Das gelte für das Klima wie für Corona.

---

281 https://skepticalscience.com/translationblog.php?n=5031&l=6

Müssen Laien glauben?

Und an diesem Punkt bricht ein unlösbarer Widerspruch auf: Laien, so wird uns versichert, seien zu einer Beurteilung wissenschaftlicher Ergebnisse nicht einmal im Ansatz fähig, da sie eben keine WissenschaftlerInnen seien. Die Debatte mit rationalen, wissenschaftlichen Argumenten sei eine interne Angelegenheit der Wissenschaft, nach außen, also gegen über den Laien, können diese Ergebnisse nur verlautbart und erläutert werden, da diese von der Sache *nichts* verstehen. Warum sollen also Laien wissenschaftliche Positionen als Wahrheit akzeptieren, da sie doch die argumentative Herleitung dieser Positionen nicht nachvollziehen könnten? Denn könnten sie es, so hätten sie das Recht, diese gegebenenfalls auch zurückzuweisen. Aber genau dies sei unzulässig. Letztlich können Laien der Wissenschaft nur *vertrauen*, sie können nur *glauben*. »Greta Thunberg war es, die für den Einsatz von Wissenschaft als Legitimationsinstrument für die Herrschaft einen griffigen Slogan populär gemacht hatte: ›Unite behind the Science.‹ Durch Hinzufügen des bestimmten Artikels [the] wurde aus Wissenschaft, einer Methode zum immer besseren Verstehen der Welt, die Wissenschaft, das Schwert der Technokratie. Nun geht es bei politischen Maßnahmen nicht mehr darum, ob man dafür ist oder dagegen, sondern darum, ob man sie verstanden hat oder nicht.«[282]

Obwohl man als Laie die Aussagen der Wissenschaft nicht argumentativ nachvollziehen und überprüfen könne, sonst wäre man nicht Laie, gelte es, sich um das Banner der Wissenschaft zu versammeln. Und ebenso wie die Bewahrung des Glaubens den Kreuzzug gegen die Ketzer erfordert, so erfordert die Verteidigung der Wissenschaft Entschlossenheit und muss falscher Toleranz entschieden entgegentreten. Dem Index des Vatikans entspricht heute die Löschung auf YouTube. Aber im Gegensatz zu den finsteren Zeiten der Gegenreformation nimmt gegenwärtig der Kampf gegen die Leugner der Wissenschaft auch unfreiwillig komische Formen an. »Science ist meins« trällerten taffe Girls und Boys in der Sendung von MaiThink X am 30.10.2022, inklusive eingeblendeter im Takt pulsierender Gehirne am Screen.[283] So viel Bekenntnis zur wissenschaftlichen Rationalität muss doch optimistisch stimmen.

---

282 https://www.novo-argumente.com/artikel/die_wissenschaft_der_notstand_und_die_freiheit_1_2
283 https://www.zdf.de/show/mai-think-x-die-show/science-is-meins-100.html

Urteilsvermögen

Die Brücke zwischen Wissenschaft und Nicht-Wissenschaft ist das Urteilsvermögen, eine alte ehrwürdige philosophische Kategorie.[284] Was ich hier unter Urteilsvermögen verstehe, sei an Beispielen erläutert: Auch jene, die über kein Studium der Ökonomie, aber auch über keine praktische Erfahrung im Wirtschaftsleben verfügen, werden sich auf das Angebot eines Bekannten, sich doch an seiner Ges.m.b.H. zu beteiligen, irgendwie verhalten müssen. Lehnt man ab oder investiert man doch sein Vermögen? Verfügt man über ein gutes Urteilsvermögen, so wird man hoffentlich eine Entscheidung treffen, die man nicht bereut. Ein anderes Beispiel. Ein Freund von mir, selbst Arzt, stimmt mir darin zu: Die Fähigkeiten der einzelnen Ärztinnen und Ärzte unterscheiden sich gewaltig. Wie kann ich nun wissen, ob der Arzt, von dem ich mich behandeln lasse, ein höchst fähiger Vertreter seiner Zunft ist, oder ob man insbesondere bei ernsthaften gesundheitlichen Problemen besser eine andere Praxis aufsuchen sollte? Nun kann niemand in Wochen ein Medizinstudium nachholen, aber trotzdem, eine richtige oder falsche Urteilsentscheidung kann bedeutende Auswirkungen haben. Wir sind in der Realität immer mit Fragen und Themen konfrontiert, die wir nicht auf Grund unserer erworbenen Wissenskompetenzen beantworten können. Wir können uns an ExpertInnen wenden, aber auch die müssen wir beurteilen. Welchen vertrauen wir und welchen eher nicht? Wir müssen auf unser Urteilsvermögen vertrauen. Und da auch WissenschaftlerInnen nur in ihrem, oft sehr engem Wissensgebiet kompetente Fachpersonen sind, gilt das auch für sie. Alle WissenschaftlerInnen sind auf unzähligen Gebieten Laien.

In unser Urteilsvermögen fließt sehr vieles ein, Menschenkenntnis, Erfahrungen auf den verschiedensten Gebieten, Intuition und auch – selbstverständlich – Wissen und Kenntnisse. Man kann nicht davon ausgehen, dass Menschen völlig einseitig gebildet sind. Wir sind keine Wissens- und Wissenschaftsmonaden, die eingesponnen in ihrer Wissenschaftlichkeit wie in einem Kokon unfähig sind, über den Tellerrand zu blicken und die Ergebnisse anderer Wissensgebiete nur staunend zur Kenntnis nehmen können.

---

284 Da dies keine fachphilosophische Abhandlung ist, sei nur angemerkt, dass ich hier den Begriff des Urteilsvermögen in etwa im Sinne des Kant'schen reflektierenden Urteilsvermögens verstehe.

Wie wäre es dann möglich, IPCC-Sachstandsberichte zu schreiben? WissenschaftlerInnen und auch Nicht-WissenschaftlerInnen verfassen gemeinsam Berichte. Wenn man den Anspruch des IPCC ernst nimmt, so muss übergreifende Synthesebildung gemeinsam möglich sein, obwohl die einzelnen Beteiligten nur Experten in ihrem Fach sind und die Ergebnisse der anderen Disziplinen schwer beurteilen können. Nimmt man die Polemik etwa eines John Cook ernst, dann ist eine Institution wie das IPCC eigentlich unmöglich. Die einzelnen Träger von Wissensgebieten würden kommunikationsunfähig nebeneinander arbeiten. Und er als Psychologe wäre zum Schweigen in Sachen Klima und Corona verurteilt.

Der zweite Grund

Ich komme nun auf den zweiten Grund zu sprechen, warum das Thema Corona hier von Belang ist. Ein wichtiger Akteur des Pandemie-Politik war die WHO. Aktuell (Stand Sommer 2023) werden zwei wichtige internationale Vereinbarungen verhandelt. Eine Novellierung der *International Health Regulations* und der neu auszuhandelnde Pandemievertrag. Einen guten Überblick der bisherigen Verhandlungen bietet das von mir gemeinsam mit Linda Lilith Obermayr und René Bohnstingl verfasste Buch *Corona als gesellschaftliches Verhältnis. Brüche und Umwälzungen im kapitalistischen Herrschaftssystem.* Knapp zusammengefasst geht es der WHO darum, ihre Kompetenzen systematisch auszuweiten und nach Möglichkeit verbindliche Vorschriften zu erlassen. Angesichts der Finanzierung der WHO würde dies eine Steigerung des Einflusses der Pharma-Industrie und privaten Institutionen, allen voran der *Melinda und Bill Gates Stiftung* bedeuten. Manche stellen sich nun die Frage, was hat dieses Thema in einem Buch über das Klima zu suchen? Es sind wieder die Akteure selbst, die den Konnex herstellen.

Nicht der IPCC, wohl aber die WHO versucht eindeutig die Integration des Klimathemas in ihre Agenda. Das Schlüsselkonzept dabei nennt sich *One Health*, also *eine Gesundheit*. Konkret bedeutete dies, dass alle Aspekte, auch natürlich das Klima, Gegenstand der Kompetenzen der WHO werden sollen. Die WHO ist ein ganz anderes Kaliber als der IPCC. Der IPCC ist als Gremium konzipiert, das den Policymakers unverbindliche Vorschläge unterbreitet. Sein Einfluss besteht nur in seiner behaupteten wissenschaftlichen

Kompetenz. Die WHO hingegen will ganz konkrete politische, administrative und gesetzliche Schritte der Mitgliedsstaaten unmittelbar beeinflussen. Die WHO kann Pandemien ausrufen und verpflichtet ihre Mitgliedsstaaten schon jetzt zu einer Reihe von Berichten und Meldungen, etwa über Krankheitsausbrüche. Indem die WHO das Klimathema als Gesundheitsthema für sich reklamiert, eröffnet sich für diese Organisation die Möglichkeit, im Namen der Gesundheit klimarelevante Aktivitäten vorzuschlagen, die je nach Ausgestaltung des zukünftigen Pandemievertrages auch obligatorisch sein könnten. »Die Ideologie von ›One Health‹ verfügt, dass der Klimawandel offiziell zur Gesundheitskrise wird. Auf einer Pressekonferenz am 9. August [2023] machte die WHO erstmals klar, was das für sie bedeutete: Covid-Maßnahmen – einschließlich Impfungen – werde man in Zukunft auch gegen die ›Klimakrise‹ einsetzen müssen.«[285] Auf dem *Multipolar-Magazin* ist dazu zu lesen: »Über den One-Health-Ansatz, den jeder unterstützen würde, dem an der Erhaltung der Lebensgrundlagen auf der Erde gelegen ist, werden der Klimawandel und der Biodiversitätsverlust als Handlungsfeld globaler Gesundheitsbedrohungen integriert und als WHO-Aufgabe definiert. Das nährt die Befürchtung, dass die Folgen des Klimawandels missbraucht werden könnten, um Überwachung, Kontrolle und Beschränkungen der Bevölkerungen zu rechtfertigen.«[286]

Auch auf der personellen Ebene sind die Weichen gestellt. Die Tochter des ehemaligen US-Außenministers John Kerry, Vanessa Kerry, übernimmt das Amt *Sonderbeauftragte für Klimawandel und Gesundheit* innerhalb der WHO. Sie war zuvor in der Impfallianz GAVI tätig, die auch von der Gates-Stiftung mitfinanziert wird und zählt zur Gruppe der *Young Global Leaders*[287] des *World Economic Forums*. Indem sich die WHO des Klimathemas annimmt, ermöglicht die Koppelung von Klima & Gesundheit systematische repressive Eingriffe in Gesellschaft und Ökonomie, etwas, zu dem der IPCC nicht in der Lage sein kann und auch will. Über den Umweg der WHO wird das Klimathema zur Agenda der »guten Herrschaft«, die für uns alle nur das Beste will.

---

285 https://tkp.at/2023/08/17/who-covid-massnahmen-werden-fuer-klimawandel-gebraucht/
286 https://multipolar-magazin.de/artikel/who-pandemievertrag
287 https://www.younggloballeaders.org/community?utf8=%E2%9C%93&q=vanessa+kerry&x=0&y=0&status=&class_year=&sector=&region=#results

Ich möchte dieses Kapitel mit zwei Beispielen abschließen, um aufzuzeigen, wie die Verbindung von Klima und Gesundheit hergestellt wird. Das erste stammt von dem bereits erwähnten *World Health Summit*, das im Oktober 2023 in Berlin stattfand und an dem 4000 Personen aus 100 Ländern teilnahmen. Solche Treffen dienen der Koordination und der inhaltlichen Ausrichtung wichtiger Akteure, wobei naturgemäß jene mit viel Macht und Geld Themen und Debatten weitgehend bestimmen. Die ägyptische Ärztin Omnia El Omrani überraschte auf dem *World Health Summit* mit einer kühnen Deutung der psychischen Erkrankungen von Jugendlichen während der Pandemie:

»Zu den besonders dreisten Umdeutungen, die auf dem Weltgesundheitsgipfel präsentiert wurden, gehört die Einlassung der jungen ägyptischen Ärztin Omnia El Omrani vom Imperial College in London, das für seine extremen Covid- und Klima-Modellprognosen berüchtigt ist. Sie ist die Jugendbeauftragte des Global-Governance-Establishments für Post-Covid und Klima. El Omrani sagte allen Ernstes, die massive Zunahme psychischer Erkrankungen bei Jugendlichen liege daran, dass die Jugend in Sachen Klimawandel nicht ausreichend gehört werde und deshalb frustriert sei – also nicht etwa daran, dass den Jugendlichen in einer sensiblen Phase ihrer Entwicklung absichtsvoll übertriebene Angst eingeflößt wurde, ihre Familienmitglieder anzustecken und damit umzubringen, und sie mit Schulschließungen, Masken, Kontaktsperren und Ausgangsverboten traktiert wurden. Die Erfahrung lehrt, dass wir es mit dieser Argumentationslinie noch öfter zu tun bekommen werden: Klimapolitik als Mittel zur Wiederherstellung der geistigen Gesundheit der Jugend.«[288]

Der *ORF* berichtet am 26.10.2023 von einem Aufruf, der in 200 wissenschaftlichen Fachjournalen gleichzeitig veröffentlicht wurde – ohne jede Verlinkung, die eine Überprüfung möglich machen würde.

»Es sei ein gefährlicher Fehler, die Klima- und die Naturkrise separat zu betrachten, heißt es in dem Aufruf. ›Die Klimakrise und der Verlust

---

https://norberthaering.de/macht-kontrolle/world-health-summit-2023/ 288 der biologischen Vielfalt schädigen beide die menschliche Gesundheit, und sie sind miteinander verknüpft‹, teilte BMJ [The British Medical Journal]-Chefredakteur Kamran Abbasi mit. (…) Der Klimawandel trage unter anderem mit steigenden Temperaturen und Extremwetter zur Ausbreitung ansteckender Krankheiten bei. Umweltverschmutzung schade Trinkwasserquellen, wegen der Versauerung der Meere würden Fische für den Verzehr rarer. Der Rückgang der Artenvielfalt mache es schwerer, die Menschheit gesund zu ernähren.«

Jeder einzelne Satz ist nicht mehr als eine vage Behauptung aus unterschiedlichsten Kontexten. Wenn Extremwetter zur Verbreitung ansteckender Krankheiten beitragen, dann müssten bisherige Seuchen, von den Pestepidemien bis zur Spanischen Grippe, zumindest partiell auf Extremwetter zurückzuführen sein. Sind sie das? Wieso es der Rückgang der Artenvielfalt erschwert, Menschen zu ernähren, erschließt sich mir nicht. Die Umweltverschmutzung hat wiederum mit dem Klimawandel nichts zu tun und tatsächliche Trinkwasserquellen, nicht das Grundwasser, werden durch Verschmutzung nicht kontaminiert. Ebenso ist der Fischmangel eindeutig auf Überfischung zurückzuführen, nicht auf der prognostizierten Absenkung des PH-Werts verknüpft mit der These, die Meereslebewesen könnten sich darauf kaum einstellen. Weiter heißt es im Text:

»Einen Gesundheitsnotstand auszurufen ist die höchste Alarmstufe, die die WHO verhängen kann. Sie tat das beispielsweise bei der CoV-Pandemie.[289] Damit sind alle Mitgliedsländer aufgefordert, Informationen auszutauschen und alles zu tun, um das betreffende Problem in den Griff zu bekommen. (…) Politiker und Politikerinnen müssten die Augen öffnen für die Bedrohung der Gesundheit durch die Klima- und die Naturkrise, heißt es in dem aktuellen Aufruf weiter. Sie müssten sich klarmachen, wie viel eine Beseitigung der Krisen zur öffentlichen Gesundheit beitragen könne.«[290]

---

289 Die WHO hatte die Chuzpe, eine weltweite Affenpockenpandemie der höchste Warnstufe auszurufen und diese im Februar 2023 nochmals zu verlängern. Bisher sind insgesamt 157 Menschen weltweit daran gestorben. Quelle: https://worldhealthorg.shinyapps.io/mpx_global/
290 https://orf.at/stories/3337723/

Konkret bedeuten solche Nachrichten alles und nichts. Es geht auch nicht um exakte Information, es geht die Verklammerung von Klima und Gesundheit. Es geht um die banale Meinung, das alles »miteinander zu tun hat«. Es geht um die Produktion eines permanentem Hintergrundrauschens, das uns auf die Bedrohung Gesundheitsgefährdung durch Klimakrise konditionieren soll.

III. Die Illusionen der Linken und der Green New Deal

13. Die Linke und der Klimawandel. Illusionen und Regressionen

Der Ausdruck »die Linke« wird hier im breiten, allgemeinen Verständnis verwendet. Nach diesem Verständnis umfasst die Linke Organisationen, Parteien, Gruppen, Zeitschriftenredaktionen aber auch einzelne Strömungen und Personen. Mit Ausnahmen zeigt sich eine zweifache Reaktion auf den Klimadiskurs. Ein Teil erwähnt wohl das Thema im Sinne des Alarmismus, aber nur nebenbei bei der Aufzählung aktueller Probleme. Besondere Schlussfolgerungen, abgesehen von Solidaritätserklärungen mit KlimaaktivistInnen, werden kaum gezogen und man wendet sich dann dem eigenen, eigentlichen Thema zu. Der Hinweis auf den Klimawandel ist oft nicht viel mehr als eine Pflichtübung; niemand soll behaupten können, man habe ihn nicht erwähnt.

Ein anderer Teil der Linken greift hingegen mit Entschiedenheit die alarmistische Version des Klimadiskurses auf, um davon ausgehend die Strategie zu verfolgen, die kapitalistische Gesellschaft transformieren, ja überwinden zu können. Der Klimadiskurs wird als große Aufgabe und große Chance zugleich verstanden. Das grundlegende Argumentationsmuster ist einfach und elementar. Erstens: der Klimawandel sei das Resultat des Kapitalismus und bedrohe den gesamten Planeten; zweitens: das Profitinteresse, insbesondere jenes der fossilen Konzerne, behindere nachhaltig dringend notwendige Maßnahmen zur Eindämmung der Erderwärmung mit all ihren katastrophalen Folgen; drittens: nur ein radikaler Wechsel zu einer gerechteren, sozialeren Welt sei in der Lage, das 1,5- oder zumindest das 2-Grad-Ziel zu erreichen. Auf dieser Basis will man eine weltweite Bewegung aufbauen.

Einige Gründe für die Orientierung auf das Klimathema

Die Zahl der Texte zur Krise der Linken ist inzwischen unübersehbar. Ich möchte mich hier nur auf einige Aspekte beschränken, die erklären, warum ein Teil der Linken meint, den Panikdiskurs im Sinne einer emanzipatorischen Orientierung aufgreifen zu können. Ich versuche einige wichtige Krisenmomente zu skizzieren. Ein Hintergrund war der Zusammenbruch des sogenannten realen Sozialismus. Auch für jene Linke, die diese Regime lediglich als Staatskapitalismus, als Herrschaft einer Bürokratie, als Zerrbild des Sozialismus begriffen, ist das Konzept einer Staatsplanwirtschaft als emanzipatorischer Weg verblasst. Jüngeren LeserInnen wird diese Information eventuell fremd vorkommen, aber für eine ganze Epoche war linkes, marxistisches Denken durch den Gegensatz von Markt und Plan bestimmt. Es war Engels, nicht Marx, der dies schnörkellos formulierte: »Mit der Besitzergreifung der Produktionsmittel durch die Gesellschaft ist die Warenproduktion beseitigt und damit die Herrschaft des Produkts über die Produzenten. Die Anarchie innerhalb der gesellschaftlichen Produktion wird ersetzt durch planmäßige bewusste Organisation. Der Kampf ums Einzeldasein hört auf. Damit erst scheidet der Mensch, in gewissem Sinn, endgültig aus dem Tierreich, tritt aus tierischen Daseinsbedingungen in wirklich menschliche.« (MEW 20; 226) Für diese »planmäßige bewusste Organisation« sollte der Staat, nun in den Händen des Proletariats, zuständig sein. Was immer man auch zu Recht oder auch zu Unrecht gegen dieses Ziel vorzubringen hat, es ist in jedem Fall eine klare und eindeutige Orientierung. Doch diese Orientierung scheint obsolet, ein Ersatz dafür ist auch bei Marx nicht zu finden. Marx hat niemals eine Blaupause für eine nachkapitalistische Gesellschaft vorgelegt, Äußerungen über eine zukünftige Organisation wie der »Verein freier Menschen« (MEW 23, 92) bleiben vage und unbestimmt.

Ein weiteres kaum zu bewältigendes Problem ist das Verschwinden einer selbstbewussten ArbeiterInnenklasse. Die ArbeiterInnenklasse oder die Arbeiterschaft ist als empirische Gewissheit Geschichte. Das bedeutet nicht, dass das Proletariat als analytische Gesellschaftskategorie obsolet wurde. Im Gegenteil. Besieht man sich die hoch abstrakte Definition des Proletariats bei Marx, so ist für ihn Arbeiterklasse eine analytische, keine empirische lebensweltliche Kategorie. »Proletarier zu sein bedeutet, dem Kapital als abstraktes Arbeitsvermögen, das tendenziell zu jeder bestimmten Arbeit eingesetzt werden kann, gegenüberzustehen. (…) Das Kapital fordert zunehmend die Bereitschaft, ganz allgemein ›Hirn, Nerv, Muskel, Sinnesorgan usw.‹ (MEW 23: 85) zu verausgaben und dergestalt auf dem Arbeitsmarkt anzubieten.«[291] Doch die Gültigkeit der analytischen Kategorie tröstet wenig. Denn für politische Mobilisierung ist nicht entscheidend, welche Position das Individuum im Kapitalverhältnis tatsächlich hat, sondern als was es sich dünkt. Die meisten Lohnabhängigen fühlen sich nicht als ArbeiterInnen, schon gar nicht als Proletarier. Wer heute auf einem Flugblatt die ArbeiterInnenklasse zum Kämpfen auffordert, wirkt nur noch komisch.

Nach meiner Auffassung war die Linke schon vor der Hinwende zur Klimathematik programmatisch schwach. Etwas holzschnittartig gesagt dominieren zwei gegensätzliche Strömungen in der Linken, die jedoch beide keine substanzielle Überwindung der kapitalistischen Vergesellschaftung intendieren. Die Linke in gewerkschaftlichen Zusammenhängen setzt auf Keynesianismus, denkt nach wie vor strikt paternalistisch und das Ziel der politischen Ausrichtung besteht in guter Lohnarbeit für alle plus einem auf das Erwerbsleben orientierten Sozialstaat. Im Gegensatz zu dieser etwas altbackenen Orientierung wächst auch eine Linke, die auf Anerkennung verschiedener Identitäten setzt. Das Herz der Marx'schen Emanzipationshoffnungen, die Formkritik, wurde und wird kaum rezipiert und verstanden. Für Marx war Ziel und Kriterium einer freien Gesellschaft die Überwindung der Formen der kapitalistischen Vergesellschaftung. Was dies bedeutet, kann einfach erklärt werden: Arbeit soll keine Lohn- und Erwerbsarbeit mehr sein, das Arbeitsprodukt keine Ware mehr, die Dinge der Welt kein Privateigentum und – vor allem – die Form der politischen Organisation des Gemeinwesens kein Staat mehr, der sich als beherrschend gegenüber der Gesellschaft auftürmt. Das eröffnet zugegeben einen Horizont, der im krassen Gegensatz zur kapitalistischen Wirklichkeit steht und die Frage des Weges dorthin nicht beantwortet.[292] Diese Formkritik war der informierten Linken, wenn ich das mit etwas feiner Ironie sagen darf, durchaus nicht ganz unbekannt. Zumeist reduzierte sich aber dieses Verständnis nur auf die Eigentumsform, wobei das Staatseigentum tendenziell als Überwindung des Privateigentums angesehen wurde. Wie angeführt, verlor diese Perspektive

---

291 https://reitterk.files.wordpress.com/2018/01/reitter_klassenbewusstsein_arbeiterbewusstsein.pdf
292 Da wir hier keine Debatte um die Marx'sche Staatskritik führen, nur so viel: Die Floskel vom »Absterben des Staates« stammt nicht von Marx, sondern von Engels: »Der Staat wird nicht ›abgeschafft‹, er stirbt ab.« (MEW 20; 262) Marx dachte niemals so.

mit dem Zusammenbruch des realen Sozialismus an Glanz und dass die Volksrepublik China als Vorbild gelten könnte, wird doch zumeist verneint.

Um es auf den Punkt zu bringen: Die Leitsterne Klassenkampf, Proletariat, Sozialismus und Planwirtschaft verblassten und es schien kein Ersatz in Sicht. Wohl gab es und gibt es teilweise militante ArbeiterInnenkämpfe, gerade in den letzten Jahren. Eine bedeutende Streikwelle erfasste Großbritannien, in Frankreich lieferten die Gelbwesten der Staatsmacht verbissene Kämpfe, die durch die Massenbewegungen gegen die Anhebung des Pensionsantrittsalters noch getoppt wurden. In Berlin setzte die MieterInnenbewegung *Deutsche Wohnen und Co enteignen* neue Maßstäbe. So entschieden und mutig diese Auseinandersetzungen auch geführt wurden, dass sich daraus Konturen einer nachkapitalistischen Gesellschaft entwickeln würden, konnte niemand hoffen. Im Gegenteil, die Kämpfe, auch die militantesten, sind seltsam limitiert. Die Proteste der Gelbwesten entzündeten sich an der Erhöhung der Benzinpreise und eine erkämpfte Preissenkung kann doch schwerlich den Sozialismus im Keim enthalten, auch wenn rasch weitere soziale Forderungen gestellt wurden.

Jener Teil der Linken, die sich positiv auf den aktuellen Klimadiskurs bezieht, versucht zumindest eine erneute Orientierung auf eine Überwindung der kapitalistischen Verhältnisse. Dieses subjektive Bemühen möchte ich nicht in Frage stellen. Das Leitbild lautet zumeist Ökosozialismus, fast immer mit dem Begriff Klimagerechtigkeit verknüpft. Ökosozialismus, Klimagerechtigkeit und manches Mal auch Degrowth, also systematisch organisiertes Negativwachstum, wird als Ziel einer politischen Strategie angegeben, die die Rettung des Planeten vor dem Klimakollaps mit der Errichtung einer sozialeren und gerechteren Gesellschaft verbindet. Eine kleine trotzkistische Gruppe (RSO) aus Österreich formuliert da direkter: »Revolution für das Klima«. Ich sage es vorweg und hoffe es in diesem Abschnitt einsichtig begründen zu können: Ich halte dies für eine Illusion, die – ob man will oder nicht – zur linken Flankendeckung des Green New Deal avanciert.

Was die Linke an Positionen und Orientierungen übernehmen muss

Ein Hindernis für eine gesellschaftskritische, emanzipatorische Wendung des Klimadiskurses ist seine sozial-gesellschaftliche Herkunft aus dem Kosmos des Hybridwesens IPCC. So gut wie alle Protagonisten hatten und haben ein intimes Näheverhältnis zu staatlichen und überstaatlichen Stellen und Institutionen. Die leitenden Personen des *Potsdam-Instituts für Klimafolgenforschung* wie Schellnhuber und Rahmstorf gingen bei Regierungen und UNO-Institutionen ein und aus. Der Diskurs stammt aus dem Establishment, wenn ich diesen schönen alten Begriff der 68er-Bewegung verwenden darf. Aus der Linken, gar einer marxistisch informierten, stammt keine der ProtagonistInnen des Panikdiskurses. Staats- und Kapitalkritik ist ihnen völlig fremd. Al Gore ist in keinem Sinn ein Linker, das Umfeld von Greta Thunberg ebenso wenig. Der alarmistische Klimadiskurs ist nicht aus der Linken erwachsen. Er wurde von außen übernommen.

Eine solche Übernahme hat Folgen. Wohl kann der Diskurs in einen anderen, linken Kontext gestellt werden, was auch versucht wurde. Aber dem Panikdiskurs sind Positionen und Inhalte inhärent, ohne die er nicht funktionieren würde. Da ist einmal die Übernahme des medial erzeugen Wissenschaftsverständnisses. Für die Leitmedien und die hysterisch agierende Klimaszene steht fest, die Wissenschaft sagt was Sache ist und die Politik habe diese Erkenntnisse zu exekutieren, zumal das IPCC ja nicht mit Vorschlägen geizt. Dem kann die Linke kaum etwas entgegensetzen. Der kritische Einwand gegen die »Unterwerfung unter eine Expertokratie«,[293] so die marxistischen TheoretikerInnen Michael Brie und Ines Schwerdtner, ist ein schwaches Stimmchen im Chor der Alarmisten. Die klimabewegte Linke muss die medial inszenierte Verteilung der Sprechkompetenzen zwischen seriöser Wissenschaft und Scharlatanerie akzeptieren, wobei es klare Parallelen zwischen der Corona-Pandemie und dem Klimadiskurs gibt. Die Schnittmenge zwischen jener Linken, die während der Pandemie-Politik vollständig das medial produzierte Wissenschaftsbild bezüglich Covid-19 übernommen hat und jener, die im Klimadiskurs auf der Linie von Schellnhuber, Rahmstorf und Co. liegt, ist sehr groß. Das führt notwendig dazu, dass man dem Meinungsterror der Leitmedien und Staatskanzleien nichts entgegensetzen kann. Dass die öffentliche Debatte längst aus dem Ruder gelaufen ist, konstatiert auch Norbert Häring: »Ich habe keine feste Überzeugung dazu, ob der Klimawandel ganz überwiegend oder nur zum kleineren Teil

---

293 https://www.nd-aktuell.de/artikel/1175328.linke-debatte-partei-die-linke-drei-gespenster-gehen-um.html

menschengemacht ist. Ich habe auch keine feste Meinung zu den mutmaßlichen ›Klima-Kipppunkten‹, die angeführt werden, um globale Katastrophenszenarien plausibel oder unausweichlich erscheinen zu lassen. Aber ich habe eine sehr gefestigte Meinung dazu, wie die mediale Berichterstattung und die wissenschaftliche Debatte dazu laufen sollten und wie nicht.«[294] Die Linke ist unfähig und unwillig, für eine sachliche, unaufgeregte Diskussion um Klimafragen einzutreten, im Gegenteil. Das hat gesellschaftspolitisch katastrophale Folgen. Jegliche Kritik am medialen Apparat der herrschenden Klassen und Schichten wurde eingestellt. Man kann nicht beides haben, den Brückenschlag zum Klimapanikdiskurs und die klassische Kritik an den herrschenden Ideen als den Ideen der Herrschenden.

Ebenso wichtig erscheint mir die Blindheit für Ausbeutung und soziale Herrschaft innerhalb des IPCC-Klimadiskurses; Klassengegensätze existieren in diesem Diskurs nicht, all das diffundierte in linke Kontexte. Ebenso ist kein Fünkchen Staatskritik im Klimadiskurs enthalten. Im Gegenteil, der IPCC wendet sich explizit an die Policymakers. Auf der einen Seite die Wissenschaft, auf der anderen die große Politik, mehr braucht es nicht. Zweifellos verspüren so manche Linke mit marxistischer oder anarchistischer Bildung ein gewisses Unbehagen, ungeniert die Staatsmacht anzurufen, die richtigen Entscheidungen zu exekutieren. Das führt oftmals zur rhetorischen Verwendung von Begriffen wie Basisdemokratie oder Volksentscheid. Auch jüngere AktivistInnen treten für organisierte Impulse aus der Gesellschaft ein. Die *Letzte Generation* etwa fordert einen »Gesellschaftsrat, der Maßnahmen erarbeitet, wie Deutschland die Nutzung fossiler Rohstoffe bis 2030 auf sozial gerechte Weise beendet«. Die Mitglieder dieses Rats sollen »per Los gefunden«[295] werden. Ob dieser Rat tatsächlich Beschlüsse im Sinne der *Letzten Generation* fasst, sei dahingestellt. Aber kompetenzlose Diskussionskreise sind eine inzwischen geförderte Zutat zum Regierungsgeschäft, die EU ermutigt massiv solche Initiativen.[296] Die Organisation von Diskussionsrunden und NGOs, die diverse Vorschläge präsentieren, und die Infragestellung der Kompetenzen der Staatsmacht in der Tradition der Rätebewegung sind zwei völlig verschiedene Konzepte. Man

---

294 https://norberthaering.de/propaganda-zensur/world-weather-attribution/
295 https://letztegeneration.org/forderungen/
296 https://infopoint-europa.de/de/europa-im-ueberblick/europaeische-buergerinitiative

meint sich einen Mantel überwerfen zu können, doch dieser passt eigentlich gar nicht zur eigenen Statur.

Eine weitere Konsequenz des Versuchs, den Klimadiskurs zur zentralen Achse der politischen Orientierung zu erheben, besteht in der Verarmung und Simplifizierung des theoretischen Denkens. Ich möchte dies zuerst am Gegensatz von Ökologiebewegung und Klimadiskurs zeigen. Oberflächlich betrachtet scheint die Klimabewegung ein Teil der Ökologiebewegung zu sein, deren Wurzeln bis in die 1970er-Jahre zurückreichen. Bei genauerer Betrachtung zeigt sich aber, dass Themen, Ziele und Methoden vollkommen verschieden sind und sich zum Teil sogar widersprechen. Die Ökologiebewegung dachte plural und vieldimensional, die Klimabewegung denkt eindimensional. Die Ökologiebewegung denkt in vielen Ursachen, die viele Wirkungen haben. Wohl werden diese vielen Ursachen letztlich als Ausdruck eines prekären Mensch-Natur-Verhältnisses interpretiert, welches in unterschiedlichen Gestalten auftritt. Der Machbarkeitswahn und die Technikgläubigkeit bescherte uns die AKWs, die Degradierung alles Lebenden zum bloßen Stoff der ökonomischen Verwertung die Fleischindustrie, die rücksichtslose Profitorientierung die Verschmutzung der Flüsse, Seen und des Meeres, die spezifischen Interessen der Chemieindustrie das Pflanzengift Glyphosat, die fordistische Lebensweise den Autowahn und die Autobahnschneisen, die Wissenschaftsgläubigkeit und die Hybris der Naturwissenschaft die Gentechnologie, die internationalen Produktionsketten die Zurückdrängung der lokalen Landwirtschaft, die Ausdehnung der menschlichen Siedlungsgebiete die Reduktion der Artenvielfalt, die Apparatemedizin eine unzureichende Gesundheitsversorgung usw. Die klassische Ökologiebewegung machte sich zu Recht Sorgen um den Zustand des Planeten. Ein wesentliches Thema war dabei die Verschmutzung der Luft, des Bodens und des Wassers. Die Kontaminierung mit Giften, Dreck und Mikroplastik wurde (und wird) angeprangert und nach Lösungen gesucht. Allerdings hat diese Vergiftung der Umwelt keinerlei Auswirkungen auf die Erderwärmung, teilweise ist gar das Gegenteil der Fall. Mit Aerosolen verschmutzte Luft hemmt die Sonneneinstrahlung und wirkt so gegen den Temperaturanstieg. Will man den Begriff Verschmutzungsgerechtigkeit ins Spiel bringen, so wären insbesondere die Staaten des globalen Südens anzuprangern. Jene Mengen von Dreck, die etwa Industrieanlagen in Indien freisetzen, würden in Europa zu ihrer Schließung führen. Um das Bild nicht zu verzerren, muss auch darauf hingewiesen werden, dass der Norden viele seiner kontaminierten Abfälle in willfährige Staaten des Globalen Südens exportiert, deren Entsorgung die Umweltverschmutzung nochmals verstärkt.

Daher gibt es auch nicht den einen Hebel, an dem anzusetzen sei. Alle hier genannten Themen beinhalten spezifische Problematiken, die auch keine einfachen, universalen Lösungen ermöglichen. Zudem war die Ökologiebewegung zumindest teilweise durch ein begründetes Misstrauen gegen die Staatsmacht gekennzeichnet. Wenn auch keineswegs durchgehend links, so wirkte die Anti-AKW-Bewegung als eine Bewegung von unten, die zumindest in ihrer heroischen Phase klar im Gegensatz zu Staat und Kapital stand. Im theoretischen Hintergrund der Ökologiebewegung wirkten hoch komplexe Theorien. Die Bandbreite reichte von der informierten Rezeption des Marx'schen *Kapital* über die vernunft- und zivilisationskritischen Analysen im Anschluss an Horkheimer und Adorno bis hin zu Kritik an der Mathematisierung der Welt, wie sie von Merleau-Ponty und Edward Husserl formuliert wurde. Schon in den 1960er-Jahren wurde der grüne Marx entdeckt. Schrieb er nicht im *Kapital*: »Die kapitalistische Produktion entwickelt daher nur die Technik und Kombination des gesellschaftlichen Produktionsprozesses, indem sie zugleich die Springquellen alles Reichtums untergräbt: die Erde und den Arbeiter.« (MEW 23, 529f) Auch ein weiteres Zitat scheint in diese Richtung zu weisen. Obwohl oftmals behauptet, ist es nicht von Marx selbst. Marx zitiert nur den englischen Gewerkschafter T.J. Dunning: »Zehn Prozent [Profit] sicher, und man kann es überall anwenden; 20 Prozent, es wird lebhaft; 50 Prozent, positiv waghalsig; für 100 Prozent stampft es alle menschlichen Gesetze unter seinen Fuß; 300 Prozent, und es existiert kein Verbrechen, das es nicht riskiert, selbst auf Gefahr des Galgens.« (MEW 23, 788)

Der Klimadiskurs kennt im Gegensatz dazu nur eine einzige, letztlich alles entscheidende Ursache, aber viele Wirkungen. Das ist sein ideologischer Kern. Die Ursache ist schnell benannt, es sind die Emissionen der Treibhausgase. Daher gibt es auch eine ganz einfache Lösung für die Übel der Welt: runter mit den Emissionen. Gäbe es nur den politischen Willen dazu, die Erde wäre vom Klimakollaps erlöst. Dies erklärt auch die Wut der KlimaaktivistInnen, die Lösung wäre doch so einfach, aber »sie« wollen nicht!

Je mehr die Probleme dem menschengemachten Klimawandel zugeschriebenen werden, desto mehr wächst die Dringlichkeit dieser (scheinbar) so einfachen Maßnahme. Der Gegensatz von Ökologie und Klimabewegung ist keine Ansichtssache, sie ergibt sich aus den Tatsachen selbst. Wenn es darum geht, die Emissionen der Treibhausgase zu verringern, dann ist eben jedes Mittel recht, egal ob es ökologisch problematisch ist oder nicht. Insbesondere dann, wenn die Zeit dafür bereits fast abgelaufen sein soll. Mathias Bröckers, der keineswegs meine Sichtweise auf die Klimaproblematik teilt, schreibt zu Recht: »Der Streit über menschengemachten CO_2-Zuwachs ist ein Nebenkriegsschauplatz, der im Zuge der Klimadebatte zum einzigen Schlachtfeld geworden ist, während das große Sterben der Wälder, der Meere, der Böden, der Feuchtgebiete und die Vernichtung der Tier- und Pflanzenarten als sekundär gilt. Wer glaubt, dass dieses Problem mit einer Reduktion anthropogener Treibhausgase gelöst werden kann, macht sich etwas vor. Denn fiebersenkende Maßnahmen machen kaum Sinn, wenn Herz, Nieren und Lungen weiter zerstört werden.«[297]

Die Übernahme des Grundverständnisses des Klimadiskurses impliziert die Verabschiedung von grundsätzlichen Einsichten in die Dynamik der Kapitalakkumulation. Das grundlegende Dogma des Klimadiskurses – die fossilen Konzerne behindern nachhaltig dringend notwendige Maßnahmen – spießt sich mit dem Marx'schen Verständnis. Immer wieder betont Marx die Gleichgültigkeit des Kapitals gegenüber den Waren, die es erzeugt. Das Spezifikum der kapitalistischen Produktionsweise sei es ja, dass das Kapital mit Leichtigkeit von einer Sphäre der Produktion in die andere wechseln kann, je nachdem, wo der höchste Profit zu erwarten ist. »Erstens ist die kapitalistische Produktion an und für sich gleichgültig gegen den bestimmten Gebrauchswert, überhaupt gegen die Besonderheit der Ware, die sie produziert. (…) Zweitens ist in der Tat eine Produktionssphäre nun so gut und so schlecht wie die andre.« (MEW 25, 205) Wohl ist der Wechsel von einer Sphäre der Produktion, etwa von der Erdölverarbeitung in die Erzeugung von Windrädern, mit mannigfachen Hindernissen verbunden, aber ein herausragendes Merkmal des Kapitalismus ist die beeindruckende Flexibilität des Kapitals. Die Vorstellung, bestimmte Fraktionen des Kapitals seien

---

297 https://free21.org/klimaluegner/

auf Gedeih und Verderb mit einer bestimmten Sphäre verbunden, etwa mit fossilen Energieträgern, widerspricht nicht nur der Marx'schen Kapitalanalyse, sondern auch allen historischen Erfahrungen. Allerdings, solange eine bestimmte Sphäre der Produktion eine gesellschaftliche Nachfrage befriedigt, solange wird auch in dieser Sphäre produziert. Der oben nur teilweise zitierte Satz aus dem dritten Band des *Kapital* lautet nämlich vollständig: »Zweitens ist in der Tat eine Produktionssphäre nun so gut und so schlecht wie die andre; jede wirft denselben Profit ab, und jede würde zwecklos sein, wenn die von ihr produzierte Ware nicht ein gesellschaftliches Bedürfnis irgendeiner Art befriedigt.« (MEW 25, 205) Es ist nun offensichtlich, dass eine weltweite Nachfrage nach fossilen Energieträgern existiert. Insbesondere die armen Länder benötigen billige Energie, aber auch Länder wie China und Indien, die eine wachsende Bevölkerung und eine expandierende Ökonomie mit leistbarer Energie zu versorgen haben. Zudem ist insbesondere das Erdöl nicht nur ein Energieträger, sondern wird für die Produktion von mannigfachen Gütern benötigt, der Bogen reicht von Kunststoffen und Kunstfasern bis zu Medikamenten. Ein Ausstieg aus den fossilen Energieträgern kann nur gelingen, wenn die weltweite Nachfrage sinkt. Ob und in welchem Tempo dies realistisch möglich ist, ist eine schwierige und komplexe Frage. Wohl kann das fossile Kapital beschuldigt werden, die Folgen der CO_2-Emissionen zu beschönigen, aber es kann nicht ernsthaft für die weltweite Nachfrage verantwortlich gemacht werden. Das wäre so, wie wenn man die Waffenproduktion für Kriege verantwortlich machen würde. Zweifellos, ohne Waffen keine Kriege, aber die Entscheidung für Kriege liegt in der Verantwortung der politischen Entscheidungsträger, nicht in der der Waffenproduzenten.

Im Sinne der Marx'schen Kapitalanalyse müssen auch die fossilen Kapitale als Teil des gesellschaftlichen Gesamtkapitals begriffen werden, die so wie andere den Gesetzen der Nachfrage, der Konkurrenz und der Profitlogik unterliegen. Der Klimadiskurs löst sie jedoch völlig aus diesem Zusammenhang und unterstellt, die fossilen Unternehmen könnten ihre Profite primär mit politischen, manipulativen Methoden sichern, als wären sie nicht den Mechanismen des Ausgleichs der Profitrate unterworfen, als ginge sie die historische Dynamik der Entwicklung der Durchschnittsprofitrate nichts an. Es gäbe also zwei Arten von Kapital. Das »normale« Kapital, welches unter anderem Windräder und Solarzellen erzeugt, und das »böse« Kapital des fossilen Sektors. Es seien einfach die unverantwortlichen Betreiber der Gas- und Erdölindustrie, die die ganze Welt in Geiselhaft nehmen können, die nötigen Maßnahmen sabotieren und in der politischen Rechten ihre Handlanger finden. Mario Candeias, ein Vordenker der *Luxemburg-Stiftung*, sagt es ganz klar: Eine Allianz der »aggressiven Verteidigung der fossilistischen Lebensweise«,[298] repräsentiert durch Trump und Co., blockiert alle Versuche, den Klimawandel einzudämmen. Zudem finanzierten sie hinterhältig und listig gefälschte Studien, die die Harmlosigkeit ihrer Produkte bescheinigen sollen. An die Stelle einer informierten Kritik der Mechanismen der Kapitalakkumulation und ihres Herrschaftscharakters tritt eine simple Verschwörungstheorie. Aus dem gesellschaftlichen Verhältnis zwischen KapitaleignerInnen und den BesitzerInnen der Ware Arbeitskraft wird eine Fraktion von gewissenlosen Schurken. Die Marx'sche Einsicht in die notwendige Unterwerfung der lebendigen Arbeit unter das Diktat des Kapitals weicht einer moralisierenden Kritik an bestimmten KapitalistInnen.

Erdmutter Gaia rächt sich

Es gibt allerdings eine Brücke zwischen der alten Ökologiebewegung und der gegenwärtigen Klimaszene. Teile der Ökologiebewegung meinten, die negativen Folgen der Industrialisierung, ja der Zivilisation selbst, als Rache der Natur zu interpretieren. Erdmutter Gaia schlage zurück. Diese esoterisch aufgeladene Sichtweise findet sich auch in der Klimabewegung. Der Mensch störe das Gleichgewicht der Natur auf fatale Weise.

Eine in sich ruhende Natur, die sich selbst reguliert, ist ein Mythos. Eine derartige Natur existiert insbesondere in Europa seit Jahrtausenden nicht mehr. Der Großteil der Erde ist eine vom Menschen geschaffene Kulturlandschaft. Das Pflanzenkleid sowie die Tiere, der Lauf der Flüsse und selbst Seen sind bewusst vom Menschen gestaltet. Jene Teile der Erdoberfläche, in denen der Einfluss des Menschen gering ist, schwinden oder werden bewusst als Nationalparks organisiert. Nicht der Klimawandel, sondern die Ausdehnung

---

298 https://zeitschrift-luxemburg.de/artikel/wir-leben-in-keiner-offenen-situation-mehr/. Der Ausdruck »fossilistische Lebensweise« ist eine aus dem Hut gezauberte Kreation des Autors.

der menschlichen Siedlungsgebiete ist der wichtigste Faktor für die Reduktion der Artenvielfalt. Viele wild lebende Tiere wie etwa Wölfe und Bären werden in Europa nur noch geduldet und sind vom permanenten Abschuss bedroht. Sehnsüchte nach einer unberührten Wildnis werden oftmals auf Afrika projiziert, als ob es dort keine Kulturlandschaften gäbe, die wie im Rest der Welt den Lebensraum von Wildtieren begrenzen würden. Eine für sich bestehende, von eigenen Gesetzen bestimmte Natur, in die der Mensch mit sträflichen Folgen eingreift, um dann die Rache Gaias, der Erdmutter, zu spüren zu bekommen, ist eine esoterisch-mystische Denkfigur der alten Ökologiebewegung. Diese allerdings wurde von Teilen der Klimabewegung übernommen. Als diffuse Ideologie im Hintergrund funktioniert der Brückenschlag einigermaßen, von der Sache her jedoch keinesfalls.

Klimagerechtigkeit

Es existiert eine Reihe von Ausdrücken, mit denen die Verknüpfung von Klimabewegung mit dem Versuch, neue gesellschaftliche Verhältnisse zu schaffen, auf den Begriff gebracht werden soll. Eine Orientierung nennt sich Degrowth, ein kaum ins Deutsche übersetzbarer Begriff. Dabei geht es um den Rückbau der Produktion und Konsumation auf weniger, aber sinnvollere Produkte. Der Name der Gruppe *System Change, Not Climate Change* ist bereits Programm. Auch der Begriff Ökosozialismus wurde schon genannt. Die große gemeinsame Klammer über alle diese Gruppen, Plattformen, Zeitschriften und Initiativen lautet jedoch Klimagerechtigkeit. Dieses Wort hat sich niemand ausgedacht, darüber wurde auch nicht abgestimmt und es entstammt auch nicht einem bestimmten Vorschlag. Es ist naturwüchsig aus der Gesinnung der Protagonisten erwachsen. Egal ob nur der Wortstamm Gerechtigkeit oder das Kompositum Klimagerechtigkeit verwendet wird, es geht immer nur um Verteilung, die eben als ungerecht empfunden wird, nicht um soziale und politische Herrschaft an sich. Oder um es sozialphilosophischer auszudrücken, die Dynamik des Herr-Knecht-Verhältnisses in der Tradition von Hegel oder Marx wird nicht angesprochen. Die Ausblendung all dieser Thematiken macht Gerechtigkeit für die Klimabewegung so funktional. Klimagerechtigkeit kann als die große Klammer fungieren, unabhängig davon, wie ernst die Perspektive auf eine neue

Gesellschaft ausfällt oder auch wie seicht und nichtssagend die Kritik an den kapitalistischen Verhältnissen. Für das grüne C02-freie Kapital ist mit der Rede über Gerechtigkeit alles gelöst: »Dieser Begriff trägt viel Kraft in sich, weil er die *Trennung zwischen sozialen und ökologischen Bewegungen aufhebt*. Aktivist:innen, die scheinbar unterschiedliche Themen wie Frieden, Menschenrechte oder Umwelt besetzen, können sich hinter der Forderung nach Klimagerechtigkeit vereinen.«[299] So einfach ist das. Dieses Zitat steht auf einer Webseite, die von der *Utopia GmbH* betrieben wird, die wiederum zur *GLG Green Lifestyle GmbH* und zur *Umweltbank* gehört, wie das Impressum verrät. Ob *Extinction Rebellion*, *Fridays for Future* oder die *Initiative degrowth* (sic!), allen wird ordentlich Honig auf *utopia.de* ums Maul geschmiert und auf weiteren Seiten zum Konsum von grünen Produkten eingeladen. Alles, aber wirklich alles, was an linken Floskeln und Phrasen Verwendung findet, hat sich auf dieser Seite versammelt.[300] Auf den Seiten der Trittbrettfahrer wie *klimax.online* oder *endfossil.de*, die *Fridays for Future* kopieren, ist die Welt noch ein Stückchen simpler. Diese simulierten Graswurzelbewegungen laden zum fröhlichen Mitmachen ein. Klimagerechtigkeit sei das Ziel, es ginge bloß noch um dein Engagement! *Klimax.online* wirbt mit diesen Worten um MitstreiterInnen: »Wo steht die Klimagerechtigkeitsbewegung? Was diskutiert sie und auf welche Kämpfe bereitet sie sich vor? Wie kannst Du mit Deiner Gruppe darin mitmischen und vielleicht sogar selber über strategische Fragen diskutieren? Wenn diese Fragen Dich interessieren, dann bist Du auf KlimaX genau richtig.«[301] *Endfossil.de* wiederum fantasiert eine »Massen-Klimagerechtigkeitsbewegung« herbei, die dieses Ziel hätte: »Wir wollen ein Ende der fossilen Industrie, um Klimaneutralität und weltweite soziale Gerechtigkeit zu erreichen.«[302] Nach dem Sinn solcher Aussagen sucht man vergeblich.

Gerechtigkeit ist ein wahrhaft schillernder Begriff und über ihn wurden Laufmeter von Literatur geschrieben. Eine gute Möglichkeit, die Debatte

---

299 https://utopia.de/ratgeber/klimagerechtigkeit-was-ist-das-eigentlich/
300 »Warum nur Sonne & Wind das Klima retten; Native Americans sprechen von Umweltrassismus; Lokale Organisationen und Privatpersonen üben Druck auf Großkonzerne und Regierungen aus, um Klimagerechtigkeit zu erreichen. Sie vertrauen nicht darauf, dass Regierungen ›von oben‹ diese Aufgabe übernehmen.« usw. usf. https://utopia.de/ratgeber/klimagerechtigkeit-was-ist-das-eigentlich/
301 klimax.online
302 https://endfossil.de/

zu entwirren und diskutierbar zu machen, ist immer noch der Rekurs auf die zwei Formen der Gerechtigkeit, die Aristoteles in seiner *Nikomachischen Ethik* erwähnt. Seine Unterscheidung zwischen der distributiven Gerechtigkeit und der ausgleichenden Gerechtigkeit prägt bis heute das Verständnis.

Werfen wir zuerst einen Blick auf die distributive, austeilende Gerechtigkeit. Dabei geht es darum, dass ein knappes Gut nach einem ihm entsprechendem Maß verteilt wird. Das klingt im ersten Moment kompliziert, kann aber leicht erklärt werden. Nehmen wir die medizinische Versorgung. Sie ist ein knappes Gut, da nicht unendlich viele ÄrztInnen zur Verfügung stehen. Wir finden es gerecht, wenn das knappe Gut medizinische Behandlung nach der Schwere der Erkrankung verteilt wird. Gerecht ist es also, wenn schwer Verwundete zuerst behandelt werden, und erst dann jene versorgt werden, die bloß eine Schönheitsoperation möchten. Ebenso wir finden es gerecht, wenn Entlohnung nach der Leistung erfolgt. Aber wie das letzte Beispiel zeigt, die distributive Gerechtigkeit ist nicht ohne Tücken. Wie misst man Leistung? Und wer misst sie? Ist es gerecht, wenn die individuelle Leistung allein zählt? Oder ist es nicht gerechter, wenn die Entlohnung die Bedürftigkeit berücksichtigt? Marx überlegt vor dem Hintergrund einer unterstellten nachkapitalistischen Ökonomie, in der der Lohn durch die Vergabe von Stundenzettel ersetzt wäre, wie eine gerechte Zuteilung aussehen möge: »Ein Arbeiter ist verheiratet, der andre nicht; einer hat mehr Kinder als der andre etc. etc. Bei gleicher Arbeitsleistung und daher gleichem Anteil an dem gesellschaftlichen Konsumtionsfonds erhält also der eine faktisch mehr als der andre, ist der eine reicher als der andre etc. Um alle diese Missstände zu vermeiden, müsste das Recht, statt gleich, vielmehr ungleich sein.« (MEW 19; 21) Marx spielt in diesem Passus auf die oft diskutierte Aporie der distributiven Gerechtigkeit an. Ist gleichmäßige Verteilung gerecht, bei der alle dasselbe erhalten, oder ist eine Verteilung gerecht, die spezifische Aspekte berücksichtigt, wie etwa besondere Bedürftigkeit oder spezielle Notlagen?

Das Thema der distributiven Gerechtigkeit kann anhand eines aktuellen, klimarelevanten Themas durchdacht werden. Die österreichische Bundesregierung besteuert den Handel mit den Emissionszertifikaten auf Basis des Emissionszertifikatehandelsgesetz. Die Steuereinnahmen werden nach dem Wohnort gestaffelt ausbezahlt, wobei die mögliche Anbindung an ein öffentliches Verkehrsnetz berücksichtigt wird. Daher ist dieser Bonus in

Wien niedriger (etwa 110 Euro im Jahr) als in sehr entlegenen Gegenden (etwa 220 Euro im Jahr).[303] Einkommen und Besitz werden *nicht* berücksichtigt. Das Maß der Verteilung ist also der Wohnort, nicht das Einkommen. Ist dieses Kriterium gerecht? Darüber kann lange diskutiert werden.

Zudem, gibt es nicht »Güter«, die gerecht nur gleich verteilt werden können? Auch hier drängt sich ein Beispiel auf: Wie steht es mit dem »Gut« Wahlrecht? Ist es gerecht, wenn alle wählen können, die in einem Land leben, oder ist es gerecht, wenn nur jene das Wahlrecht besitzen, die auch StaatsbürgerInnen sind? Ein weiteres Beispiel: Auch in Österreich sind Personen, die wegen sehr schwerer Verbrechen verurteilt wurden, vom Wahlrecht ausgeschlossen. Ist das gerecht? Zur Zeit des Zensuswahlrechts hielten es manche für gerecht, dass jene, die mehr Steuer zahlen, auch mehr Stimmen erhielten, da sie den Staatshaushalt in höherem Maße finanzierten. Man sieht, Gerechtigkeit ist ein komplexes Thema und das eigene Meinen und Dafürhalten entscheidet, ob eine Verteilung als gerecht oder ungerecht empfunden wird.

Die ausgleichende Gerechtigkeit ist die zweite Form der Gerechtigkeit. Ausgleichende Gerechtigkeit meint Wiedergutmachung. Die Klimagerechtigkeit ist eine Variante der ausgleichenden Gerechtigkeit. Es sei gerecht, so Aristoteles, wenn ein verursachter Schaden wieder gutgemacht würde. Das klassische Beispiel ist der Diebstahl. Der vom Dieb verursachte Schaden, die Entwendung, müsse wieder zurückgenommen, das Diebesgut den BesitzerInnen zurückerstattet werden. (Von Rache und Bestrafung hält Aristoteles wenig.) Die Klimagerechtigkeit will offensichtlich ausgleichen, wiedergutmachen. Jene, die besonders viel Treibhausgase emittieren, müssen jenen, denen dadurch ein Schaden zugefügt wird, die also besonders unter dem Klimawandel leiden, diesen wieder gutmachen. Ausgleichende Gerechtigkeit stellt den früheren Zustand wieder her, sei es die Rückgabe des Diebesgutes oder die Kompensation der Schäden durch den Klimawandel, als ob es diese nicht gegeben hätte. Ausgleichende Gerechtigkeit meint Kompensation und so ist es auch bei der Klimagerechtigkeit.

Ich weiß nicht, ob vielen AktivistInnen in der Klimabewegung überhaupt bewusst ist, dass Marx den Begriff der Gerechtigkeit als emanzipatorische Leitidee auf das Schärfste zurückgewiesen hat. Zumindest die linken

---

303   https://www.klimabonus.gv.at/

Intellektuellen sollten dies wissen. Marx nimmt den Begriff der Gerechtigkeit so wenig ernst, so dass er ihn mit wenigen Worten abkanzelt. »Dieser Inhalt ist gerecht, sobald er der Produktionsweise entspricht, ihr adäquat ist. Er ist ungerecht, sobald er ihr widerspricht. Sklaverei, auf Basis der kapitalistischen Produktionsweise, ist ungerecht; ebenso der Betrug auf die Qualität der Ware.« (MEW 25, 352) Marx drückt mit diesen etwa saloppen Worten den strukturkonservativen Charakter der Forderung nach Gerechtigkeit aus. Das Gemeinte ist einfach zu erklären. Ein gerechter Lohn ist immer noch ein Lohn und tastet die Institution der Lohnarbeit nicht an. Ein gerechtes Gerichtsurteil stellt das Justizsystem nicht in Frage. Eine gerechte Notenvergabe lässt das Notensystem des gegenwärtigen Schul- und Bildungssystems unangetastet. Es sei gerecht, dass alle gleichermaßen zum Militär eingezogen werden, ungerecht sei es, wenn Reiche und Mächtige sich davor drücken könnten. Aber auch eine gerechte Form der Einberufung akzeptiert Heer, Militarismus und Krieg. Gerechtigkeit bezieht sich immer auf Verteilung oder Zuteilung auf Basis der gesellschaftlichen Verhältnisse, so wie sie sind. Das meint Marx, wenn er davon spricht, gerecht sei ein Inhalt, »sobald er der Produktionsweise entspricht«. Das macht die Forderung nach Gerechtigkeit so wenig geeignet, tatsächlich *neue* gesellschaftliche Verhältnisse anzuvisieren. Die Forderung ist so vage, dass so gut wie alle politischen Akteure sie erheben.

Wie vage und unverbindlich der Begriff der Gerechtigkeit ist, scheint auch aus der Verwendung durch den IPCC ersichtlich. Linke Sozialphilosophie ist dieser UNO-Organisation fremd. Trotzdem findet sich im *Synthesebericht zum Sechsten IPCC-Sachstandsbericht (AR6)* ein Passus zur Klimagerechtigkeit. Um ja keinen Begriff auszulassen, werden dem Ausdruck die Termini »Gerechtigkeit, Fairness, soziale Gerechtigkeit, Inklusion und gerechte Prozesse« zur Seite gestellt. So wird jede Spielart des Gerechtigkeits- und Fairnessdiskurses bedient.[304] Das klingt dann so: »Die Priorisierung von Gerechtigkeit/Fairness, Klimagerechtigkeit, sozialer Gerechtigkeit, Inklusion und gerechten Prozessen für den Wandel kann Anpassung und ehrgeizige Maßnahmen zur Minderung des Klimawandels sowie klimaresiliente Entwicklung ermöglichen. Anpassungsergebnisse werden durch eine verstärkte Unterstützung

---

304 Das Buch *Gerechtigkeit als Fairness* von John Rawls ist zweifellos ein Standardwerk der anti-marxistischen Philosophie der Gerechtigkeit.

von Regionen und Menschen mit der höchsten Verwundbarkeit gegenüber Klimagefahren verbessert. Die Integration von Klimaanpassung in soziale Schutzprogramme verbessert die Resilienz [d. h. Fähigkeit, Krisen zu bewältigen].« (IPCC 2023b, 5) In Prosa: Wenn man Klimagerechtigkeit usw. an die erste Stelle setzt, so ist es möglich, Maßnahmen zur Bewältigung der Folgen des Klimawandels durchzuführen. Insbesondere wenn diese Maßnahmen in Schutzmaßnahmen – welchen eigentlich? – für Regionen und Menschen integriert werden, die besonders vom Klimawandel bedroht werden. Derartige Passagen werden tonnenweise von UN-Organisationen produziert. Der Anteil tatsächlich konkreter und präziser Aussagen tendiert gegen null.

Sehen wir uns an, wie ein Protagonist der Klimagerechtigkeit, Tobias Kalt, das Verständnis davon definiert und begründet. Der Text ist dem *Handbuch Politische Ökologie* entnommen, das 2022 von Gottschlich et al. herausgegeben wurde. Wird Kalt konkreter und inhaltlicher?

»Soziale Bewegungen brachten diesen Begriff zu Beginn des UN-Klimaprozesses Ende der 1990er Jahre in die Klimadebatte ein, um die Gerechtigkeitsdimension des Klimawandels hervorzuheben. Denn diejenigen, die am meisten für die globale Erhitzung verantwortlich sind, können sich am besten vor den Folgen schützen. Umgekehrt sind diejenigen, die am wenigsten Verantwortung tragen, am stärksten betroffen. (…) Reiche Industrieländer sollen auf Grund ihrer gegenwärtig wie historisch hohen Emissionen mehr zur Reduktion beitragen als arme Länder und sich stärker an der Klimafinanzierung beteiligen. Klimagerechtigkeit wird dabei auf quantitative Aspekte der Verteilung von Emissionsrechten und Finanzierungsbeiträgen begrenzt. (…) Klimagerechtigkeit geht jedoch darüber hinaus und beinhaltet Forderungen nach der vertraglichen Haftung für klimabedingte Schäden und Verluste, die zwar im Pariser Abkommen erwähnt, jedoch mit keinem Haftungsmechanismus versehen sind. Klimagerechtigkeit bedeutet außerdem die Begleichung von Klimaschulden. Diejenigen Länder, welche die begrenzten Senkenkapazitäten des Planeten historisch und gegenwärtig überproportional beanspruchen, haben sich gegenüber denjenigen Ländern verschuldet, die weniger emittieren und die Klimafolgen- und Anpassungskosten übermäßig tragen (…).« (Kalt 2022, 173f)

Tobias Kalt fokussiert auf die radikalste, (angeblich) von den Bewegungen in die Debatte eingebrachte Definition von Klimagerechtigkeit. Auffallend ist, dass im Text Klimagerechtigkeit gleich doppelt definiert wird: Gerecht wäre es, die verursachten klimabedingten Schäden durch Zahlungen zu kompensieren. Die »reichen Industrieländer« würden in den »armen Ländern« nicht näher definierte »Schäden und Verluste« verursachen, diese müssten durch Kompensationszahlungen ausgeglichen werden. Das ist die erste Version. Die zweite Version beruht auf der höheren Inanspruchnahme der CO_2-Senken[305] durch die reichen Industrieländer. Daher müssten diese Länder den armen Ländern eine Art Benützungsgebühr überweisen. Es geht also in beiden Fällen um Geldüberweisungen. Die Schlussfolgerungen dieser gestelzten Wortkaskaden ist somit eher schlicht: Es geht um finanzielle Transferzahlungen von den »reichen Industrieländern« an die »armen Länder«. Das sei also Klimagerechtigkeit. Es stellt sich freilich die Frage, wie sollen die Kompensationszahlungen für die Inanspruchnahme der CO_2-Senken und die Schäden berechnet werden? Sind 20 Millionen, 200 Millionen oder 2 Milliarden Euro oder noch mehr dafür angemessen? Ich weiß es nicht, Tobias Kalt offenbar auch nicht. Der an IPCC-Berichten beteiligte Wissenschaftler Saleemul Huq forderte jedenfalls »viele Billionen US-Dollar«.[306]

Geld, das Maß aller Klimaschäden?

Wie sollen sich die inflationär behaupteten negativen Folgen des Klimawandels in Geldsummen berechnen lassen? Was sollen zum Beispiel mehr Hitzetage im Sommer »wert« sein, was der gemessene Anstieg des Meeresspiegels seit 1900 um 20 Zentimeter? Die Klimaschäden werden so allgemein, so umfassend und alle Bereiche betreffend behauptet, so dass jede konkrete Berechnung des Gesamtschadens scheitern muss.

Angenommen, der reiche Norden überweist dem armen Süden bedeutende Geldsummen. Wenn nun die »reichen Industrieländer« ihre Schulden

---

305 Ich wiederhole die Fußnote aus dem zweiten Kapitel: Senken ist der Fachausdruck für alle CO2-aufnahmefähigen Ökosysteme.
306 https://www.thedailystar.net/opinion/views/politics-climate-change/news/the-whos-and-hows-allocating-loss-and-damage-funds-3223961

bei den »weniger emittierenden« Ländern begleichen, so landet das Geld erst mal in deren Staatskassen. Und nun muss man darauf vertrauen, dass diese Geldsummen weder für Waffen ausgegeben werden, noch in Korruptionskanälen versickern. Es gab in der Vergangenheit wohl Absichtserklärungen, Gelder für die Klimagerechtigkeit bereitzustellen. So bekräftigten etwa im Übereinkommen von Paris 2015 »die entwickelten Länder, dass sie dazu finanzielle Mittel bereitstellen wollen.«[307] Am 27. UN-Klimagipfel in Sharm el-Sheikh wurde tatsächlich beschlossen, ein Konto für den internationalen Ausgleich von Klimaschäden einzurichten. »Für übergroßen Jubel ist es noch zu früh. Erst mal ist es nur ein Konto ohne Einlage. Bis der Fonds steht, dauert es noch bis 2024. Und wer wie viel einzahlen wird, ist auch noch offen.«[308]

Dass es sich bei der Forderung nach Klimagerechtigkeit um kein sachlich begründetes, sondern ein moralisches Unterfangen handelt, möchte ich am Beispiel Afrika zeigen. »Erstmals kommen Afrikas Staats- und Regierungschefs dieser Tage im Vorfeld der jährlichen UN-Klimakonferenz zu einem eigenen Klimagipfel zusammen«,[309] schreibt Wolfgang Pomrehn begeistert. Nun tragen die Staaten Afrikas tatsächlich sehr wenig zur Emission von Treibhausgasen bei, um eine Dekarbonisierung vor Ort kann es somit nicht gehen. Halten wir fest: Erstens, nicht die angenommenen *Ursachen* für den Klimawandel, sondern die behaupteten *Folgen* desselben wären also durch die geforderten finanziellen Entschädigungen kompensiert. Zweitens: Unter dem Label der Klimagerechtigkeit werden die realen ökonomischen, politischen und sozialen Ursachen für die Probleme vieler Menschen in Afrika auf das Klima geschoben, das als universaler Sündenbock dient. Die Naturalisierung gesellschaftlich verursachter Ungleichheiten und Probleme ist das Markenzeichen des Klimadiskurses, der die Marx'sche Ausbeutungstheorie nicht einmal vom Hörensagen kennt. Nicht mehr Mangel an Einkünften, unzureichende Einkommensmöglichkeiten, das Wüten unkontrollierbarer Söldnermilizen, Korruption, Mangel an Schulen, Spitälern, Mangel an leistbarer Energie, nicht mehr die

---

307 https://de.wikipedia.org/wiki/Klimagerechtigkeit
308 https://www.klimareporter.de/klimakonferenzen/konto-ohne-einlage
309 https://www.telepolis.de/features/Die-reichen-Staaten-zahlen-nicht-fuer-ihre-Klimaschaeden-vor-allem-in-Afrika-9296724.html?seite=all

brutale und rücksichtslose Ausplünderung der Rohstoffe Afrikas durch international agierende Konzerne, nicht mehr die unverantwortliche Entsorgung von giftigem, im Globalen Norden produziertem Sondermüll würden Perspektivlosigkeit und Probleme bewirken – letztlich sei es der über Afrika kommende Klimawandel, der Armut, Hunger, Erwerbslosigkeit und Flüchtlingsströme produziere. Die sieben Plagen der Bibel werden zu einer, die wiederum durch eine Zahl verursacht würde, die Ppm-Konzentration von CO_2 in der Atmosphäre. Anstatt die realen Probleme vor Ort anzugehen, entlastet der Klimadiskurs lokale Machthaber und vor allem blendet er den konkreten Zugriff der internationalen Konzerne und imperialistischen Mächte auf Gesellschaft und Wirtschaft Afrikas aus. Afrika leidet nicht unter den CO_2-Emissionen in den Metropolen, es leidet unter den Interventionen vor Ort.

Andererseits, warum soll Menschen, die unter Dürre und in Folge an Hunger leiden, nicht geholfen werden? Dagegen ist doch nichts einzuwenden? Es gab genug Erfahrung mit derartigen Geldtransfers. Zuvor wurden diese Geldflüsse Entwicklungshilfe genannt. Die Kritik daran erfolgte auf allen Ebenen und aus unterschiedlichen Perspektiven. Insbesondere linke Gruppen und AktivistInnen kritisierten, dass gut und gut gemeint wahrlich nicht dasselbe sei. Paternalismus, Erstickung der Eigeninitiative, Korruption, Schaffung neuer Abhängigkeiten, Bevormundung und kaum Verständnis für die kulturellen und gesellschaftlichen Bedingungen vor Ort lauteten die Kritikpunkte. Das Internet ist voll von kritischen Berichten, von Artikeln in Zeitschriften und Fachjournalen ganz zu schweigen. Aber wenn nun auf ein altes Konzept ein neues Etikett geklebt wird und es statt Entwicklungshilfe Klimagerechtigkeit heißt, dann scheint diese Kritik vergessen.

Man spricht von Schulden und meint Schuld

Es stellt sich die Frage, wer sind überhaupt die »reichen Industrieländer«, die die CO_2-Senken de facto über Gebühr benützen und für die Mehrzahl der Emissionen verantwortlich sind? Hier die Entwicklung der jährlichen CO_2-Emissionen laut *OurWorldinData*:

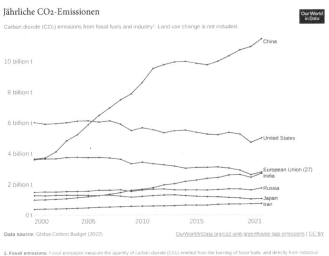

https://ourworldindata.org/co2/country/
united-states?country=~USA#what-are-the-country-s-annual-co2-emissions

Anhand der Daten ist klar ersichtlich, dass keinesfalls die »reichen Industriestaaten« des Westens die meisten Treibhausgase emittieren. Auch Russland und der Iran zählen zu Staaten mit bedeutenden Emissionen. Insbesondere fällt auf, dass in den USA, in der Europäischen Union und auch in Japan diese gesenkt wurden, jene in China und in Indien jedoch ansteigen. Müsste man nicht in erster Linie China zur Kasse bitten?

Eine ernsthafte Berechnung der Schulden der reichen Industriestaaten ist ebenso wenig möglich wie eine Einschätzung der durch den Klimawandel verursachen Schäden. Unwetterkatastrophen gab es immer schon, es müsste also eine Steigerung der Schadensfälle durch vermehrte extreme Wetterereignisse in Betracht gezogen werden, die es, wie im Kapitel 6 belegt, so gar nicht gibt. Zudem, und das betrifft insbesondere die Hurrikans, werden die Küsten immer dichter besiedelt. Höhere Schadenssummen zeigen daher keinesfalls eine Intensivierung der Extremwetter an. Zudem würde die Begleichung der Klimaschulden an der weiteren Entwicklung des Weltklimas kaum etwas ändern, da ja zu Recht davon ausgegangen wird, dass die ärmsten Länder kaum etwas zu den Emissionen beitragen. Derartige Geldtransfers würden die prognostizierte Dynamik des Klimageschehens nicht aufhalten. Tatsächlich geht es um eine moderne Form des Ablasshandels. Die Klimagerechtigkeit speist sich aus einer diffusen und sehr allgemein vorgetragenen Behauptung, »wir« seien schuld an den drängenden Problemen des Globalen Südens. Mit einer präzisen und argumentativ unterfütterten Analyse imperialistischer und neoimperialistischer Verhältnisse und Strukturen hat diese Rede nichts gemein. Man spricht von Schulden und meint Schuld. In der Realität sind die zu überweisenden Summen so wenig zu bestimmen, wie die Geldsummen im historischen Vorbild, dem spätmittelalterlichem Ablasshandel, um die Jahre im Fegefeuer zu reduzierten.

Exkurs: Mythos Fußabdruck

Im Zusammenhang mit den tatsächlichen Emissionen der Staaten der Welt sei ein klares Wort zum Thema ökologischer Fußabdruck eingefügt. Um im Ranking die westlichen Industriestaaten an der Spitze zu positionieren, werden statt den tatsächlichen Gesamtemissionen die Emissionen pro Kopf verglichen. Solche sind physikalisch jedoch irrelevant. Denn es sind die tatsächlich freigesetzten Mengen, nicht jene, die es gebe, wenn alle so leben würden wie zum Beispiel in Deutschland, die für die Klimasensitivität der Treibhausgase von Bedeutung sind. Der Begriff Fußabdruck ist methodisch irreführend und führt zu falschen Schlussfolgerungen. Es wird nicht von den gesamtgesellschaftlichen Verhältnissen auf den individuellen Konsum geschlossen, sondern umgekehrt, fälschlich vom individuellen Konsum auf die allgemeinen Verhältnisse. Das ist die wesentliche Schwäche der Fußabdruckmessung.

Ich erläutere dies an wichtigen Beispielen. Beginnen wir mit der Forderung nach dem Tempo 100. Dagegen ist nichts einzuwenden, aber die Ersparnis von CO_2 muss richtig berechnet werden. Um die allgemeine Auswirkung einer solchen Tempobeschränkung zu berechnen, kann ich nicht einfach den Verbrauch bei 130 km/h jenem bei 100 km/h gegenüberstellen und diese Differenz als Ersparnis anpreisen. Ich kann also nicht den Fußabdruck eines Autos mit 130 km/h einem mit 100 km/h entgegenstellen, um einen physikalisch *relevanten* Mehrverbrauch zu berechnen. Um die tatsächliche Wirkung auf die gesamte CO_2-Emission zu erfassen, muss ich berechnen, wie viele Autos tatsächlich mit über 100 km/h unterwegs sind. Die überwiegenden Fahrten finden wohl im Stadtgebiet oder auf Landstraßen statt, nur ein kleiner Teil der Automobile ist auf Autobahnen unterwegs, zudem fallen Lastwägen so und so aus dieser Berechnung heraus, da sie kaum schneller als 80 km/h fahren. Ich nehme einmal um des Beispiels willen an, 1 % aller Autos sind zu einem bestimmten Zeitpunkt mit mehr als 100 km/h unterwegs. Bei einer Tempobeschränkung reduziert sich die Gesamtemission nur für diese 1 %, alle anderen Fahrzeuge fahren langsamer. Laut diversen Berechnungen bringt eine Reduktion von 130 auf 100 km/h 23 % bis 25 % weniger Spritverbrauch, aber eben nur für diese (angenommen) 1 %, die real mit mehr als 100 km/h fahren. Aber so wird nicht gerechnet und argumentiert.

Ein weiteres gravierendes Beispiel sind die Flugreisen. Was hier an Fußabdruckrechnern angeboten wird, grenzt an Manipulation. Alle, die mit Kostenrechnung vertraut sind, kennen den Unterschied zwischen Fixkosten und variablen Kosten. Das lässt sich auch auf Treibhausgasemissionen umlegen. Die »Fixkosten« beim Flugverkehr wären die Emissionen, die beim Bau und Betrieb der Flughäfen, sowie bei der Produktion und Wartung von Flugzeugen entstehen. So es überhaupt eine Nachfrage nach Flugreisen gibt, sind diese Emissionen erst mal von der individuellen Entscheidung, ein Flugzeug zu benutzen, unabhängig. Solange die Auslastung genügend Profit erzeugt, werden Flugzeuge auch mit einigen leeren Sitzen fliegen. Die Quantität der individuellen Entscheidungen, die »variablen Kosten«, schlägt nur dann in eine neue Qualität der Emissionen um, wenn entweder die Nachfrage so groß ist, dass zusätzliche Flüge stattfinden oder gar neue Flughäfen gebaut oder vorhandene Pisten ergänzt werden. Oder die Nachfrage ist so gering, dass Flüge gestrichen oder gar Flughäfen stillgelegt werden. Aber das sind Extreme. Die Fußabdruckrechner hingegen suggerieren, es gäbe ein direktes lineares Verhältnis zwischen individuell gewählten Flügen und der CO_2-Emission. Das ist unrichtig. Solange die Sitzkapazitäten reichen, würde selbst eine erhöhte Fluggastzahl um z. B. 10 % kaum etwas an den Treibhausgasemissionen der Flughäfen und des Flugbetriebs ändern. Umgekehrt wohl ebenso. Völlig abwegig ist in diesem Zusammenhang die Forderung, die Flüge müssten teurer werden, damit weniger Menschen das Flugzeug benutzen. Die so errechnete CO_2-Ersparnis ist illusionär, sie beruht ebenso auf der simplen und falschen Multiplikation: individueller CO_2-Fußabdruck mal Flug pro Person. In der Realität würde eine Verteuerung der Flugkosten den Flugverkehr und damit die Emissionen kaum beeinträchtigen.

Ich kenne die notwendigen Auslastungen pro Flugbewegung nicht, mit der Fluggesellschaften gerade noch positiv bilanzieren. Aber steigen die Flugpreise, so können auch weniger ausgelastete Flugrouten profitabel betrieben werden. Höhere Preise bei sonst gleichbleibenden Kosten verbessern die Bilanzen der Fluggesellschaften und werden kaum den Flugverkehr einschränken. Es sei denn, die Preise klettern in derartige Höhen, so dass Fliegen wie früher wieder eine Angelegenheit der gut verdienenden Eliten wird. Der Autor, Jahrgang 1953, kann sich noch gut daran erinnern, dass Flüge etwa nach Indien mehrere durchschnittliche Monatslöhne gekostet haben. Am Flughafen Wien-Schwechat wurde damals eine Aussichtsplattform eingerichtet, in der das gemeine Volk die Starts und Landungen der Flugzeuge bewundern konnte, in denen die Betuchten ihre Fernreisen absolvierten.

Die Sachlage ist jedoch noch komplexer. Jede Produktion und jeder Transport setzt andere produktive Tätigkeiten voraus. Um einen Flughafen zu bauen, sind eine ganze Reihe anderer Produktionsstätten notwendig, also Baufirmen, Produktion von Stahl, Zement, Glas usw. Diese Produktion wiederum beruht auf weiterer erzeugender, planender und organisierender Tätigkeit. Kurzum, die gesamte Gesellschaft ist ein produktiver Zusammenhang, eines bedingt das andere. Jede Berechnung, die einer Produktion oder einer Transportsphäre eine bestimmte Emission zuordnet, muss an einem bestimmten Punkt enden. Wenn ich die Emissionen des Stahls rechne, der für die Windräder notwendig ist, kann ich dann die Emissionen für den Bau des Stahlwerks, für die Lastwägen, die Zementerzeugung, für die Produktion der elektrischen Turbinen einfach ausblenden? Wohl mag der Anteil für die Erzeugung und die Aufstellung der Windräder teilweise sehr gering sein, aber er ist nicht null. Die realen Größen sind die Größen des gesamten Produktions- und Distributionssektors der Gesellschaft, zudem geschieht die »Produktion« der Arbeitskräfte ebenfalls nicht emissionslos.

Diese Überlegungen sind auch für den Anspruch relevant, emissionsfrei zu produzieren. Die gesellschaftliche Gesamtproduktion in bestimmte Sektoren zu zerlegen und auf dieser Basis Emissionen zu berechnen, berücksichtigt die notwendige gesellschaftliche Arbeitsteilung nicht. Es ist wohl möglich, bestimmte *Produktionsakte* ohne (oder mit geringen) Emissionen zu betreiben. Autos können emissionsfrei fahren, aber das bedeutet nicht, dass der Autoverkehr an sich emissionsfrei ist. Ohne Autostraßen und Autoproduktion keine Autofahrten. Und erneut müssen wir die oben skizzierte Überlegung aufgreifen, keine Autoproduktion ohne unzählige weitere Zulieferfirmen, die wiederum auf andere Zulieferfirmen angewiesen sind. Aber auch kein Bau von Elektroautos ohne Forschung und Forschungsstädten, ohne Computer mit all ihren seltenen Erden usw. Was Bohnstingl, Obermayr und ich zu den Phantasien von ZeroCovid schrieben, nämlich die Wirtschaft auf das unbedingt Notwendige herunterzufahren, gilt auch für die Zuordnung von Emissionen.

»Produktionsprozesse sind horizontal und vertikal ausgesprochen arbeitsteilig gestaltet. Produktionsketten überziehen den gesamten Planeten. Distributionsprozesse, nicht weniger arbeitsteilig betrieben, bedienen sich elaborierter Logistik, um die Warenmassen an ihre Bestimmungsorte zu bringen. (…) Und nicht zuletzt muss auch die Ware Arbeitskraft täglich ihren Weg zu den Produktionsmitteln finden, über Grenzen hinweg und in voll gepferchten Verkehrsmitteln. All diese Faktoren sind höchst komplex und obendrauf noch vielfältig miteinander verstrickt. Zu glauben, man könnte die Wirkung ihrer radikalen Stilllegung einfach kalkulieren oder gar kontrollieren, stellt in puncto Komplexitätsleugnung jede Verschwörungstheorie in den Schatten.« (Bohnstingl et al. 2023, 281)

Die Weltwirtschaft besteht nicht aus separaten Teilen, deren Emissionen für sich berechnet werden können. Letztlich ist sie ein gesamtes, ineinander verwobenes System, das als Gesamtheit zu betrachten und zu berechnen ist. Daher ist es schon sehr schwierig, die nationalen Emissionen zu berechnen, zumal ja für die importierten Halb- und Fertigwaren bereits Treibhausgas emittiert wurde. In der nationalen Bilanz scheinen sie nicht auf, aber ohne diese Emissionen gäbe es diese Waren nicht für nationale Produktion und Konsum. Eine nationale Ökonomie nochmals in klar abgrenzbare Teile zu zerlegen, erscheint mit methodisch sehr problematisch. Die Methode des Fußabdrucks dreht das Verhältnis um und suggeriert, man finde im individuellen Konsum die gesellschaftlichen Basisgrößen und ihre Multiplikation mit den einzelnen KonsumentInnen ergebe in Summe die Gesamtmenge.

Die Reichen sind schuld?

Neben der Schuld der reichen Staaten gegenüber den armen Ländern werden von der Klimaszene auch die Verhältnisse innerhalb der reichen Länder thematisiert. Das Ziel der Kritik sind pauschal »die Reichen«. Auch mit diesem Begriff werden Standards der Gesellschaftskritik aufgegeben. Gesellschaft wird in der linken, marxistischen Tradition in Relationen, also Verhältnissen gedacht. Ökonomisch ist eines der wichtigsten Verhältnisse dasjenige zwischen Kapitaleignern auf der einen Seite und den Arbeitskräften auf der anderen Seite. Dieses Verhältnis ist notwendig ein Verhältnis gegensätzlicher Interessen. Die Arbeitskräfte schaffen mehr Wert, als sie als Lohn bekommen. Diese Differenz nennt Marx Ausbeutung, eine Differenz, die den Beteiligten oft nicht bewusst ist und nichts mit schlechter Behandlung oder Unterbezahlung zu tun hat. »Ausbeutung entsteht dadurch, dass auf dem einen Markt (für Arbeitskräfte) weniger ausgegeben werden muss, als auf dem anderen Markt (für Waren und Dienste) realisiert werden kann. Und das gilt nur für die gesamte Volkswirtschaft, nicht unbedingt für jeden einzelnen Betrieb.« (Resch, Steinert 2011; 102) Die linke Kritik fokussiert auf das Verhältnis selbst, keineswegs auf die Gesinnung oder das individuelle Verhalten der ProtagonistInnen. Nur zur Klarstellung, Marx hat niemals behauptet, die ArbeiterInnen seien die besseren, feineren oder moralisch integreren Menschen als die KapitalbesitzerInnen.

Der Gegensatz zwischen den beiden sozialen Polen Arbeitskräfte und KapitalbesitzerInnen ist grundsätzlich objektiv. Die Rede von »den Reichen« ist blind für dieses Verhältnis. Die gesellschaftliche Position wird nicht mehr aus den sozialen Relationen heraus verstanden, sondern an einem isolierten Merkmal festgemacht, der Masse des Reichtums. Es ist verwunderlich, dass die Klimaszene offenbar nicht bemerkt (oder bemerken will), dass die Methode, diese Reichen als Reiche an den Pranger zu stellen, auch die Methode populistischer und rechtsradikaler Strömungen ist, die mit ernsthafter emanzipatorischer Orientierung wenig am Hut haben. Diese Reichen werden nun keineswegs als KapitaleignerInnen angegriffen, was sie in der Regel ja sind, sondern als BesitzerInnen von »viel Geld«, das sie einfach »haben« und daher für Luxus ausgeben können. Ein beliebtes Ziel der Kritik sind die von ihnen besessenen Privatjets. Das führt notwendig zu verzerrten Schlussfolgerungen.

Werfen wir einen Blick auf die Emissionen des privaten Flugverkehrs. Es ist durchaus zu berechnen, wie viel diese Privatjets bei ihren Flügen quer durch Europa emittieren. Obwohl, so simpel scheint es auch nicht zu sein. Die angegebenen Zahlen der Emissionen der Privatjets schwanken zwischen 10,[310] 3,4[311] und 3,3[312] Millionen Tonnen im Jahr 2022, wobei die Extreme, 10 beziehungsweise 3,3 Tonnen, von derselben Quelle, der *Tagesschau*, genannt wurden. Bei 163 Millionen Tonnen Emissionen durch den gesamten Flugverkehr im Jahre 2019[313] sind das etwa 2 %. Bezogen auf die Gesamtemissionen in der EU mit 3,472 Millionen Tonnen 2021[314] wären das 0,09 %. Ob 2 % beziehungsweise 0,09 % viel oder wenig sind, ist Ansichtssache. Dass jedoch die Wirkung auf das Weltklima eher bescheiden ausfällt, ist wohl nicht zu bestreiten. Im Übrigen betrug der Anteil am gesamten Flugverkehr weltweit gerade 1,9 % laut *Our World in Data*. Wenn ich jedoch die Privatjets als Teil der gesellschaftlichen Gesamtarbeit und Gesamtproduktion betrachte, ist der Fußabdruck sogar größer. Auch Privatjets benötigen Flughäfen, ausgebildetes Personal und Infrastruktur zur Flugüberwachung. Aber wie soll ich diese Faktoren auf die privaten Flugbewegungen umlegen? Man kann weder die Reichen ökonomisch und sozial isoliert betrachten, noch die von ihnen verursachten Emissionen. Wir sind erneut beim Problem des Fußabdruckes, Gesellschaft ist nicht in isolierte Teile zu zerlegen, die für sich zu betrachten sind.

Der methodische Fehlgriff, die Reichen nicht als KapitalbesitzerInnen zu begreifen, sondern bloß als Reiche, treibt skurrile Blüten. So bemüßigt sich die der SPÖ nahestehende Internetplattform *kontrast.at*, »die Milliardäre und Millionäre dieser Welt« für den Großteil der Emissionen verantwortlich zu machen. Mit viel Getöse wird ihr Konsum skandalisiert, um dann diese Anklage mit folgender Aussage zurückzunehmen: »Der Großteil der Gesamtemissionen des reichsten 1 Prozent der Weltbevölkerung stammt aus ihren *Investitionen* und nicht aus dem Konsum – denn der hat seine Grenzen, selbst

---

310 https://www.tagesschau.de/investigativ/ndr/privatjets-treibhausgase-klima-101.html,
311 https://www.tagesschau.de/wirtschaft/flugverkehr-privatjets-eu-101.html
312 https://www.greenpeace.de/publikationen/20230330_Factsheet_Privatjet_DE_EU_Report.pdf
313 https://www.easa.europa.eu/eco/sites/default/files/2022-09/EnvironmentalReport_EASA_summary_DE_06.pdf
314 https://www.umweltbundesamt.de/daten/klima/treibhausgas-emissionen-in-der-europaeischen-union#hauptverursacher

wenn er exzessiv betrieben wird.« (herv. K. R.)[315] Übersetzt in Prosa bedeutet dies nichts anders, als dass das Kapital eben in den Händen weniger liegt. Die Fabriken, die Produktionsanlagen, die Transportmittel, die Warenlager und die Konsumtempel sind ihr Eigentum, *ihre Investitionen*. Und, wenig überraschend, entstammt die Mehrzahl der Emissionen aus der kapitalistisch betriebenen Produktion und Distribution. Selbst wenn man dieses eine Prozent der Superreichen enteignen würde und ihr Eigentum in Kollektiveigentum überführen würde, selbst dann bliebe erst mal alles beim Alten und es würden eben nicht das eine, sondern die 99 Prozent der Menschheit die Emissionen verursachen. Ungeachtet dieser Tatsache wurde in Wien für den 30. September 2023 unter folgendem Motto für eine Demonstration mobilisiert: »Klimakiller zur Kasse bitte! – Ein Milliardär ist so klimaschädlich wie eine Million Menschen.« Dass dieser fiktive Milliardär Produktionsanlagen, Fabriken und Infrastruktur besitzt, die eben für Millionen Güter und Produkte herstellen und dadurch zum Milliardär wurde, scheint wie ausgelöscht. Auch bei diesem Thema ist eine veritable Regression des Argumentationsniveaus zu verzeichnen. Es ist zum Fremdschämen.

Dass allerdings das Militär weltweit 5,8 % der Treibhausgase emittiert wie die Organisation *Conflict and Environment Observatory* berichtet,[316] scheint offensichtlich nicht zu interessieren. Wäre das Militär ein Staat, lege es bezüglich der Emissionen nach China, den USA, der gesamten EU und Indien an fünfter Stelle. Die Forderung nach radikaler allgemeiner Abrüstung würde allerdings auf den Widerstand der bellizistischen Schreibtischtäter innerhalb der Klimabewegung stoßen, die sich im Namen der westlichen Wertegemeinschaft um Waffenlieferungen an die »richtigen« Regime sorgen.

Und wenn die »reichen Industrieländer« unter dem Klimawandel leiden werden?

Wenn wir China zum Globalen Norden zählen und Indien als Ausnahme ausklammern, dann ist die Aussage korrekt, der globale Norden emittiert die Hauptmasse der Treibhausgase. Können wir also die Klimagerechtigkeit auf

---

315 https://kontrast.at/wer-stoesst-am-meisten-co2-aus/
316 https://ceobs.org/wp-content/uploads/2022/11/SGRCEOBS-Estimating_Global_MIlitary_GHG_Emissions_Nov22_rev.pdf

das Verhältnis zwischen Globalen Norden und dem Globalen Süden beziehen? Eigentlich nicht, wenn wir die Aussage ernst nehmen, der Klimawandel würde die gesamte Welt betreffen. Insbesondere Stefan Rahmstorf vom *Potsdam-Institut für Klimafolgenforschung*, einer der wichtigsten Stichwortgeber der Alarmisten-Szene, vermeint vor dem drohenden Kippen des Golfstroms warnen zu müssen, der in der Klimawissenschaft als Atlantische Umwälzströmung (AMOC) bezeichnet wird. Der versiegende Golfstrom sei einer jeder Kipppunkte, die unsere Zivilisation bedrohen würden. Auch gegen diese katastrophistische Aussage gibt es gewichtige Einwände. Fritz Vahrenholt und Sebastian Lüning zitieren mehrere wissenschaftliche Quellen, die dieser These klar widersprechen. Sie verweisen auf Aussagen des *Deutschen Klimakonsortiums*, der NASA, der Universität Bergen, zitieren Stellungnahmen von Martin Visbeck vom *Helmholtz-Zentrum für Ozeanforschung*, Monika Rhein von der Universität Bremen, Femke de Jong und Laura de Steur vom niederländischen NIOZ-Institut und berichten über Messungen des OSNAP-Programms; all diese Aussagen und Forschungsergebnisse bestätigen keinesfalls die alarmistische Sichtweise des PIK. Eindeutig sei nichts, unklar vieles, so ihre Schlussfolgerung: »Eine Überarbeitung der Klimamodelle wäre auch schon deshalb notwendig, weil sie die längerfristigen Veränderungen der Golfstrom-Intensität noch immer nicht korrekt reproduzieren können.« (Lüning, Vahrenholt 2021, 130)[317]

Nehmen wir um des Arguments Willen den schlimmsten Fall an, der Golfstrom versiegt. Dann wären die Schäden für Irland, Großbritannien, Norwegen und für den gesamten Nordwesten Europas enorm. Eine neue Kleine Eiszeit würde einen Teil Europas bedrohen. Auch diese Länder würden zu den massiv geschädigten zählen. Wären in diesem Fall nicht vor allem China, die USA und Indien zur Kasse zu bitten? Oder bestünde Klimagerechtigkeit in einem »selber schuld«? Aber was ist dann mit den vielen Armen in dieser Region, die ja wenig zu den Emissionen beitragen? Die Idee Schellnhubers, den individuellen CO_2-Fußabdruck verbindlich über Zertifikate zu

---

317 Im IPCC-Bericht *Climate Change 2023, Synthesis Report, Summary for Policymakers* finden wir im typischen Stil dieser Organisation folgende Aussage in Konditionalsätzen formuliert: »Es besteht eine mittlere Zuversicht, dass die Atlantic Meridional Overturning Circulation nicht vor 2100 abrupt zusammenbrechen wird, aber wenn es dazu käme, würde dies sehr wahrscheinlich zu abrupten Verschiebungen in den regionalen Wettermustern führen und große Auswirkungen auf Ökosysteme und menschliche Aktivitäten haben.« (IPCC 2023a, 18)

regulieren, um derart Klimagerechtigkeit innerhalb der reichen Staaten zu bewirken, wurde bereits in Kapitel 8 diskutiert. Dies erfordert eine lückenlose Überwachung des individuellen Konsums, die festgesetzte Freigrenze maximaler Emission von 3 Tonnen pro Kopf pro Jahr ergibt eher ein Drehbuch für eine Folge von *Black Mirror*,[318] denn eine Maßnahme der Gerechtigkeit. (Der durchschnittliche Verbrauch in Europa liegt bei 10 Tonnen pro Kopf.)

Eine Regression der Debatte

Der Versuch, die Klimaproblematik als Argument für neue, emanzipatorische gesellschaftliche Verhältnisse zu benützen, fällt hinter dem erreichten Stand an Einsichten und Positionen zurück. Linke Wissenschaftskritik mit all ihren Facetten wird von einer unkritischen Affirmation des herrschenden, medial inszenierten Verständnisses abgelöst. Die klassischen Imperialismustheorien werden nicht reflektiert und weitergeführt, an ihre Stelle tritt ein einfaches Schuldverhältnis zwischen den »reichen Industrieländern« und einem armen Süden. Ein eindimensionales Verursacherprinzip ersetzt die Debatten um die Entwicklung der Terms of Trade, um die Bedeutung der internationalen Währungsordnung und Währungspolitik und um die Formen des Neokolonialismus. Erfahrungen mit der Entwicklungshilfe werden nicht reflektiert. Aus der Analyse gesellschaftlicher Verhältnisse, die soziale Gruppen und Klassen jeweils als Pole von Herrschenden und Beherrschen begreift, treten »Reiche« und »Arme«, die sich bloß in einem Mehr oder Weniger an Einkommen und an Emissionen unterscheiden. Mit Notwendigkeit reduziert der Gerechtigkeitsdiskurs politische Forderungen auf die Verteilungsfrage auf Basis der gegebenen gesellschaftlichen Institutionen. Unterfüttert ist der Klimadiskurs mit der verschwörungstheoretisch anmutenden Auffassung, das fossile Kapital sei in der Lage, die von der Wissenschaft, den Regierungen, der UNO, der EU-Kommission und zahlreichen Institutionen geteilten Einsichten in die Notwendigkeit eines Kurswechsels systematisch zu hintertreiben und zu blockieren. Einsichten in die Gesetzlichkeiten der Kapitalakkumulation und der Kapitalbewegung werden

---

318 *Black Mirror* ist eine dystopische Serie, in der bestimmte gesellschaftliche Entwicklungen überzeichnet dargestellt werden.

ebenso ausgeblendet wie in den Charakter des Staates. Aber abgesehen von diesen Defiziten, steht das Kalkül, die Notwendigkeit der Rettung des Planeten mit der Notwendigkeit eines Ökosozialismus oder anderer, ähnlicher Zielvorstellungen zu verbinden, vor einem veritablen Problem: Der Klimalinken fehlt das gesellschaftliche Subjekt.

Die Klimalinke ohne Subjekt

Das Fehlen eines politischen Subjekts mit gesellschaftlicher Dimension ergibt sich zwingend aus dem Charakter der Klimabewegung. Sie beruht auf Einsichten, die für wahr und richtig gehalten werden. Abstrakte Einsichten entspringen Studien und Untersuchungen, nicht jedoch dem eigenen alltäglichen Erleben. Politisches Engagement, welches jedoch im Gegensatz dazu aus der unmittelbaren Betroffenheit entspringt, erfordert keine Überzeugungsarbeit. Dass etwa die Situation am Wohnungsmarkt für einkommensschwache Schichten in vielen Gebieten unerträglich wurde, ist unmittelbar gewiss. Ebenso beruhen die rebellischen Demonstrationen in Frankreich gegen die geplante Erhöhung des Rentenantrittsalters auf direkter Betroffenheit, wie auch die gewerkschaftlichen Kämpfe in Großbritannien. Während bei der Klimafrage diskutiert wird, ob es denn diese Bedrohung in dieser behaupteten Intensität überhaupt gibt, stellt sich bei den angesprochenen Gründen für gesellschaftlichen Widerstand diese Frage nicht.

Es fehlt nicht an Versuchen, den Klimawandel zu einer unmittelbaren Betroffenheit zu erklären. Eine unmittelbare Betroffenheit muss ich jedoch niemandem vor Augen führen. Wer etwa seine Miete kaum begleichen kann, benötigt für dieses Wissen keine Dokumentationen. Anders ist die Situation beim Klimawandel. Es muss immer wieder versucht werden, dem Individuum vor Augen zu führen, es selbst werde vom Klimawandel geschädigt. Der *Rat der Europäischen Union* meint die »finanziellen Einbußen aufgrund von extremen Wetter- und Klimaereignissen«[319] für Europa der letzten 40 Jahre berechnen zu können, sie betrügen insgesamt 487 Milliarden Euro. Österreich liegt in dieser Aufstellung an der Spitze, 1500 Euro

---

[319] https://www.consilium.europa.eu/de/infographics/climate-costs/. Für Schäden durch Überschwemmungen werden 200 Milliarden, für Brände 80 Milliarden angesetzt, und was verursacht die restlichen 207 Milliarden?

soll der Klimawandel jede in Österreich lebende Person gekostet haben. Das ist durch Alltagserfahrung nicht einzulösen. Dass Überschwemmungen, Hangrutsche, Lawinen und Blitzschlag (insbesondere in der Steiermark) Schäden verursachen, weiß man hierzulande seit Jahrzehnten. Die Methode, jegliche gesellschaftliche Problematik dem Klimawandel zuzurechnen, wird auch bei finanziellen Einbußen versucht.[320] Sie ist deshalb nicht glaubhaft, weil sie dem eigenen Erleben widerspricht. Was bleibt, ist eine düstere Zukunftsprognose.

Daher kann der Brückenschlag zwischen rebellischen, widerständigen Manifestationen und der Klimabewegung nicht funktionieren. Für diese Problematik eines breiten Bündnisses unter dem Leitstern der Klimagerechtigkeit sind manche linke Intellektuelle keineswegs blind. Sie ist nicht zu lösen, nicht weil die ProtagonistInnen zu wenig schlau oder gebildet wären. Der Klimawandel ist mitnichten die primäre Ursache vieler Probleme, obwohl dies permanent behauptet wird. Ich habe im Kapitel 10 die Anweisung der Plattform *coveringclimatenow.org* zitiert: »Ganz gleich, was Ihr Spezialgebiet ist – Politik, Wirtschaft, Gesundheit, Wohnen, Bildung, Ernährung, nationale Sicherheit, Unterhaltung, Sport, was auch immer – es gibt starke Klimazusammenhänge, die es hervorzuheben gilt.«[321] Doch dieser Brückenschlag zwischen den verschiedenen Bewegungen und der Klimathematik funktioniert nicht. Einfach deshalb, weil die Probleme nicht vom Klimawandel verursacht werden, sondern von den verschiedenen Formen der sozialen Herrschaft und der staatlichen Eingriffe in die Gesellschaft. Wir kennen die apokalyptischen Bedrohungsszenarien des Panikdiskurses, nach dem wahrlich alles und jedes durch das Klima bestimmt werden würde, von der Wirtschaftskrise über die Gesundheit bis zu den Kriegen. Aber die tatsächliche Wirtschaftskrise, die Inflation, die Niedriglöhne, der Krieg in Europa, das Elend der Flüchtlinge, der steigende Druck auf die Menschen und die sich öffnende Schere zwischen Arm und Reich, das alles hat nichts mit dem Klimawandel zu tun. »1 % of all adults in the world

---

320 Diese Methode hat Grenzen. Während ich diese Zeilen schreibe, tobt nach wie vor der Krieg in der Ostukraine mit dramatischen Folgen. Ebenso bedroht der Rachefeldzug der israelischen Armee die Existenzgrundlage und das Leben von über zwei Millionen Menschen. Die Verbindung zum Klimawandel wurde bis dato nicht hergestellt.

321 https://coveringclimatenow.org/resource/climate-reporting-best-practices/

own 44.5 % of all personal wealth, while more than 52 % have only 1.2 %«,[322] schreibt der Ökonom Michael Roberts auf seinem Blog. Ein Resultat des Klimawandels? Keine ernsthafte ökonomische Studie hat so etwas jemals behauptet. Das Patriarchat existiert nicht wegen steigender Temperaturen, die kapitalistische Ausbeutung existiert nicht wegen Irritationen des Jetstream, und die weltweiten Flüchtlingsströme haben vielfältige Ursachen, wobei die Furie des Krieges, Verfolgung und wirtschaftliche Perspektivlosigkeit wohl die wichtigsten sind. Ebenso wenig resultierten die Wohnungsnot und kaum leistbare Mieten aus starken oder ausbleibenden Niederschlägen. Die neuen Niedriglohnsektoren und die prekären, ungesicherten Arbeitsplätze haben ihre Ursache auch nicht in der behaupteten Zunahme der Waldbrände, sondern in der Aufkündigung der gewerkschaftlichen Regelung der Arbeitsverhältnisse durch neoliberale politische Kräfte. Die Menschen wissen das, auch wenn ihnen die Panikfraktion der Klimabewegung etwas anderes erzählt. Kranke verlangen nach einem leistbaren Gesundheitssystem, von materieller Not Geplagte nach leistbaren Waren und besseren Einkommen. Daher kann der Versuch, unter dem Leitstern des Klimaschutzes ein wirklich breites Bündnis zu bilden, nur scheitern. Die Projektion aller aufbrechenden gesellschaftlichen Widersprüche und ihre Bündelung in der Klimafrage funktioniert politisch nicht, weil es sich objektiv anders verhält.

Der Klimadiskurs versperrt so den Blick auf die tatsächlichen gesellschaftlichen Ursachen. Die gesellschaftlichen Verhältnisse werden im Klimadiskurs auf wenige Aspekte reduziert, Emission im Norden, Schäden im Süden und eine fies agierende fossile Lobby. Wenn alles Klima ist, dann sind die gesellschaftlichen Verhältnisse klimabedingt. Dieser Diskurs, der von Herrschaft und Unterdrückung nichts wissen will, prägt die Klimabewegung im Kern. Was setzt die Klimalinke dem entgegen? Kann sie dem Wahn entgegentreten, alles und jedes mit dem Klima in Verbindung zu bringen? Kaum. In der Tat wird neben und unabhängig von den tatsächlichen Auseinandersetzungen um Löhne und Gehälter, um Pensionen und leistbare Wohnungen, um Recht auf Asyl, um Widerstand gegen Überwachung und

---

322 https://thenextrecession.wordpress.com/2023/08/24/addendum-1-of-all-adults-in-the-world-own-44-5-of-all-personal-wealth-while-more-than-52-have-only-1-2/

Zensur, um Kampf für Frieden und Beendigung der Kriege, um Zurückdrängung der patriarchalen, rassistischen und antisemitischen Verhältnisse und Umtriebe, eine Parallelwelt des Kampfes gegen die Klimasünder geschaffen. Wohl wird immer wieder erklärt, das alles hinge eng zusammen, aber das ist eine Behauptung, eine Wunschlüge. Die Linke muss den Panikdiskurs übernehmen. Würde sie sagen, die Veränderung des Klimas sei nur ein Problem unter vielen, und oft nicht das drängendste, der Brückenschlag zur Klimabewegung wäre kaum möglich. Die Klimalinke befindet sich in der Geiselhaft ihrer eigenen Strategie.

Traum und Wirklichkeit: Eine weltweite Bewegung wird erfunden

Eine Reaktion auf das Dilemma der fehlenden sozialen Basis einer linken, antikapitalistischen Bewegung mit gesellschaftlicher Bedeutung besteht darin, sie zu erfinden. »Auf der anderen Seite kämpfen solidarische Bewegungen für Klimagerechtigkeit, schließen internationale Bündnisse und verteidigen eine Zukunft für alle«,[323] fantasiert etwa Johannes Siegmund auf dem Klappentext seines Buches *Klimasolidarität – Verteidigung einer Zukunft für alle*. De facto besteht die linke Klimabewegung aus akademischen Intellektuellen und zumeist jungen AktivistInnengruppen im Globalen Norden. Selbst die Behauptungen, die junge Generation hätte sich insgesamt dem Kampf gegen den Klimawandel verschrieben, gilt wohl nicht einmal für Kreuzberg, geschweige denn für die westliche Hemisphäre. Im Globalen Süden gibt es so gut wie keine Bewegung gegen die Klimakrise. Ich kenne die Linke gut genug, um zu wissen, sie ist Meisterin im Schönschreiben. So wird aus dem Sitzstreik einer Gruppe eine Bewegung und aus längerem Widerstand werden Kämpfe. Vor allem werden tatsächlicher Protest und Widerstandsaktionen interpretativ vereinnahmt. Wenn etwa in Südafrika Menschen von Grund und Boden vertrieben werden, weil sie einer Kohlegrube weichen müssen,[324] so wehren sie sich zu Recht *dagegen*, aber sie sind deswegen keine KlimaaktivistInnen. Eine linke Klimabewegung mit tatsächlicher

---

323 https://www.beck-shop.de/siegmund-klimasolidaritaet-verteidigung-zukunft/product/35692259
324 https://www.misereor.de/informieren/rohstoffe/kohle

Verankerung in der Gesellschaft existiert schlichtweg nicht; sie wird imaginiert und mit genügend Finanzmitteln kann man internationale Konferenzen organisieren, auf denen ReferentInnen aus aller Welt dem Publikum das erzählen, was es gerne hören möchte.

Umgekehrt scheint es eher so zu sein, dass sich gerade einkommensschwache Schichten von den angekündigten Maßnahmen zur Rettung des Planeten bedroht fühlen. Die Appelle zum individuellen Einsparen wirken zynisch, viele der propagierten Maßnahmen existenzgefährdend. So ist es wohl mit Händen zu greifen, dass das geplante Verbot der bestehenden Gasheizungen und die geforderten thermischen Sanierungen der Häuser das Wohnen insbesondere für einkommensschwache Schichten massiv verteuern wird. Das wird wohl auch erkannt. So schreibt etwa Armin Kuhn auf *zeitschrift-luxemburg.de*:

»Bezahlbarkeit und Klimaschutz erscheinen beim Wohnen als Widerspruch. Energieauflagen werden vor allem als Kostenfaktor diskutiert. Entsprechend sind energetische Sanierungen vor allem unter Mieterinnen und Mietern regelrecht gefürchtet. Denn dank der Modernisierungsumlage werden Sanierungen vor allem als profitable Geschäftsstrategie genutzt, die für die Mieter*innen teuer werden, bis hin zur Verdrängung aus ihren Wohnungen. Aber auch für viele Eigenheimbesitzer*innen können neue Energieauflagen existenzbedrohend sein, wenn sie das Kapital für Heizungsaustausch oder Dämmung nicht aufbringen können.«[325]

Um aber die Wohnproblematik mit der Klimafrage irgendwie zu verknüpfen, folgt im Text von Armin Kuhn eine Kaskade an linker Terminologie und die Präsentation des »Aktionsplan Klimagerechtigkeit der Fraktion die LINKE im Bundestag«, in dem ich mit bestem Willen weder einen Plan noch eine Strategie erkennen kann. Diese kann es auch nicht geben. Der Ausstieg aus Gas und Kohle muss die Heiz- und Energiekosten auf absehbare Zeit verteuern. Ich kenne keinen Text, keine Studie, die diese Tatsache bestreiten würde, selbst Unternehmen der neuen Energiebranche sagen das

---

325 https://zeitschrift-luxemburg.de/artikel/klimagerechte-nachbarschaften/

offen.[326] Ebenso ist es offensichtlich, dass umfangreiche Umbauten an Gebäuden, um die Nutzung neuer Technologien zu ermöglichen, und weitgehende Dämmungsarbeiten je nach Bausubstanz bedeutende Investitionen erfordern. Diese gehen zu Lasten der MieterInnen, aber auch zu Lasten der BesitzerInnen von Eigentumswohnungen und Einfamilienhäusern. An diesem Punkt kann der Unterschied zwischen dem Klimawandel als *einem* Problem oder *dem* Problem deutlich gemacht werden. Wenn wir es als *ein* Problem erachten, so könnte man zuerst den Ausstieg aus den CO_2-Emissionen in der industriellen Produktion forcieren. So dürfte es technisch möglich sein, Zement ohne CO_2-Emissionen zu erzeugen und auch Stahl ohne Einsatz von Kohle zu produzieren. Beide Sparten, Zement wie Stahl, emittieren bedeutende Mengen an Treibhausgasen. Wenn aber die Emission der Treibhausgase *das Problem* der Menschheit schlechthin darstellt, dann muss der Ausstieg sofort und überall erfolgen, auch wenn sich die Wohnkosten verdoppeln oder verdreifachen.

Widerspricht die vorgebliche Lösung des Klimaproblems dem herrschenden System? Ist auf Basis des Klimathemas eine fundamentale Opposition gegen die kapitalistische Vergesellschaftung überhaupt möglich? Nüchtern betrachtet besteht doch die vorgebliche Lösung einfach in einer alternativen Art der Energieproduktion. Weniger CO_2 lautet die Zauberformel. Die Ausrichtung der Klimabewegung besteht in einem politisch durchzusetzenden Wechsel in der Technologie der Energieerzeugung und Energieverwendung. Dazu gesellt sich die Forderung nach individueller Einsparung und Reduktion der durch individuelles Verhalten bewirkten Emissionen. Diese Orientierung kann die Klimalinke nicht in Frage stellen. Da ist kein Hauch von neuer Gesellschaft, von neuen ökonomischen Verhältnissen, keine Depotenzierung der Staatsmacht.

---

326 »Der Hauptnachteil von Power-to-Gas besteht noch in den hohen Kosten für die erforderliche Technologie. Rund 2.500 bis 3.500 Euro pro Kilowatt Anlagenleistung müssen aktuell noch investiert werden. Bis in die 2030er Jahre hinein wird der Betrieb wahrscheinlich nicht wettbewerbsfähig sein. Ein weiteres Manko ist die geringe Effizienz vor allem dann, wenn das gewonnene Gas als Energiespeicher zur Rückverstromung genutzt wird. Der Energieverlust beträgt hier bis zu knapp 70 Prozent vom eingesetzten Strom.« https://www.kesselheld.de/power-to-gas/

Ernüchterung

Auf den Punkt gebracht, der Brückenschlag zwischen Klimaszene und sozialen Rebellionen und Protesten funktioniert nicht. Das gesteht auch Christian Zeller ganz offen ein. Als Mitgründer der Initiative ZeroCovid sah er die Welt drei Jahre lang durch das Virus bedroht und fantasierte von rigiden Lockdowns. Die Webseite *zero-covid.org* ist vorsorglich vom Netz, an die Stelle der Bedrohung der Menschheit durch Covid-19 tritt die Bedrohung der Menschheit durch den Klimawandel. Doch die arbeitende Klasse will diese Bedrohung nicht so recht erkennen, wie er offen und ungeschminkt feststellt:

»Die Klimagerechtigkeitsbewegung vermochte in keinem Land die Mehrheit der Bevölkerung von einer substanziellen Klimapolitik und konkreten Maßnahmen zur sofortigen Senkung der Treibhausgasemissionen zu überzeugen. Das zeigte sich schmerzlich auch bei den jüngsten gesellschaftlichen Auseinandersetzungen. Die in letzter Zeit sehr umfangreichen Mobilisierungen von Lohnabhängigen und Massenstreiks beispielsweise in Frankreich, Britannien und Deutschland integrierten die anlaufende Klimakatastrophe nicht in ihren Forderungen. Nirgendwo haben sich die Gewerkschaften zu einer Politik verpflichtet, die dafür sorgt, dass die Treibhausgasemissionen umgehend runtergehen.« (Zeller 2023)

Ingrid Artus hat solidarisch in Paris an den Demonstrationen gegen die Rentenreform teilgenommen. Sie berichtet über die unglaublich rege Beteiligung und über die Brutalität der Polizei. Die Proteste können wahrlich als Volksbewegung bezeichnet werden. Erstaunt hat sie aber eine Aussage ihrer Freundin »Margot«. »Aber es ist interessant und typisch, dass Margot, die seit Jahrzehnten in der radikalen Linken aktiv ist, sich mit der aktuellen Öko-Bewegung gar nicht auskennt. Auch von den Jugendlichen, die sich in Deutschland auf der Straße festkleben, um Maßnahmen gegen den Klimawandel zu erzwingen, hat sie noch nie gehört.« (Artus 2023)

Das verwundert nicht. Die Rettung der Welt vor dem Klimakollaps ist von der Sache her an soziale Bewegungen nicht anschlussfähig. Man kann es drehen und wenden wie man will, letztlich geht es um die Ersetzung fossiler

Energiezeugung und Energieverwendung durch nicht-fossile Energieproduktion. Ohne diesen Ausstieg keine Rettung der Welt. Man kann diesen Ausstieg fordern, dafür demonstrieren, sich an der Straße ankleben. Mit den eigenen unmittelbaren Bedürfnissen hat dieser Ausstieg nichts zu tun. Oder glaubt irgendwer, die Einhaltung des 1,5-Grad-Zieles würde den Präsidenten der Französischen Republik, Emmanuel Macron, dazu motivieren, die Rentenreform zurückzunehmen? Alle anderen vorgeschlagenen Handlungsmöglichkeiten, die zumeist auf individuellen Verzicht hinauslaufen – z. B. keine Flugreisen mehr – sind nur zusätzliche Optionen, die jedoch ohne die systematische Reduktion der Emissionen weitestgehend wirkungslos bleiben müssen. Die Forderung nach Klimagerechtigkeit kann nur durch die reichen und mächtigen Staaten der Welt realisiert werden. Was soll es den Massen hierzulande bringen, wenn ihre Regierungen Gelder in den Globalen Süden überweisen, abgesehen vom guten Gewissen, sich von den begangenen Untaten freigekauft zu haben?

Die Reaktion auf dieses Faktum durch die Linke fällt unterschiedlich aus. Eine Reaktion ist die moralische Verdammung, die Massen seien eben bequem, unbelehrbar, ignorant, möchten ihre imperiale Lebensweise nicht aufgeben und vor allem das Schicksal der nächsten Generation sei ihnen egal. Ein Blick in diverse Foren genügt, um die gesamte Bandbreite dieses Moraldiskurses zu kennen. Zudem seien sie den Einflüsterungen der Klimawandelleugner ausgesetzt, obwohl deren Falschaussagen doch tausendmal widerlegt wurden. Offenbar nütze es auch wenig, deren teuflischen Stimmen durch entsprechende Zensurmaßnahmen zum Verstummen zu bringen, irgendwelche Schlupflöcher im Internet gäbe es immer noch. Und das, obwohl man alle Argumente auf der eigenen Seite hätte: »Seit 2021 steht sogar das Bundesverfassungsgericht, eine der politischen Institutionen mit dem meisten Vertrauen im Land, hinter der Klimabewegung: Es entschied, dass das Klimapaket von 2019 teilweise nicht mit dem Grundgesetz vereinbar ist.«[327]

Andererseits wird die Hoffnung auf eine gemeinsame, übergreifende Bewegung nicht ganz aufgegeben. So etwa Mario Candeias, Direktor des *Instituts für Gesellschaftsanalyse der Rosa-Luxemburg-Stiftung*: »Es wächst der Druck

---

327 https://jacobin.de/artikel/was-die-klimagerechtigkeitsbewegung-aus-luetzerath-lernen-sollte-raeumung-gruene-habeck-rwe-fridays-for-future-lucas-wermeier-johannes-bosse

zur *Konvergenz links-sozial-ökologischer, links-gewerkschaftlicher, sozialistischer, feministischer und radikaler Kräfte*, die unter der neuen Hegemonie keine Repräsentation oder zu wenige Bündnispartner*innen finden, um wirksam zu sein.«[328] Diese neue Hegemonie erkennt Candeias nach meiner Auffassung richtig im Projekt des Green New Deal: »Es bildet sich ein hegemonialer Entwicklungspfad heraus, der unterschiedliche Ausprägungen eines grünen Kapitalismus umfasst. Weshalb ist er hegemonial? Anders als andere gesellschaftliche Projekte hat er das Potenzial, neue Anlagefelder für das Kapital zu erschließen.«[329] Es ginge also um neue Anlagefelder für das Kapital und eine gesellschaftliche Hegemonie, die gar die »nächsten 20 bis 30 Jahre dominieren kann«.[330] Vorerst dominiere das Kalkül des Kapitals, mit dem Green New Deal eine neue Akkumulationsspirale anzustreben. Man müsse eben Geduld und einen langen Atem haben. Letztlich, also nach der Zeitrechnung von Mario Candeias in frühestens 10 bis 20 Jahren, könnte sich dann die erhoffte Konstellation links-sozial-ökologischer, links-gewerkschaftlicher, sozialistischer, feministischer und radikaler Kräfte herauskristallisieren. Seine Perspektive ist durch einen Widerspruch gekennzeichnet. Entweder der pro-kapitalistische Green New Deal bewirkt tatsächlich eine bedeutende Senkung der CO_2-Emissionen, dann erfordert die Rettung der Welt keinen Ökosozialismus mehr. Oder der Green New Deal erschließt bloß neue Anlagemöglichkeiten für Investitionen. Aber in 10 oder gar 20 Jahren sei es doch für eine Wende in der Klimapolitik viel zu spät! Könnte es sein, dass Mario Candeias die apokalyptische Sichtweise der Klimabewegung nicht ganz so ernst nimmt?

Die Lösung: Klimadiktatur – demokratisch legitimiert

Der Frust ist groß. Obwohl die Wissenschaft, die Leitmedien (mit Ausnahmen), Angela Merkel, der Papst, UN-Generalsekretär António Guterres (der sogar von der »Ära des globalen Kochens« spricht) die Dringlichkeit

---

[328] Hervorhebung durch den Autor. Es soll auch der Kontext erwähnt werden, in den Mario Candeias diese Aussage stellt. Er sieht die Linke in einer sehr defensiven Phase und der Druck zur Zusammenarbeit verschiedenster Strömungen werde erst in einigen Jahren wirksam. Es handle sich also um einen langwierigen Prozess, der letztlich doch gelingen könnte.
[329] https://zeitschrift-luxemburg.de/artikel/wir-leben-in-keiner-offenen-situation-mehr/
[330] https://zeitschrift-luxemburg.de/artikel/wir-leben-in-keiner-offenen-situation-mehr/

des Klimaschutzes betonen, kommt man den 1,5-Grad-Ziel keinen Schritt näher. Die großen emanzipatorischen Bewegungen gegen die Klimakrise, die sich weltweit vernetzen und die Wende bringen, wollen nicht so recht entstehen. So recht glaubt auch niemand daran. Der Diskurs kippt daher ins Autoritäre. Johannes Bosse und Lucas Wermeier begeben sich auf der Internetplattform *jacobin.de* in Herrschaftspositionen. »Die Klimabewegung hat also alle Argumente hinter sich (...). Denn seitdem *Fridays for Future* 1,4 Millionen Menschen mobilisierte und den öffentlichen Diskurs auch maßgeblich veränderte, hat man *Zugang* zur Macht mit Macht *an sich* verwechselt. (...) Denn es geht nicht um das bessere Argument, es geht um Macht.«[331] Wenn die fantasierte Gegenmacht von unten nicht und nicht entstehen will, dann gib es eben nur eine Macht, die Staatsmacht, die Dinge durchsetzen kann.

In eine ähnliche Richtung denkt auch Ingolfur Blühdorn, Professor an der *Wirtschaftsuniversität Wien* und Leiter des *Instituts für Gesellschaftswandel und Nachhaltigkeit*. Seine Prognose ist düster, ich halte sie für realistisch: Es gibt keine substanzielle Entwicklung zur Nachhaltigkeit. »Der entscheidende Schritt jedoch ist zunächst, die fortgesetzte Verleugnung der postökologischen und postdemokratischen Wende zu durchbrechen und sich der Realität der neuen Politik der Nicht-Nachhaltigkeit zu stellen.« (Blühdorn 2008, 59) »Und die primäre Frage ist in dieser Situation, *warum* eigentlich die unendliche Vielzahl weithin bekannter Problemdiagnosen, Strategievorschläge und Handlungsaufrufe in der Praxis so wenig Wirkung zeigt und die *sozial-ökologische Transformation einfach nicht stattfindet*.« (Blühdorn et al. 2020, 23) In einem Interview vom 17. Oktober 2019 mit der *Süddeutschen Zeitung* zieht er die Konsequenzen aus seinem Befund:

> »Wir werden der Frage nach Begrenzung von Freiheiten nicht entkommen. (...) Es ist unbedingt erforderlich, in manchen Bereichen verbindliche Grenzen für Freiheits- und Selbstbestimmungsansprüche zu formulieren, und das hat überhaupt nichts mit Diktatur zu tun. Vielmehr ist es die ureigenste Aufgabe jeder Politik, zu regulieren. (...) Bewegungen,

---

[331] https://jacobin.de/artikel/was-die-klimagerechtigkeitsbewegung-aus-luetzerath-lernen-sollte-raeumung-gruene-habeck-rwe-fridays-for-future-lucas-wermeier-johannes-bosse

die für mehr Freiheit gestritten haben, hatten auch nie eine völlige Entgrenzung und Zügellosigkeit zum Ziel. Sie sind zum Beispiel immer davon ausgegangen, dass die Freiheit des einen da aufhört, wo sie die des anderen blockiert. Und sie sind vor allem immer davon ausgegangen, dass es eine soziale und ökologische Vernunft gibt, auf deren Grundlage moderne Gesellschaften sich demokratisch über die Beschränkung der Freiheit einigen können.«[332]

Seine Aussagen sind geradezu paradigmatisch. Zuerst wird offen nach einer verbindlichen Begrenzung der Freiheit gerufen, und in einem weiteren Schritt unterstellt, diese Einschränkungen würden sich demokratisch legitimieren lassen. Aber was bedeutet Demokratie? Die Politik hat zu regieren. Die aktuelle Form der Legitimation von Politik nennt sich Parlamentarismus, wer sich auf gewählte Mehrheiten stützen kann, regiert legitim. Das soll Demokratie sein. Wenn also die Bundesregierung in Deutschland oder Österreich rigide Beschränkungen und Verbote ausspricht, so ist sie dabei per definitionem demokratisch legitimiert. Die Legitimation ist selbstbezüglich, solange Wahlen stattfinden, gibt es Demokratie, wie autoritär, manipulativ und zensurierend die Staatsmacht auch agiert.

. Die Blaupause für die Durchsetzung einer wirksamen Klimapolitik existiert längst, es sind die verordneten Maßnahmen der Pandemie. Die Bekämpfung des Virus wurde staatlich autoritär verordnet und mit Drohungen, Zwang und Sanktionen durchgesetzt. Mit Ausnahmen war die Linke über diese Politik begeistert. Ihre Kritik bezog sich auf die vorgeblich halbherzige Umsetzung der Maßnahmen, noch rigidere Lockdowns, noch härteres Vorgehen gegen KritikerInnen und noch schärferer Ausschluss der Ungeimpften aus dem öffentlichen Leben wurde gefordert.

Ulrich Brand und Heinz Högelsberger ziehen im *Standard* vom 21. März 2020 unter dem Titel *Klimapolitik nach Corona* exakt einen Vergleich zwischen der Pandemie-Politik und einer anzustrebenden Klimapolitik. Der Artikel beginnt mit einer kritiklosen Unterstützung für die verordneten Pandemie-Maßnahmen: »Aktuell lernt die Gesellschaft, dass sie im Kampf

---

332 https://www.sueddeutsche.de/politik/klimakrise-klimawandel-freiheit-werkstatt-demokratie-interview-1.4625111

gegen das Coronavirus tagtäglich neue drastische Einschnitte und ›Zwangsmaßnahmen‹ akzeptieren muss.« Die Gesellschaft lernt? Die Gesellschaft lernte überhaupt nicht, sie wurde mit Panikmache, Manipulation und Drohungen vor vollendete Tatsachen gestellt. Nach diesem Intro folgt das Lob des Verzichts.

»Positive Erfahrungen während der Krise könnten durchaus bleiben: Der Flugverkehr bleibt auf einem ökologisch erfreulich niedrigen Niveau. Aber auch globale Güterketten in der Lebensmittelproduktion könnten teilweise regionalisiert, der Konsum deutlich reduziert werden. Nicht auf das Nötigste, sondern – so leuchtet es immer mehr Menschen ein – auf das Sinnvolle. Eine Einsicht durch die aktuelle Krise könnte sein, nicht mehr auf möglichst viele und billige Produkte vom Weltmarkt zuzugreifen oder den Wochenendausflug per Billigflug cool zu finden.«

Eine tatsächliche Reduktion der CO_2-Emissionen ist durch individuelles Kaufverhalten überhaupt nicht zu erreichen. Der Konsument als gesellschaftsbestimmende Macht ist eine Mär, das hat sich ungezählte Male bestätigt. Emissionen können nur über alternative Energieerzeugung, vollständige Zurückdrängung fossiler Energiequellen und alternative Produktionsmethoden für Zement, Stahl usw. erreicht werden. Der Konsument kommt nur als Objekt von Konsumverzicht ins Spiel, da als Folge des Green New Deals viele Waren und Dienstleistungen für einkommensschwache Schichten unerschwinglich werden. Mussten wir während der Pandemie auf ein selbstbestimmtes soziales Leben verzichten, so ist nun der ökonomische Verzicht angesagt: »Produktion und Konsum, insbesondere der Luxuskonsum, müssen deutlicher den Erfordernissen der Klimakrise angepasst und dafür auch bestimmte Produkte und Branchen deutlich reduziert werden.«

Um die Notwendigkeit eines autoritären Regierens argumentativ vorzubereiten, wird der Panikmodus der Klimadebatte bemüht. Was bei der Bekämpfung von Covid-19 richtig war, kann beim Klima nicht falsch sein. »Das Coronavirus kann tödlich sein, aber das trifft auf den Klimawandel eben auch zu. In beiden Fällen gibt es besonders gefährdete Gruppen von Menschen. Bei Corona geht es nach der Altersgruppe, beim Klimawandel nach sozialem Status und der Wohngegend.«

Und dann endlich der Klartext:

»Bei Corona wird völlig selbstverständlich auf Gebote und Verbote gesetzt, was sich die Politik beim Klimaschutz bislang nicht traut. Anreize, Bewusstseinsbildung und der Markt sollten es regeln – und versagen weitgehend. Mit Corona wird denkbar, dass auch eine ernst zu nehmende Klimapolitik durchaus strenger sein kann und angesichts der Krise Verbote aussprechen muss: raus aus dem Kohlestrom, kein Ausbau von Flughäfen und Flugverkehr, keine Tierquälerei für billiges Fleisch. (…) Eines macht die Coronavirus-Pandemie deutlich: Wenn dringendes Handeln notwendig ist, überlässt niemand die Lösung des Problems dem ›Markt‹, sondern Regierung und öffentliche Hand müssen agieren. Allerdings unter demokratischen und transparenten Bedingungen.«[333]

Der Text von Ulrich Brand und Heinz Högelsberger plädiert klipp und klar für eine autoritäre, mit Zwang und Verboten agierende Staatsmacht. Die Idee, autoritäres Staatshandeln könne basisdemokratisch und transparent flankiert werden, ist irreal. Ihr Text ist von Euphemismen durchtränkt. Nicht die Klimapolitik kann strenge Verbote aussprechen, sondern die Staatsmacht. In der Realität wird der Green New Deal Lichtjahre vom Alltagsleben der BürgerInnen entfernt hinter verschlossenen Türen von den EU-Kommissionen ausgedacht, konzipiert und durchgesetzt. Von Transparenz keine Spur. Das sprachlich inszenierte Demokratietheater ist nur kontraproduktiv und schädlich. Eine Linke, die sich selbst ernst nimmt, darf solche Phrasen nicht von sich geben, das schädigt massiv die Glaubwürdigkeit und die Authentizität. Begriffe wie Gerechtigkeit und Demokratie werden zu Spielmarken, die gedankenlos auf den Spieltisch der Diskurse geworfen werden. Demokratische Verhältnisse in geschützten Räumen zu verwirklichen ist eine Sache. Alle, die Erfahrung mit Versuchen der Selbstorganisierung haben, wissen, wie schwierig und konfliktreich solche Ansätze oft sind. Aber relevante Teile der Gesellschaft, ja die politische Entscheidungsfindung unter den Bedingungen einer kapitalistischen Ökonomie, mächtiger Staatsapparate und eines in der Verfassung verankerten Parlamentarismus zu demokratisieren,

---

333   https://www.derstandard.at/story/2000115991988/klimapolitik-nach-corona

ist eine gewaltige Aufgabe, die bis dato nicht gelöst wurde. Einfach das Wort Demokratie in Texte einzufügen, ohne die Bedingungen dafür ernsthaft zu reflektieren, verdünnt diesen Begriff bis zur Bedeutungslosigkeit.

Die Linke als Avantgarde?

Ein Freund von mir kreierte den hübschen Ausdruck Phantomfreuden. Diese scheint die ökosoziale Linke angesichts der Klimabewegung zu empfinden. Endlich eine Strömung, die in die richtige Richtung weist, ein paar Kurskorrekturen noch, und das gelobte Land des Ökosozialismus ist in Sicht. Doch antikapitalistisch ist die reale Klimabewegung nur in der Wunschvorstellung. Wolf Reiser wies in einem etwas älteren Artikel bitter und sarkastisch auf den euphorischen Empfang hin, der den KlimaaktivistInnen bereitet wird: »Ein auffälliger Unterschied zu den damaligen Märschen wegen Vietnam, Imperialismus, Polizeigewalt und Notstand besteht darin, dass die aktuell empörte Jugend von Staatsmacht, Wissenschaft, Justiz und Wirtschaft zu ihren aktivistischen Happenings geradezu angetrieben wird. Auch stehen Greta und den Reemtsma-Influencerinnen TV-Studios, Zeitungsredaktionen, Eventhallen, Oligarchen-Paläste, Vatikan und die Davoser-Premium-Suiten rund um die Uhr offen – Open up the doors sozusagen. Die so furchtlos wie selbstbewusst schwadronierenden Polit-Diven werden umgarnt, verwöhnt und herumgereicht wie seltene Superfood-Delikatessen.«[334] Wie ist diese Tatsache zu erklären?

Es war Detlef Hartmann, ein linker Autor und Aktivist, der einmal sagte: »Kein Segment der Intellektuellen denkt so gesamtgesellschaftlich wie die Linke.« Das bedeutet auch, dass linke Intellektuelle rascher gesellschaftliche Entwicklungen erkennen und darauf reagieren als behäbig konservativ denkende Kreise, allerdings in durchaus ambivalenter Art und Weise. Es wäre nicht das erste Mal in der Geschichte, dass Linke zur Avantgarde der kapitalistischen Entwicklung werden, dass sie das voraus-denken, was für die Erneuerung der sozialen und ökonomischen Herrschaft von Staat und Kapital notwendig ist. »Mit uns zieht die neue Zeit« hieß es in einem Arbeiterlied des frühen 20. Jahrhunderts. Aber anstelle des erhofften Sozialismus

---

[334] https://www.telepolis.de/features/Der-Gruene-Deal-und-das-Goldene-Kalb-4623764.html

scheint es im 21. Jahrhundert der Green New Deal zu sein, den die Lokomotive der Geschichte ansteuert. Anstatt sich diesem Zug entgegenzustellen, meint man aufspringen zu müssen und ihn auf andere Gleise umlenken zu können. Ich befürchte, die Klimalinke ist bloß TrittbrettfahrerIn, eine für das Projekt des Green New Deals nützliche TrittbrettfahrerIn allerdings.

14. Green New Deal

»Reden wir Klartext: Die Protagonisten des Green Deal sind durch die Bank skrupellose Agenten einer entfesselten, neo-kolonialen Globalisierung. Die Damen und Herren interessieren sich einen feuchten Kehricht für gesunde Wälder, freie Menschen, fairen Handel, Chancengleichheit, Solidarität, transparente Ökonomie. Ihr Kerngeschäft war und ist Betrug, Plündern, Unterwanderung, Destruktion und der Sieg im Krieg zwischen Oben und Unten.«[335] (Wolf Reiser)

Der Green New Deal ist beschlossene Sache. »Im Mai 2021 billigte der Rat die Klimagesetz-Verordnung, nachdem er im April 2021 bereits eine vorläufige Einigung mit dem Europäischen Parlament erzielt hatte. Sie ist jetzt in Kraft. (…) Mit der Verordnung über das Europäische Klimagesetz ist das politische Ziel der EU, bis 2050 Klimaneutralität zu erreichen, zu einer rechtlichen Verpflichtung geworden. Mit dem Gesetz haben die EU und ihre Mitgliedstaaten die Verpflichtung angenommen, die Netto-Treibhausgasemissionen in der EU bis 2030 um mindestens 55 % gegenüber 1990 zu senken. Dieses Ziel ist aus einer Folgenabschätzung der Kommission hervorgegangen und rechtlich bindend.«[336] Die EU-Gesetze sind allgemein einzuhaltende Zielvorgaben, die jeder Mitgliedstaat auf seine Weise umzusetzen hat. Daher unterscheiden sich die konkreten gesetzlichen Vorschriften und Terminsetzungen der einzelnen Länder. Entscheidend ist, dass folgende Ziele von allen Mitgliedsstaaten erreicht werden müssen, mit welchen Methoden auch immer. Die Zielvorgaben lauten im Einzelnen folgendermaßen:

- »In der EU sollen ab dem Jahr 2035 nur noch emissionsfreie Neuwagen (PKW und leichte Nutzfahrzeuge) auf den Markt gebracht werden.«[337]
- Die Steuersätze für Energie werden gestaffelt: Öl, Gas und Kohle würde am höchsten besteuert, dann Flug- und Schiffskraftstoffe, der elektrische

---

335 https://www.telepolis.de/features/Der-Gruene-Deal-und-das-Goldene-Kalb-4623764.html
336 https://www.consilium.europa.eu/de/policies/green-deal/
337 https://www.consilium.europa.eu/de/infographics/fit-for-55-emissions-cars-and-vans/

Strom wird gleich besteuert, egal ob bei privater oder gewerblicher Verwendung.[338]
- »Mit der neuen EU-Zielvorgabe für 2030 soll der Anteil der erneuerbaren Energie in der EU fast verdoppelt werden«.[339]
- Die EU verpflichtet sich, den gesamten Energieverbrauch zu reduzieren. »-11,7 % gemessen an dem 2020 für das Jahr 2030 prognostiziertem Endverbrauch«.[340]
- »Bis 2050 sollen alle Gebäude in der EU Nullemissionsgebäude sein.«[341] Es gibt Ausnahmen für historische Gebäude, Kirchen, militärische Anlagen, Industrieanlagen und frei stehende Gebäude mit weniger als 50 m² Nutzfläche. Bis 2030 müssen auf allen neuen Wohngebäuden Solaranlagen installiert werden.
- Der Anteil von Biogas, Biomethan, erneuerbarem Wasserstoff und systemischem Methan muss 70 % bis 2050 betragen. Vor allem geht es darum, einen »Markt für Wasserstoff zu schaffen«.[342]
- Der Emissionshandel soll ausgeweitet und auch auf Schiffe ausgedehnt werden. Die zu Redaktionsschluss dieses Buches etwa 10.000 erfassten Unternehmen sollen erweitert, die kostenlose Vergabe von Emissionsrechten eingeschränkt werden. Kurzum, eine Tonne CO2 zu emittieren soll teurer werden. Im Sommer 2023 kostete das Zertifikat für eine Tonne etwa 100 Euro.[343]
- Mit einer Verordnung soll sichergestellt werden, dass »für PKW, LKW, Schiffe und Flugzeuge genügend Infrastruktur zum (Auf-)Laden oder (Auf-)Tanken mit alternativen Kraftstoffen (z. B. Wasserstoff, Flüssigmethan) bereit steht und überall in der Union weit genug verbreitet ist, um ›Reichweitenangst‹ zu vermeiden.«[344]

---

338 Quelle: https://www.consilium.europa.eu/de/infographics/fit-for-55-energy-taxation/
339 https://www.consilium.europa.eu/de/infographics/fit-for-55-how-the-eu-plans-to-boost-renewable-energy/
340 https://www.consilium.europa.eu/de/infographics/fit-for-55-how-the-eu-will-become-more-energy-efficient/
341 https://www.consilium.europa.eu/de/infographics/fit-for-55-making-buildings-in-the-eu-greener/
342 https://www.consilium.europa.eu/de/infographics/fit-for-55-hydrogen-and-decarbonised-gas-market-package-explained/
343 https://www.consilium.europa.eu/de/infographics/fit-for-55-eu-emissions-trading-system/
344 https://www.consilium.europa.eu/de/infographics/fit-for-55-afir-alternative-fuels-infrastructure-regulation/

- Die EU sorgt sich auch darum, dass Produktionen in Länder mit weniger rigidem CO2-Management ausgelagert werden. Einfach gesagt, die Importeure müssen CBAM-Zertifikate kaufen.[345] Es geht vor allem um Zement, Eisen und Stahl, Aluminium, Düngemittel sowie Strom und Wasserstoff.
- Die EU schätzt, dass 35 Millionen Menschen von Energiearmut betroffen sein werden. Daher sind 65 Milliarden Euro als Finanzhilfen für die Mitgliedstaaten für den Zeitraum 2026 bis 2032 vorgesehen. (Nur um die Größenordnung einschätzen zu können, das österreichische Bundesbudget beträgt etwa 80 Milliarden.)[346]
- Die Emission von Methan soll strenger überwacht werden, die Meldevorschriften werden verschärft.[347]
- Schiffe und Flugzeuge müssen in steigendem Maße E-Fuels tanken.[348]

All diese Ziele erfordern gewaltige Investitionen, die, so das Kalkül, ein bedeutendes Wachstum des europäischen Kapitals bewirken sollen. Das wird auch offen ausgesprochen. »Der ökologische Wandel bietet der europäischen Industrie eine große Chance, indem Märkte für saubere Technologien und Produkte geschaffen werden.«[349] Es geht um die Stärkung Europas als Wirtschaftsstandort. »Energieeffizienzmaßnahmen werden als Mittel anerkannt, mit dem nicht nur eine nachhaltige Energieversorgung erzielt, Treibhausgasemissionen gesenkt, die Versorgungssicherheit verbessert und die Kosten für die Einfuhr von Energie reduziert werden können, sondern mit dem auch die europäische Wettbewerbsfähigkeit verbessert werden kann.«[350] Der Schwerpunkt der erhofften wirtschaftlichen Entwicklung liegt dabei nicht auf dem Dienstleistungssektor und seinen immateriellen Produkten, sondern eben auf der Industrie. Offensichtlich soll die weitere Abwanderung der industriellen und materiellen Produktion aus Europa gestoppt, und diese

---

345 Quelle: https://www.consilium.europa.eu/de/infographics/fit-for-55-cbam-carbon-border-adjustment-mechanism/
346 https://www.consilium.europa.eu/de/infographics/fit-for-55-social-climate-fund/
347 Quelle: https://www.consilium.europa.eu/de/infographics/fit-for-55-cutting-methane-emissions-in-fossil-fuels/
348 Quelle: https://www.consilium.europa.eu/de/infographics/fit-for-55-refueleu-and-fueleu/
349 https://commission.europa.eu/strategy-and-policy/priorities-2019-2024/european-green-deal/delivering-european-green-deal_de
350 https://www.europarl.europa.eu/factsheets/de/sheet/69/energieeffizienz

so weit als möglich wieder nach Europa zurückgeholt werden. Ob dies gelingen kann, ist eine offene Frage, geplant ist dies jedenfalls. Den Anschub dazu überlässt die EU offensichtlich nicht dem freien Spiel der Marktkräfte, sondern eben geplanten und gesetzlich verpflichtenden Maßnahmen, die in Summe als Green New Deal bezeichnet werden.

Die Bedeutung der Staatsinterventionen steigt

Mit dem Green New Deal intensivieren sich die Interventionen des Staates in Gesellschaft und Ökonomie. Wenn auch durch das parlamentarische Wahlprozedere nicht legitimiert, fungiert die EU-Kommission de facto als Regierung EU-Europas. Diese Interventionen bedeuten keinesfalls einen Bruch mit dem Neoliberalismus. Man kann es nicht genug wiederholen: der Slogan »Weniger Staat, mehr privat« war und ist ein Propagandaspruch, der niemals der Realität entsprach. Ihn für bare Münze zu nehmen, entstammt der Denkwelt des sozialdemokratisch geprägten Keynesianismus, der in der Verstaatlichung und in der Staatsintervention in die Wirtschaft das Heil sah und sieht. Einen »schlanken Staat« hat der Neoliberalismus nie angestrebt – so viel Staat wie jetzt war schon lange nicht. Aus der Kritik entsprang der Irrglaube, die international agierenden Konzerne würden die Macht des Staates aushebeln und schwächen. Dem ist nicht so. Stephan Lessenich spricht das Offensichtliche klar aus. »Sicher, für den Neoliberalismus insgesamt lässt sich konstatieren, dass dessen erklärte ›Staatsferne‹ ein selbstproduzierter Mythos ist, ja als dessen zentrale Lebenslüge gelten muss. Von einem ›Rückzug des Staates‹,[351] der im letzten halben Jahrhundert permanent ausgerufen wurde und bis auf den heutigen Tag zum Standardrepertoire einschlägiger Diskurse und Programmatiken gehört, kann im neoliberalen Regime keine Rede sein.«[352] Will man den Bogen noch weiter in die Vergangenheit spannen, so sei an das fulminante Werk von Heide Gerstenberger mit dem Titel *Markt und Gewalt* erinnert, in dem sie gestützt auf zahlreiche Untersuchungen

---

351 Auch von der Zerschlagung des Sozialstaates kann keine Rede sein. Dort, wo er historisch entstanden ist, wurde er in den workfare state umgebaut und dient als Mittel der Kontrolle und der repressiven Aktivierung der Erwerbsarbeitslosen.
352 https://www.woz.ch/2336/essay/sterben-lassen-und-leben-machen/!HX9HTMNE7AJ2

nachweist, dass der freie, offene Markt insbesondere für Arbeitskräfte immer schon ein Mythos war.

Die systematischen, geplanten und gesetzlich verbindlichen Interventionen in Gesellschaft und Ökonomie setzen bestehende Tendenzen fort und verschärfen sie. Manche rechtskonservativen Kreise halten diese Politikorientierung für »Sozialismus«, so wie schon das klassische Vorbild des Green New Deal, nämlich der New Deal der Jahre 1933 bis 1938 in den USA, der teilweise erfolgreiche Versuch des damaligen Präsidenten Roosevelt, die schwere Wirtschaftskrise durch staatliche Interventionen abzumildern und zu überwinden. Bemerkenswert ist aber nicht nur die massive, staatlich orchestrierte Intervention in die Ökonomie. Die Bereitschaft der Staaten, massiv Geld in die Gesellschaft zu pumpen, war schon während der verordneten Pandemie ein wesentlicher Faktor. Nicht nur, dass die Vakzine mit gigantischen Geldsummen von der Pharmalobby erworben und diese flächendeckend kostenlos der Bevölkerung aufgedrängt wurden. Auch Einkommensausfälle durch die Lockdowns wurden teilweise durch staatliche Hilfszahlungen kompensiert. Diese Politik der Unterstützungszahlungen kennzeichnet auch den Green New Deal.

Green New Deal als geopolitisches Konzept

Die Regelung der Märkte ist mit einem Wirtschaftsprotektionismus verbunden, der scheinbar einer früheren Epoche angehörig und durch Abbau von Zollgrenzen, Freihandelsabkommen und Liberalisierung des Güter- und Warenverkehrs überwunden schien. Die historisch abgebauten Schutzzölle finden in den CBAM-Zertifikaten ihre Wiederauferstehung. Bei der Einfuhr von Waren in die EU müssen diese Zertifikate erworben werden, sollten bei ihrer Produktion mehr CO_2 emittiert worden sein, als es den EU-Normen entspricht. Diese Importe werden somit teurer. Die Regelung soll 2026 voll in Kraft treten. Das bedeutet im Klartext, die internationalen, weltumspannenden Produktionsketten werden zumindest teilweise eingeschränkt. Diese Orientierung fügt sich in die Strategie der westlichen Wirtschaftsblöcke, die Konkurrenten durch politische und administrative Mittel zu schwächen. Russisches Gas darf nicht mehr bezogen werden, chinesische Konzerne wie *Huawei* sollen mittels zweifelhafter Anschuldigungen vom amerikanischen Markt verdrängt werden. Der Green New Deal besitzt somit auch eindeutig geopolitische Aspekte. Eine zumindest tendenzielle Abkoppelung vom Weltmarkt, insbesondere bei den Energieträgern, ist geplant. Das muss ökonomische Folgen haben. Die weltweite Arbeitsteilung ist ein wesentlicher Faktor der Produktivkraft der Arbeit. Je höher die Produktivkraft der Arbeit, desto weniger Arbeitszeit muss für die Erzeugung eines Gutes verausgabt werden, desto geringer sein Wert und in Folge sein Preis. Wenn also die weltweit produktivsten Erzeuger vom Markt verdrängt werden, dann muss dies in Folge Preissteigerungen nach sich ziehen. Dass die verhängten Sanktionen gegen Russland, insbesondere bei den Gasexporten, über die Erhöhung der Energiepreise bereits eine Welle der Preissteigerungen ausgelöst haben, ist kaum zu bestreiten. Auch die Ankündigung der EU-Kommissionspräsidentin Ursula von der Leyen, den Import der günstigeren chinesischen E-Autos wegen »Wettbewerbsverzerrungen«[353] (Stand September 2023) einzuschränken, weist in Richtung wirtschaftliche Abkoppelung von Russland und China, in Richtung Wirtschaftskrieg. Und das unter der Flagge, den Planeten zu retten.

In diese Orientierung fügt sich die Intention, den Energieverbrauch *insgesamt zu senken*. Interessanterweise wird dies von den Leitmedien kaum erwähnt. »Das jährliche *Endenergieeinsparziel* wird von 2024 bis 2030 schrittweise angehoben. Die Mitgliedstaaten werden in diesem Zeitraum neue jährliche Einsparungen in Höhe von durchschnittlich 1,49 % des Endenergieverbrauchs gewährleisten, die bis zum 31. Dezember 2030 schrittweise auf 1,9 % steigen sollen.«[354] Insgesamt ist der Energieverbrauch um 11,7 % zu senken, gemessen am im Jahre 2020 prognostizierten Energieverbrauch im Jahre 2030, aber »um 32,5 % zu senken, gemessen am im Jahr 2007 für das Jahr 2030 geschätzten Energieverbrauch.«[355] Und das unabhängig davon, ob die Energie durch fossile oder nicht-fossile Energieträger erzeugt wird! In einer Pressemitteilung vom 10.3.2023 lautet es unmissverständlich: »Die EU wird ihre Anstrengungen zur Verringerung des Energieverbrauchs und zur

---

353   https://www.berliner-zeitung.de/wirtschaft-verantwortung/von-der-leyen-will-china-autos-stoppen-peking-ueberlegt-vergeltung-li.388685
354   https://www.consilium.europa.eu/de/press/press-releases/2023/07/25/council-adopts-energy-efficiency-directive/
355   Ebd.

Verbesserung der Energieeffizienz weiter verstärken. Dies ist die richtige Antwort auf die Energiekrise, die uns vor Augen geführt hat, dass Energie ein knappes und wertvolles Gut ist, mit dem wir sparsam und effizient umgehen müssen.«[356] Ob die weitere Senkung des Energiebedarfes realistisch ist, darf bezweifelt werden. Eine gemeinsame Studie des *Fraunhofer-Institutes*, des *Ökoinstituts e. V.*, sowie des *Prognos-Instituts* gehen hingegen von einem steigenden Strombedarf von 595 Terawattstunden im Jahre 2018 auf 685 Terawattstunden im Jahre 2030 aus, wobei die geplanten Energiesparmaßnahmen, etwa Wärmedämmung der Gebäude, bereits berücksichtigt wurden.[357]

Kein Stein soll auf dem anderen bleiben

Die Pläne der EU sind eine Sache, die Frage, inwieweit sie tatsächlich realistisch sind, die andere. Ein Problem dürfte die Verschärfung der finanziellen Situation insbesondere für einkommensschwache Schichten darstellen. Besonders viel Aufmerksamkeit, ja Empörung, hat die gesetzliche Verordnung hervorgerufen, bis 2050 müssen *alle* Wohngebäude Nullemissionsgebäude sein. Ob dies bei Altbestand überhaupt technisch möglich ist, sei dahingestellt. In jedem Falle bewirken die Sanierungen und Umbauten gewaltige finanzielle Belastungen, die im Falle von Mietwohnungen, die bereits jetzt in manchen Gegenden kaum zu erschwinglichen Mieten zu haben sind, nochmals die Kosten in die Höhe treiben werden. Für HausbesitzerInnen, die ihr Heim oftmals geerbt haben, kann dies zu existenzbedrohenden Belastungen führen. Es steht auch die bange Frage im Raum, ob die Verpflichtung zur Nullemission nicht zu Zwangsverkäufen führen wird, die wiederum die Konzentration im Grundbesitz steigert. Auch die Verpflichtung, Solaranlagen auf den Dächern zu installieren, kann zu finanziellen Problemen führen. Zudem stellt sich die Frage, ob diese Pläne überhaupt administrierbar sind. Die Debatte wird oftmals so geführt, als ob in allen Mitgliedsländern der EU politische und hoheitsrechtliche Verhältnisse wie in Deutschland herrschen würden. Ob die Magistrate in ärmeren Ländern wie

---

356 https://www.bmwk.de/Redaktion/DE/Pressemitteilungen/2023/03/20230310-eu-legt-klare-regeln-fur-die-senkung-des-energieverbrauchs-fest.html
357 https://www.prognos.com/sites/default/files/2021-11/20211116_Kurzpaper_Bruttostromverbrauch2018-2030.pdf

in Bulgarien, Rumänien, der Slowakei, Griechenland oder Zypern diese Vorschriften tatsächlich penibel gegenüber der Wohnbevölkerung durchsetzen können, wage ich zu bezweifeln. Selbst im reichen Österreich entsprechen so manche Einfamilienhäuser keinesfalls den Bauvorschriften und Bürgermeister wie Baubehörden drücken beide Augen zu.

Die gesetzlich verbindlichen Regelungen sind offenbar bewusst allgemein gehalten. Das bedeutet, wie die Ziele eingehalten werden, obliegt teilweise den nationalen Regierungen. Je nach klimatischen Verhältnissen werden diese Vorschriften unterschiedlich umgesetzt werden. In Südeuropa werden Heizungen im Gegensatz zu Klimaanlagen kaum eine Rolle spielen, nördlich der Alpen sehr wohl. In unseren Breiten soll das Ziel der 55%-Reduktion auch durch das Verbot von fossilen Heizungen erreicht werden. Die diesbezüglichen Vorschriften sind in Deutschland anders als in Österreich. Hier die wichtigsten Eckpunkte: In Deutschland ist ab 2045 »der Betrieb von Heizungen mit fossilen Brennstoffen (Erdgas, Heizöl) nicht mehr gestattet«. Gasheizungen dürfen bestehen bleiben, allerdings müssen sie mit »Wasserstoff oder Biogas betrieben werden können«.[358] Sollte dies nicht möglich sein, bleiben de facto nur noch die Wärmepumpe, die Holzheizung oder der Anschluss an ein Fernwärmenetz als Heizmöglichkeit. Für neu errichtete Gebäude gilt allerdings bereits ab 2024, dass die Wärme zu 65% aus erneuerbaren Energiequellen stammt. In Österreich gilt grundsätzlich: »Bis 2035 müssen alle alten Kohle- und Ölheizungen in Österreich durch ein modernes, erneuerbares Heizsystem ersetzt werden. Bis 2040 müssen alle Gasheizungen in Österreich durch ein modernes, erneuerbares Heizsystem ersetzt oder mit biogenem Gas betrieben werden.«[359] Dazu tritt ein wahrer Dschungel an weiteren Fristen und Zusatzbestimmungen. Zudem werden Subventionen versprochen, die offensichtlich die Gesamtkosten nicht abdecken. Nur um die Dimensionen zu verdeutlichen: »Derzeit heizen noch etwa 11.000 Haushalte in Österreich mit Kohle, rund 550.000 Haushalte mit Öl und rund eine Million Haushalte mit Gas.«[360] Die geforderten Umstellungen führen zu finan-

---

358 https://www.t-online.de/heim-garten/energie/heizung/id_100198526/heizungsgesetz-was-mieter-und-eigentuemer-darueber-wissen-muessen.html
359 https://infothek.bmk.gv.at/erneuerbare-waerme-gesetz-umstieg-auf-klimafreundliche-heizungen-wird-spaetestens-2040-abgeschlossen-sein/
360 https://infothek.bmk.gv.at/erneuerbaren-waerme-gesetz-ewg-ab-2023-keine-gasheizungen-in-neubauten/

ziellen, logistischen und administrativen Belastungen. Die Anlagen können wohl industriell weltweit gefertigt werden, eingebaut und justiert müssen sie jedoch vor Ort von entsprechend qualifizierten Fachkräften. Aber dies ist offenbar Kalkül, die nationalen Ökonomien innerhalb der EU sollen gefördert werden. Eine weitere Quelle der finanziellen Unsicherheit ist das Aus für benzin- und dieselbetriebene PKWs ab 2035. Ob E-Autos im nächsten Jahrzehnt generell billiger werden, ist nicht abzuschätzen.

Verschwiegene oder kleingeredete Probleme

Energie muss nicht nur erzeugt, sie muss auch transportiert werden. Es ist unseriös, bei Solar- und Windenergie nur die Entstehungskosten zu berechnen. Ein massiver Ausbau der Stromleitungen wird nötig sein, um den Windstrom des Nordens nach Süden, und den Solarstrom des Südens nach Norden zu transportieren. Vor allem sind die Kosten für Speicher, die die erzeugten Schwankungen eines ganzen Kontinents ausgleichen können, einzubeziehen. Bis dato existieren Speicheranlagen in diesen Dimensionen nicht, es gibt also keine Erfahrungswerte bezüglich Kosten, Wartungsaufwand und Recyclingproblemen. Seit über 100 Jahren wird an der Speicherung von Strom geforscht. Gleichstromspeicherung ist möglich, das beweist jede Autobatterie, aber es ist fraglich, ob der schwankende Strombedarf für ganze Kontinente durch industrielle Großspeicheranlagen ausgeglichen werden kann. Vor allem: Soll der Ausstieg aus den fossilen Energieträgern und der Kernkraft weltweit erfolgen, so müssen nicht nur Europa, sondern auch die anderen Kontinente über solche Anlagen verfügen. Und das in einem eher kurzfristigen Zeitraum.

Der mit brachialer Gewalt erzwungene Umstieg in der Stromproduktion muss wohl zwangsläufig diese Energie verteuern. Vor allem bestimmt die teuerste Stromproduktion den Preis. »Die einheitliche Regelung namens Merit-Order-Prinzip nun besagt, dass das teuerste Kraftwerk, das noch benötigt wird, um den Bedarf zu decken, den Strompreis bestimmt. Diesen Preis können also auch alle anderen, günstigeren Anbieter vereinnahmen.«[361] Dieses sogenannte Merit-Order-Prinzip wurde bereits von Marx im dritten

---

361 https://www.tagesschau.de/wirtschaft/verbraucher/strompreis-preisbildung-101.htm

Band des *Kapital* mit dem Begriff der Differentialrente theoretisch gefasst. Obwohl im Detail komplex, ist ihr Mechanismus im Prinzip leicht zu erklären. Unter üblichen Bedingungen kann das produktivste Kapital eine steigende Nachfrage durch eine Ausweitung der Produktion befriedigen. Ist jedoch die Produktion an Naturbedingungen gebunden, so ist diese Ausweitung schlichtweg sachlich nicht möglich und auch unproduktivere ProduzentInnen kommen zum Zug. Marx wählt unter anderem die Bergwerke als Beispiel. Die Produktion von Kupfer erfordert Vorkommen in der Erde, diese sind aber limitiert. Ist die Nachfrage gering, so bestimmen die produktivsten Minen den Preis, steigt die Nachfrage, reicht ihre Produktion nicht aus, um die Nachfrage zu bedienen. Dann können auch jene Minen, die mit geringerem Ertrag arbeiten, auf dem Markt verkaufen und ihre höheren Gestehungskosten bestimmen den allgemeinen Marktpreis. Weiters expliziert Marx die Differentialrente anhand der unterschiedlichen Fruchtbarkeit der Böden und der klimatischen Verhältnisse. Auch hier gilt, je größer die Nachfrage, desto mehr bestimmen die schlechteren Böden den allgemeinen Marktpreis. Da beim Strom sowohl die Nachfrage (Tageszeit, Jahreszeit usw.), als auch das Angebot (Wind- und Solaranlagen liefern inkonstante Strommengen) schwankt, kommt so das Merit-Order-Prinzip zum Tragen. Damit Wirtschaft und Gesellschaft jedoch klaglos funktionieren, muss zu jeder Tages- und Nachtzeit der benötigte Strom lieferbar sein.[362]

Ob der wachsende Strombedarf überhaupt rasch durch erneuerbare Energien ersetzt werden kann? Werfen wir einen Blick auf die Ist-Situation des Jahres 2022. In Deutschland firmiert als die Nr. 1 bei der Stromgewinnung die Kohle (181 Terawattstunden), gefolgt von Wind (126), Erdgas (96), Solarenergie (58), Bioenergie (47), Atomkraft (36), Erdöl und Wasserkraft (etwa je 18 Terawattstunden).[363] Für die EU 27 stellt sich die Situation so dar: Atomkraft (608 Terawattstunden), hier schlägt vor allem die exzessive Nutzung von Atomenergie in Frankreich zu Buche, Erdgas (556), Kohle (461), Windenergie (420), Wasserkraft (276), Solarenergie (207), eher unbedeutend

---

362 Der Autor hat in Sri Lanka geplante Stromabschaltungen erlebt. Da die Speicherkraftwerke, wir sind in den 1990er-Jahren, zu wenig Strom liefern konnten, wurden periodisch bestimmte Gebiete für zwei Stunden vom Stromnetz getrennt. Man stelle sich diese Praxis in Europa vor. Die Ursache war eine Trockenperiode. Aber damals interessierten sich die Medien keineswegs für Regenmangel in dieser Weltregion.

363 Quelle: https://ourworldindata.org/grapher/electricity-production-by-source?time=2022..latest&country=~DEU

ist die Energiegewinnung aus Bioenergie (169) und Erdöl (43).[364] In Deutschland beträgt der Anteil der nicht-fossilen Energieträger 49 %, in der EU 61 %, der höhere Wert spiegelt den Einsatz von Atomenergie wieder. Angesichts dieser Verhältnisse erscheint nicht nur die Forderung nach sofortigem Ausstieg aus fossilen Brennstoffen naiv und unbedarft, auch das Ziel, die Energieproduktion aus erneuerbaren Quellen bis 2030 zu verdoppeln, ist wohl nur durch gewaltige Investitionen möglich – aber darum geht es ja. Interessant ist auch die Entwicklung des Beitrags der verschiedenen Energieträger im zeitlichen Verlauf.

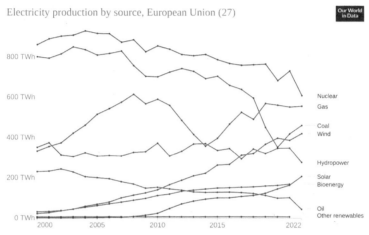

https://ourworldindata.org/grapher/electricity-production-by-source?time=2000..latest&country=~OWID_EU27

Die These, die fossile Energielobby würde den Einsatz von Alternativen verhindern, ist zumindest angesichts dieser Daten fraglich. Wind- und Solarenergie sind deutlich gestiegen, der Verbrauch von Kohle halbierte sich seit der Jahrtausendwende und Erdöl spielt eine immer geringere Rolle. Allein der Verbrauch von Erdgas hat sich nach dem Peak um 2007 stabilisiert.

---

364 Quelle: https://ourworldindata.org/grapher/electricity-production-by-source?time=latest&country=~OWID_EU27

Es existiert inzwischen eine mächtige Lobby für erneuerbare Energie, die insbesondere Wind- und Solarenergie unkritisch anpreist. Zudem setzt die EU-Kommission auch auf Wasserstoff, der sowohl in den alten Gasheizungen, als auch als Treibstoff verwendet werden soll. Die Problematiken der einzelnen erneuerbaren Energiequellen werden dabei kaum erwähnt. Doch gibt es sie.

Windenergie und die Probleme des Stromverbundnetzes

»Die Stromnetze der meisten europäischen Länder sind zu einem einzigen riesigen kontinentalen Verbundnetz zusammengeschlossen, das von Spanien und dem Balkan bis zur Ostsee, vom Atlantik und der Nordsee bis in die Ukraine reicht. (...) Die wichtigste Größe, die es dabei konstant zu halten gilt, ist die Frequenz des Verbundnetzes.«[365] Diese Frequenz muss 50 Hertz betragen, übersteigen die Schwankungen mehr als ein halbes Hertz nach oben oder unten, droht das Stromnetz labil zu werden und ein Blackout droht. »Wird zu wenig Energie produziert, sinkt die Frequenz; sie sinkt umso schneller, je größer der Fehlbetrag an erzeugter Energie ist. Analoges gilt für den Fall, dass zu viel Energie produziert wird. Das riesige Netz stabil zu halten, heißt daher nichts anderes, als seine Frequenz in einem engen Band um die Sollfrequenz von fünfzig Hertz zu halten.«[366] Wie Hans Saenger, Elektrotechniker und Autor, in seinem Artikel *Minima Energetica* informiert, kann man schwer feststellen, wo zu viel Strom verbraucht oder zu wenig erzeugt wurde. Dies erfordert eine permanente Bilanz der Energieflüsse. Wenn das Netz eines Staates im Gesamtverbund zu viel oder zu wenig an Strom aufweist, muss dieser aus anderen Ländern entweder exportiert oder importiert werden. Die einzelnen BetreiberInnen der Stromnetze kennen die zu erwartenden Schwankungen im Stromverbrauch des eigenen Netzes und können sich darauf einstellen. Wobei zu beachten ist, dass die unterschiedlichen Anlagen der Stromerzeugung unterschiedlich schnell ins Netz liefern können. Dampfkraftwerke, das sind Anlagen die mit Atomenergie, Kohle oder Gas betrieben werden, benötigen eine

---

365 https://ethos.at/ideenreich/wirtschaft/712-minima-energetica?start=6
366 https://ethos.at/ideenreich/wirtschaft/712-minima-energetica?start=6

ganzen Tag oder länger, um ans Netz zu gehen. »Eine Gasturbine kann sehr schnell gestartet werden, was für die Aufrechterhaltung der Netzstabilität von überragender Bedeutung ist.«[367] Der geplante, radikale Ausstieg aus dem Gas für die Stromerzeugung ist als hinsichtlich der Stabilität des Netzes sehr unvorteilhaft. Der intendierte Wechsel zu den Windkraftanlagen hingegen beschert der Stromerzeugung gewaltige Nachteile. Die erzeugte Menge schwankt nämlich bedeutend mit der Windstärke. »Man erinnere sich an die Tatsache, dass die Leistung, die ein Windrad abgibt, mit der dritten Potenz der Windgeschwindigkeit abnimmt. Man kann es nicht oft genug wiederholen: Weht der Wind halb so stark, sinkt die Leistung, die ein Windrad liefert, auf ein Achtel. Folglich hat man nie genau den Strom, den man gerade braucht; das eine Mal hat man zu viel davon, dann wieder zu wenig.«[368] Eine primär auf Windkraft beruhende Stromerzeugung droht permanent instabil zu werden. Das zeigt sich schon jetzt an der Strombilanz Deutschlands.

»Die Netzstabilität kann in Deutschland daher nur gewahrt werden, indem man in Starkwindzeiten seine Stromüberschüsse ins Ausland, insbesondere nach Norwegen, verschleudert, in Schwachwindzeiten aber Strom teuer aus dem Ausland bezieht. Auch dieser Sachverhalt bildet sich im hohen deutschen Strompreis ab. (...) Die taumelnde deutsche Stromversorgung wäre gewiss schon mehrere Male abgestürzt, wenn sie nicht immer wieder vom Ausland aufgefangen worden wäre. Wenn diese herbe Feststellung falsch sein sollte, wäre sie sehr leicht zu widerlegen. Deutschland müsste sich zu diesem Zweck nur vom riesigen kontinentaleuropäischen Verbundnetz trennen und versuchen, einige Zeit lang auf eigenen Beinen zu stehen. Da würden seine Bewohner wohl bald ihr blaues Wunder erleben.«[369]

---

367 https://ethos.at/ideenreich/wirtschaft/712-minima-energetica?start=6
368 https://ethos.at/ideenreich/wirtschaft/712-minima-energetica?start=6
369 https://ethos.at/ideenreich/wirtschaft/712-minima-energetica?start=6

Die Windparklobby interessiert sich keinen Deut für diese Zusammenhänge und mit ihr die Klimabewegung.[370]

Photovoltaik

Unproblematisch scheint die Erzeugung von Strom durch Photovoltaik zu sein. Bei der Erzeugung wird viel Energie für die Siliziumgewinnung verbraucht. »Auch die Wafer- [Siliziumplättchen] und Zellenfertigung ist alles andere als umweltfreundlich. Zur Wafer-Reinigung nutzen Hersteller Säuren und Laugen. Zur elektrischen Ausrichtung bringen sie Phosphor und Bor in die Zellen ein. Alle diese Chemikalien finden sich später in den Abwässern der Fabriken wieder.«[371] Aber einmal hergestellt, scheint der Einsatz recht unbedenklich zu sein. Paneele auf den Dächern verändern weder das Landschaftsbild, noch sind zusätzliche Bauten nötig. Die Montage von Solarpaneelen ist allen Hausbesitzern freigestellt, nur auf neu errichtenden Wohngebäuden sind sie obligatorisch. Der Anteil an der Deckung des Strombedarfs durch Photovoltaik ist jedoch nicht nur wegen der Zahl der Sonnenstunden limitiert: »Um für Deutschlands gesamten Energiebedarf die Leistung von 387 Gigawatt zu erbringen, müssten heutige Fotovoltaikanlagen rund 4,5 Prozent des Bundesgebiets bedecken.«[372] Auch beim Einsatz im freien Feld gibt es Probleme. Kniehoch montierte Paneele müssen vor Überwucherungen geschützt werden, das erfordert den Einsatz von Pflanzenvernichtungsmitteln. Die so kontaminierten Böden können möglicherweise nicht erneut für Landwirtschaft genutzt werden. Sogenannte Agri-Photovoltaik-Anlagen in zwei, drei Meter Höhe sind derzeit noch im Entwicklungs- und Erprobungsstadium. Sie sollen gleichzeitig eine landwirtschaftliche Nutzung ermöglichen. Hinzuweisen ist jedenfalls auf den Umstand, dass die Erzeugung von Strom selbst wohl CO_2-neutral erfolgt, Produktion, Transport und Entwicklung der Photovoltaikanlagen jedoch keineswegs. Als Teil der gesellschaftlichen

---

370 Deren Aushängeschild Lisa Neubauer darf unbelastet von jedem Fachwissen ins Mikrofon plaudern: »Wir sind Netto-Exporteur. Das ist wirklich Fake-News, was Sie hier verbreiten. Wir sind Netto-Stromexporteur. Die Industrie läuft weiter. Wir haben keine deutschlandweiten Knappheiten.« https://www.daserste.de/information/talk/maischberger/faktencheck/faktencheck-maischberger-388.html
371 https://www.ingenieur.de/technik/fachbereiche/energie/chinesische-solarzellen-verheerende-umweltbilanz/
372 https://www.mpg.de/18958020/erneuerbare-energie-windkraft?c=17091614

Gesamtproduktion ist auch die Erzeugung von Photovoltaik von mannigfachen infrastrukturellen und produktiven Bedingungen abhängig, die nicht allesamt klimaneutral zu betreiben sind. Erneut möchte ich darauf hinweisen: Einzelne *Produktionsschritte* sind wohl ohne CO_2-Emissionen möglich, die gesamtgesellschaftliche Produktion sowohl aus technischen wie auch aus ökonomischen Gründen keineswegs.

Erfordert der Einsatz von Photovoltaik in der Regel nur sanfte Eingriffe in die Landschaft, so stellt sich dies bei den euphemistisch Windparks genannten Anlagen ganz anders dar. Parks sind es jedenfalls nicht, in denen die Monster aus Beton, Stahl und Kunststoff errichtet werden. Die Entwicklung geht zu immer größeren, schweren, gigantischen Stahltürmen mit bis zu 130 Metern Rotordurchmesser, Tendenz steigend. Die Türme werden aktuell bereits mit 240 Metern Höhe gebaut. »Zur Stabilisierung der Statik werden pro Windturbinen-Turm bis zu 10.000 Tonnen Beton als Fundament im Boden versenkt. Je nach Standort und Untergrund muss bis zu zwölf Meter tief gebohrt und verankert werden. Die Eingriffsfläche beträgt 4000 Quadratmeter pro Anlage, dabei werden 500 Quadratmeter Landwirtschafts- oder Waldfläche ein für alle Mal vollversiegelt; an einen Rückbau ist realistischerweise kaum mehr zu denken.«[373] Ungeniert werden diese massiven Eingriffe in die Natur als »grün« und umweltverträglich verkauft. »Zwischen Gols und Mönchhof (Bezirk Neusiedl am See) errichtet die Windkraftfirma Püspök in diesen Wochen die größten Windräder Österreichs. Ihre Rotorspitze erreicht eine Höhe von 242 Metern.«[374] Im Waldviertel, eine der schönsten Gegenden Österreichs, sollen viele Quadratkilometer Wald geopfert werden, um Windanlagen der letzten Generation zu bauen. »Die größten Windräder der Welt mit 285 m Höhe sind im Bezirk Waidhofen an der Thaya geplant!«,[375] warnt eine Bürgerinitiative. Zu den windsichersten Gegenden zählt der Nordwesten Europas, also die Küstenlinie Nordfrankreich, Irland, Schottland, Norwegen und insbesondere die Nordsee. Dort sind bereits Quadratkilometer Meeresboden mit Windanlagen zugepflastert,

---

373 https://www.windpark-vechigen.ch/fakten/windrad-technik/
374 https://burgenland.orf.at/stories/3099808/
375 https://www.igwaldviertel.at/wp-content/uploads/2023/08/Infobroschuere-WKA-Waidhofen_Thaya_kl.pdf

viele neue sollen hinzukommen. Bis zu 7240 Quadratkilometer sollen bis 2050 in der Nordsee verbaut werden.[376] Die dazu notwendigen Eingriffe in die Meeresökologie sind beunruhigend. Im Technikrausch befangen verkündet *offshore-stiftung.de* voll Stolz:

»Die Dimensionen von Offshore-Windenergieanlagen sind gigantisch. Das Gesamtgewicht einer Anlage kann schnell 1000 Tonnen übersteigen. (...) Dabei stehen die Anlagen auf bis zu 900 Tonnen schweren Fundamenten. Allein die Gondel (Maschinenhaus) kann zwischen 300 und 400 Tonnen wiegen. (...) Insbesondere die Verankerung der Anlagen (Gründung) auf dem Meeresgrund ist ein wesentlicher Bauschritt, denn die Anlagen müssen auf einem sicheren Fundament stehen und über einem langen Zeitraum Wind und Wetter trotzen. Grundlage dafür ist die Verankerung durch eine solide Gründungskonstruktion, z. B. Stahlrohr-Fundamente, die bis zu 30 Meter Tiefe in den Meeresboden gerammt werden.«

Für die Stromübertragung ans Festland sind weitere Bauten auf See nötig. »Der Strom wird aus den Umspannwerken mehrerer Offshore-Windparks zu einer weiteren Offshore-Plattform geleitet – der so genannten Konverterplattform. Dort wird der Wechselstrom aus den angeschlossenen Windparks in Gleichstrom umgewandelt und über ein Seekabel zum nächsten Netzknotenpunkt an Land geleitet, wo er dann seinerseits wieder über einen onshore Konverter in Wechselstrom umgewandelt wird.«[377] Die Bauzeit wird mit 10 Jahren angegeben, wobei Quadratkilometer um Quadratkilometer in ein Industriegebiet auf See umgewandelt werden. Das alles sei »angewandter Umweltschutz«. Aber mit Windrädern und Konverterplattformen ist es oft nicht getan. Der Essener Energiekonzern RWE baut 35 Kilometer vor den Küsten Hollands den Windpark »Oranje Wind«. »Um eine perfekte Balance zwischen Angebot und Nachfrage zu erreichen, werden eine Reihe von Innovationen integriert. Dazu zählen schwimmende Solarpaneele, eine Unterwasser-Lithium-Ionen-Batterie und ein auf Lidar (Light detection and

---

376 https://www.mpg.de/18958020/erneuerbare-energie-windkraft?c=17091614
377 https://www.offshore-stiftung.de/offshore-windenergie

ranging) basierendes System zur genaueren Vorhersage der Stromerzeugung.«[378] Zudem muss in den Maschinenhäusern das Gas Schwefelhexafluorid, ein perfekter Isolator, verwendet werden.

»Es wirkt rund 22.800 Mal so stark wie die identische Menge Kohlendioxid. Und: Wenn es einmal in die Atmosphäre gelangt ist, dauert es mehr als 3000 Jahre, bis SF6 sich wieder zersetzt und unwirksam wird. (…) Laut diesen von der Industrie gemeldeten Daten entweicht aktuell nur wenig SF6 in die Luft. Trotzdem tragen diese Mengen in Deutschland stärker zum Treibhauseffekt bei als der gesamte innerdeutsche Flugverkehr. Als Wissenschaftler verschiedener, weltweit verteilter Universitäten und Behörden vor einigen Jahren die tatsächlichen Konzentrationen in der Atmosphäre mit den gemeldeten Daten verglichen, kamen sie dem Ergebnis: In Europa befindet sich fast 50 Prozent mehr SF6 in der Luft als laut gemeldeten Emissionsdaten möglich wäre.«[379]

Die Lebensdauer dieser Anlagen wird je nach Quelle zwischen 16 (*Frankfurter Allgemeine*),[380] 20 bis 25 Jahre (*Spiegel*)[381] und 25 bis 30 Jahre (EU)[382] geschätzt. Der Abbau und Neubau der Windparks wird erneute Eingriffe erfordern, zudem stellt sich das Recyclingproblem für Faserverbundwerkstoffe, Beton und Stahl. Inwieweit die für die Flügel verwendeten Faserverbundwerkstoffe überhaupt recycelbar sind, kann ich nicht beurteilen. Stahl ist recycelbar, der Stahlbeton jedoch sehr eingeschränkt. »Es ist schwer, den Stahl vom Beton zu trennen, und die Wiederaufbereitung wird in der Mehrzahl der Fälle als ›unwirtschaftlich‹ angesehen. (…) Jedoch entspricht diese Wiederaufbereitung dem, was man ›downcycling‹ nennt. Das heißt, der aufbereitete Betonmüll dient als Füllmaterial für Autobahnen.« (Jappe 2023, 87) Die Produktion von Beton erfordert zudem gewaltige Mengen Wasser und vor

---

378 https://www.iwr.de/news/rwe-und-tennet-vereinbaren-netzanschluss-fuer-den-niederlaendischen-offshore-windpark-oranje-wind-news38429
379 https://www.tagesschau.de/wirtschaft/technologie/erneuerbare-energien-windkraft-treibhausgas-sf6-101.html
380 https://www.faz.net/aktuell/technik-motor/technik/erneuerbare-energien-wie-lange-haelt-eine-windkraftanlage-16080702.html
381 https://www.spiegel.de/wissenschaft/technik/offshore-windenergie-forscher-veroeffentlichen-handbuch-zum-rueckbau-a-38d6b5e2-90c9-4cab-9f9f-350e82dd51d5
382 https://www.europarl.europa.eu/doceo/document/A-9-2021-0184_DE.html

allem speziellen Sand, Wüstensand ist dafür völlig ungeeignet. Auch wenn die sich drehenden Rotorblätter Strom ohne Emissionen erzeugen, Produktion und Recycling ist alles anders als umweltschonend und emissionsfrei. Interessant ist auch ein Blick auf den Weltmarkt. Zehn der größten ProduzentInnen von Windkraftanlagen stammen aus China, eine aus Deutschland, eine aus Dänemark, eine aus Spanien, wobei es sich bei *Siemens Gamesa Renewable Energy*, wie schon der Name sagt, um eine Siemens-Tochter handelt.[383]

Bei den Windkraftanlagen kommt zudem ein weiterer Faktor in Spiel. Oftmals ist der Hinweis, Energie sei überhaupt nicht erneuerbar, sondern nur von einer Form in die andere übertragbar, eine wohl physikalisch korrekte, doch spitzfindige, sophistische Aussage, nicht so bei den Windrädern. »Da Turbinen dem Wind Energie entziehen und einen Windschatten erzeugen, werden sie meist in einem Abstand von vier bis sechs Rotordurchmessern, also etwa 600 bis 800 Metern, errichtet. Dann kann die Energie von oben nachgeliefert werden. Das gilt jedoch nur begrenzt: Je mehr Windräder in einer Region stehen, desto weniger kann die Atmosphäre die Verluste ausgleichen – der Wind wird schwächer. Dieser Effekt dürfte beim geplanten Ausbau an Land in einigen Regionen den Stromertrag reduzieren und wird eine große Rolle für den angestrebten Ausbau in der Nordsee spielen.«[384] Ohne genügend Abstand, so die *Max-Planck-Gesellschaft*, kann dies zu bis zu 40 % Ertragsreduktion führen. Um die pro Windturbine errechnete Stromausbeute tatsächlich zu erzielen, ist noch mehr Abstand, noch mehr Fläche erforderlich.

Auch die Erzeugung und Verwendung von Wasserstoff ist problematisch. Grüner Wasserstoff wird durch Wasserelektrolyse erzeugt, H2O wird mittel Strom in 2H2 und O2 zerlegt. In den Werbetexten wird der dazu nötige Strom als emissionsfrei erzeugt unterstellt, aber ist er das tatsächlich? Zudem ist das Ausgangsmaterial Wasser, das jedoch bestimmte Eigenschaften haben muss. Meerwasser muss zuvor entsalzen werden, was wiederum Energie, also Strom erfordert. Woher insbesondere in Südeuropa, dem eine zunehmende Trockenheit prognostiziert wird, das Wasser für die Wasserelektrolyse genommen werden soll, ist eine weitere unbeantwortete Frage.

---

383 https://www.ingenieur.de/technik/fachbereiche/energie/das-9-groessten-windradhersteller-welt/
384 https://www.mpg.de/18958020/erneuerbare-energie-windkraft?c=17091614

Zudem, Wasserstoff kann auch mittels Dampfreformierung erzeugt werden. Diese Methode jedoch emittiert gewaltige Mengen CO2. »Der Wasserstoff wird dabei mithilfe von Wasserdampf von fossilen Energieträgern wie Erdgas oder Kohle abgespalten. Als Nebenprodukt entstehen jedoch große Mengen an CO2: Pro Tonne Wasserstoff werden etwa zehn Tonnen CO2 frei, die direkt in die Atmosphäre entweichen.«[385] Damit Wasserstoff tatsächlich als klimaneutral bezeichnet werden kann, muss sowohl der dafür benötigte Strom für die Wasserstoffelektrolyse klimaneutral erzeugt sein und eine Produktion mittels Dampfreformierung ist auszuschließen. Dem Hype um den Wasserstoff ist also mit großer Skepsis zu begegnen. »Hinter Deutschlands Wasserstoff-Boom steht ein breites Netzwerk von Unternehmen, Industrieverbänden und Beratungsfirmen. Mehr als 100 deutsche Unternehmen wurden als wichtige Akteure entlang der Wertschöpfungskette für grünen Wasserstoff identifiziert. Viele von ihnen kommen aus der Industrie für fossile Brennstoffe und andere umweltschädliche Stoffe oder haben Verbindungen zu ihnen. Laut CEO beschäftigt die deutsche Wasserstoffindustrie Hunderte von Lobbyisten und stellt Millionen von Euro bereit, um die deutsche Politik zu beeinflussen.«[386] Aber selbst tatsächlich emissionsfrei erzeugter Wasserstoff ist technisch gesehen durchaus problematisch. Eine Autorengruppe um Josef Gansch[387] verweist darauf:

> »Wasserstoff ist ein sehr leichtes Gas, das pro Kubikmeter nur rund ein Achtel so viel Energie wie Erdgas enthält. Das macht dessen Transport ineffizient. Wasserstoff-Pipelines gibt es bereits, allerdings ist der relative Energieaufwand für die Pumpen viermal so hoch wie bei Erdgas. Gleichzeitig kann durch das Rohr pro Stunde nur ein Achtel so viel Energie wie mit Erdgas transportiert werden. Damit der Wasserstoff zu jeder Tankstelle kommt, wären unverhältnismäßig hohe Investitionen erforderlich. (...) Die Handhabung von Wasserstoff ist auch im Hinblick auf die Sicherheit nicht unproblematisch. Zwar kann jeder Energieträger irgendwie gefährlich werden, aber Wasserstoff bildet mit Luft

---

385 https://solarenergie.de/hintergrundwissen/wasserstoff/herstellung-verwendung
386 https://www.telepolis.de/features/Willkommen-in-Deutschlands-schoener-neuer-Wasserstoffwelt-8116069.html?seite=all
387 Beteiligt waren auch Stephan Neuberger, Bernhard Reinitzhuber, Mario Sedlak sowie Günter Wind.

ein besonders leicht entzündliches Gemisch. Die nötige Zündenergie ist so gering, dass unter Druck ausströmender Wasserstoff sich meist von selbst entzündet.«[388]

Die Lösung ist die Weiterverarbeitung des Wasserstoffs zu den sogenannten E-Fuels. Insbesondere Flugzeuge und Schiffe können aus technischen Gründen nur damit betrieben werden. Mit aus der Luft entnommenem CO_2 sollen diese Kraftstoffe in gigantischen Mengen erzeugt werden; bei der Verbrennung wird das zuvor der Luft entnommene CO_2 wieder freigesetzt. Dieser Herstellungsprozess erfordert klarerweise erneut Energie.

Wird der Green New Deal scheitern?

Spricht man vom Scheitern, so muss man auch umgekehrt fragen, was wäre ein Erfolg? Ein Erfolg wäre die Bereitschaft der Bevölkerung, die Belastungen und Einschränkungen zu akzeptieren. Dass der Green New Deal massive wirtschaftliche Belastungen für die Menschen bedeutet, ist den Machthabern in Brüssel nicht unbekannt. Daher sind auch Unterstützungszahlungen geplant, »im Zeitraum 2021–2027 sind mindestens 55 Mrd. € für folgende Bereiche zu mobilisieren.« Es ist von Umschulungen (!) in klimaneutrale Jobs die Rede, für Unternehmen soll der Übergang zu CO2-armen Technologien gefördert werden und Regionen sollen Geld bekommen, »damit in neue grüne Arbeitsplätze, einen nachhaltigen öffentlichen Verkehr, digitale Konnektivität und saubere Energieinfrastruktur investiert wird.«[389] (Auch der Sozialplan erweist sich als Investitionsprogramm.) Es könnte zu massiven Protesten gegen die Verordnungen kommen. Allein in Wien gibt es eine halbe Million Gasetagenheizungen. Sollten sie tatsächlich ab 2040 verboten werden, so könnte das durchaus zu Protesten führen. Die Reaktion der Bevölkerung wird jedenfalls ein Thema werden.

Bezüglich des Effekts auf das Weltklima kann bereits jetzt gesagt werden: er ist mehr als bescheiden. Die Propaganda für den Green New Deal steht vor einem argumentativen Problem. Der Anteil der weltweiten Emissionen

---

388 https://www.telepolis.de/features/Mythos-Wasserstoffwirtschaft-7536555.html?seite=all
389 https://www.consilium.europa.eu/de/policies/green-deal/

Deutschlands beträgt je nach Quelle 2 % bis 3 %. Der Anteil der gesamten EU inklusive dem inzwischen ausgetretenen Großbritannien 9,8 %, Stand 2019.[390] Nullemissionen sind in einigen Jahrzehnten nicht zu erreichen, was jede realistische Studie auch einräumt, möglich sind Reduktionen mit einer Reihe von problematischen Folgeschäden. Selbst in diesem angenommenen Fall bleibt die Wirkung auf das Weltklima sehr gering. Gerade jene, die sich lauthals auf objektive Fakten berufen, führen wahre Eiertänze auf, wenn Fakten ihrer Orientierung widersprechen. Da diese Tatsache nicht zu leugnen ist, kippt der Diskurs regelmäßig ins Moralische. Aber Fakt ist – ich unterstelle hier die vollständige Korrektheit des CO_2-Diskurses: Selbst wenn die Emissionen in Deutschland und in Europa massiv reduziert werden, entscheidet sich das Schicksal des Weltklimas in China, den USA und Indien. Das ist einfach nicht zu leugnen. Und was sagt der IPCC-Autor Michael Sterner dazu? »Auch das Argument ›Wenn China, Indien und die USA nicht mitziehen, bringt unser Handeln nichts‹ lässt sich leicht entkräften. Diese Länder schauen ebenfalls auf die EU und werden sich nur dazu verpflichten, schärfere Klimaziele zu erfüllen, wenn auch die EU mitzieht.« (Sterner 2023, 23)

Selbst wenn wir alle Annahmen des Alarmismus um des Arguments willen akzeptieren, so ist klar, das Weltklima lässt sich durch noch so rigide Maßnahmen in Europa kaum manipulieren. Die geplante Senkung der Emissionen der Treibhausgase in der EU mag – wieder aus der Perspektive des Alarmismus gesehen – die weitere Erwärmung der Erde bloß einige Monate hinauszögern, jedoch nicht aufhalten. Selbst bei einer weltweiten Reduktion der Emissionen um 20 %, wie im Kyoto-Protokoll 1997 vereinbart, würde laut Bjørn Lomborg die prognostizierte Temperatur des Jahres 2100 gerade um 0,18 Grad niedriger liegen. »Das bedeutet, dass der erwartete Temperaturanstieg von 2,6 Grad Celsius nur um ganze fünf Jahre verschoben würde, von 2100 auf 2105.« (Lomborg 2009, 42) Auch diese Berechnungen könnten bezweifelt werden, aber es ist sehr bezeichnend, dass sowohl die EU-Gremien als auch die Klimaszene sehr schweigsam ist, was die tatsächlich zu erwartende Temperaturabsenkung als Resultat der geplanten Emissionsreduktionen betrifft. Ich habe bei meinen Recherchen keine

---

390 https://ourworldindata.org/annual-co2-emissions

einzige Aussage gefunden, die besagt, was eine Nullemission in der EU für die Entwicklung der Welttemperatur bedeuten könnte. Dieses Thema wird vollständig vermieden. Eines steht fest: Auch bei weitgehender Emissionsreduktion innerhalb der EU ist ein möglicher Erfolg bezüglich der Reduktion der Erderwärmung sehr bescheiden.

Das offen ausgesprochene Ziel des Green New Deal ist ein Wirtschaftsaufschwung, basierend auf einer Förderung der industriellen Produktion vor dem Hintergrund einer vom Weltmarkt entkoppelten Energieproduktion. Die verteuerten, möglichst emissionsfreien Produktionsketten wären auf dem Weltmarkt nicht konkurrenzfähig. Geplant ist daher, bestimmte Importe durch die CBAM-Zertifikate, de facto Schutzzölle, zu verteuern, um so eine europäische Produktion auf emissionsarmer Basis zu ermöglichen. Das muss wiederum zu einer Verteuerung bestimmter Produktionssegmente führen. Von der angestrebten wirtschaftlichen Prosperität wird die Masse der Bevölkerung nicht profitieren, das ist den ArchitektInnen des Green New Deal bewusst. Wirtschaftliche Probleme für die breite Masse sollen mit Unterstützungszahlungen abgefedert werden.

Bemerkenswert ist der Fokus auf die materielle Produktion. Die negativen Erfahrungen mit der Krise von 2008/09, also dem (Fast)Kollaps des Banken- und Börsenwesens, scheinen die Einsicht gestärkt zu haben, dass Investitionen in immer ausgeklügeltere Finanzprodukte durch Investitionen in die Realwirtschaft abgelöst werden müssen. Das freie Spiel der Marktkräfte konnte offenbar einen derartigen Investitionsschub nicht bewirken, das unbeschäftigte Kapital verblieb in der Finanzsphäre. Es bedurfte daher eines umfassenden gesamtgesellschaftlichen Plans, der sowohl die ökonomischen Rahmenbedingungen, wie auch konkrete Anreize bereitstellt. Dieser Plan nennt sich Green New Deal, legitimiert wird diese Orientierung durch die Rettung des Planeten vor dem Klimakollaps.

15. CO₂, das Maß aller Dinge

Versetzen wir uns in die Gedankenwelt jener, die allen Ernstes meinen, das Schicksal der Welt hinge vollständig von der Konzentration der Treibhausgase ab. Wenn eine Zahl, nämlich die Ppm-Konzentration von CO2 in der Atmosphäre,[391] tatsächlich über das Schicksal der Menschheit entscheidet, dann ist diese Zahl alles, sie ist die Wahrheit unserer planetaren Existenz. Die CO2-Konzentration wird zum Maß aller Dinge. Ob Menschen oder Tiere, ob Land oder Stadt, ob Pflanzen, Wälder oder Siedlungsräume, alles wird danach beurteilt, ob dadurch die eine, alles entscheidende Zahl steigt oder sinkt. Der Welt wird ein Zahlenkleid übergeworfen, und diese nackten Zahlen sind realer als das, was sie messen. Die Messung ist realer als das Gemessene, weil sie das tatsächliche Schicksal des Planeten anzeigt. Nur wer die Augen vor der Gefährdung des Planeten verschließt, für den bleibt eine Kuh eine Kuh, ein Baum ein Baum, ein Meer ein Meer und ein Mensch ein Mensch. Wer sich jedoch der planetarischen Verantwortung bewusst wird, begreift, dass jede Steigerung der Zahl zur irreversiblen Katastrophe führen wird. Alle Katastrophen, die gegenwärtigen und die zukünftigen, alle extremen Wetterereignisse und alle zukünftigen Überflutungen, Waldbrände, Dürren, kurzum die künftige Unbewohnbarkeit der Welt ist letztlich durch diese eine Zahl bestimmt. Wer dies erkennt, weiß: Eine Kuh ist keine Kuh, sondern ein Emittent von Treibhausgasen, ein Baum ist kein Baum, sondern eine CO2-Senke, ebenso die Ozeane, und ein Mensch ist unabdingbar eine problematische CO2-Größe. Diese Denkweise ist in geradezu unheimlicher Präzision im Plan »Fit für 55« der EU verwirklicht. Zusätzlich zu den im vorherigen Kapitel genannten Themenbereichen gibt es auch Aussagen zu Land- und Forstwirtschaft. Dieser Teilplan trägt das bürokratische Abkürzungsmonster LULUCF-Verordnung, was so viel wie »Land Use, Land Use Change and Forestry« bedeutet. Und was ist ein Wald, was ist ein Moor, was ein Feuchtgebiet? Für die EU eine CO2-Senke. Unter diesem Gesichtspunkt, und *nur unter diesem*, werden Wald, Moor und Feuchtgebiete thematisiert. »Der Rat hat sich im Juni 2022 auf eine allgemeine Ausrichtung

---

391 Es werden auch andere Treibhausgase in derselben Weise thematisiert, allerdings werden sie in CO₂-Äquivalente umgerechnet, insofern kann schon gesagt werden, CO₂ ist das Maß aller Dinge. Es misst eben alles, auch Methan, Lachgas usw.

zur Überarbeitung der LULUCF-Verordnung geeinigt, mit der Regeln für die Senkung der Emissionen und den Abbau von CO2 im Sektor Landnutzung, Landnutzungsänderungen und Forstwirtschaft (LULUCF) festgelegt werden. (...) Die überarbeitete Verordnung wurde vom Rat im März 2023 förmlich angenommen.«[392]

Alles, was nicht durch das Maß aller Dinge zu messen ist, verfehlt das eigentliche Ziel, das Ziel aller Ziele, nämlich die Senkung der magischen Zahl berechenbar zu machen. Jede Maßnahme, jede Aktivität, die nicht am Maß aller Dinge gemessen werden kann, ist vergebens. Küstenschutz durch Dammbauten gibt es in Norddeutschland seit über 100 Jahren, warum also nicht auch zum Beispiel in Bangladesch? Hitze- aber auch Kältewellen können durch Klimaanlagen und Heizungen gemildert werden. Schwammstädte können das Regenwasser länger speichern, ebenso trägt eine Entsiegelung des Bodens dazu bei, starke Regenfälle für eine Erhöhung des Grundwasserspiegels zu nutzen. Gebiete, die unter geringerem Niederschlag leiden, könnten durch hunderte Kilometer lange Pipelines mit Wasser versorgt werden. Städte können auf vielfache Weise abgekühlt werden. Doch solche Maßnahmen lenkten letztlich nur davon ab, was wirklich zu tun sei. Sie sind letztlich nutzlos, weil nicht erkannt wird, dass alles in Wahrheit eine Zahl ist und alles davon abhängt, ob diese Zahl steigt oder sinkt. Wer sich nicht in die Schar jener einreiht, die das Maß aller Dinge zum Maßstab alles Handeln erhoben hat, ist verdächtig. »Gegenwärtig wird jeder, der sich nicht für die radikalsten Lösungen des Problems der globalen Erwärmung einsetzt [die Senkung der CO2-Emissionen], wie ein Aussätziger behandelt, als verantwortungslos bezeichnet und für eine potenzielle Marionette der Erdöllobby gehalten.« (Lomborg 2009, 10)

Die reale Welt in ihrer irreduziblen Mannigfaltigkeit und mit ihr alle Widersprüche und Probleme versinken bei den AlarmistInnen hinter dem einen, wahren Ziel. Es ist, als ob jene, die das wahre Ausmaß der kommenden Klimakatastrophe zu erkennen meinen, eine Brille aufhaben, die ihnen die wirkliche Bedeutung der Dinge zeigt. Wir sehen einen Ölofen, der unser Zimmer heizt, sie berechnen jedoch den CO2-Ausstoß. Wir betrachten ein Auto, unser Mittagessen, eine Fernreise, ein Kleid und eine Wohnsiedlung,

---

[392] https://www.consilium.europa.eu/de/infographics/fit-for-55-lulucf-land-use-land-use-change-and-forestry/

sie erblicken immer nur das eine, das Mehr oder Minder der Zahl. Die Mannigfaltigkeit der Welt gerinnt zu einem Monismus des Maßes aller Dinge. Als ob alles, was sich nicht am Maß aller Dinge messen lässt, zu einem anderen Universum gehören würde. In dieses vormathematische Universum der Dinge fällt dann zum Beispiel eine Aussage wie diese: »Klimapolitik als Mittel zur Bekämpfung des Hungers in der Welt ist schlichtweg ungeheuer ineffizient.« (Lomborg 2009, 149) Sie macht in der Welt des wahren Maßes keinen Sinn, denn die Bekämpfung des Hungers ist eine Sache, die Rettung der Welt eine andere.

Camila Moreno, Daniel Speich Chassé und Lili Fuhr haben 2016 eine Broschüre mit dem Titel *CO_2 als Maß aller Dinge* geschrieben, die von der *Heinrich-Böll-Stiftung* herausgegeben wurde. Darin lesen wir: »Wenn CO_2 zum Maß aller Dinge wird, verliert die Vorstellung von Biodiversität an Eigenwert, für den Generationen von Umweltschützer/innen weltweit gekämpft haben.« (Moreno C. et al. 2016, 53) Die Erkenntnis, dass die Auflösung der Welt in Zahlen und Formeln diese in sinnlicher Fülle und materieller Realität auslöscht, ist keineswegs neu. Wirft man der Natur ein Zahlenkleid über, schlüpft die Wirklichkeit zwischen den Maschen hindurch. Dieses Motiv findet sich auch in der *Dialektik der Aufklärung* von Horkheimer und Adorno und ebenso in der klassischen Gesellschaftskritik von Herbert Marcuse, unter anderem in seinem Buch *Der eindimensionale Mensch*, der sich in dieser Frage wiederum am französischen Philosophen Merleau-Ponty orientiert. Man muss allerdings zwischen der Mathematisierung von konkreten Gegenständen und Prozessen und der Zahl als dem primären Weltzugang unterscheiden. Berechne ich die Stützmauern eines Hauses, so abstrahiere ich wohl von ästhetischen, lebenspraktischen Aspekten und den Bedürfnissen der BenutzerInnen. Diese Reduktion des Konkreten auf Zahlen ist zweifellos angebracht, soll das Gebäude nicht zusammenstürzen. Von der Entwicklung der Dampfmaschine bis zur Konstruktion von Computern beweist sich ununterbrochen die Sinnhaftigkeit dieses Verfahrens.

Davon ist ein Weltzugang zu unterscheiden, dem die Zahl zum einzigen Maß der Dinge wird. Das Reich der Vernunft beschränkt sich dann auf das Reich der Zahlen; als rational und vernünftig gilt, was sich in mathematischen Formeln darstellen und berechnen lässt. Die Zahl wird zum Fetisch, verkörpert in Rankings, IQs und Klassifikationen. Was sich nicht in Zahlen darstellen lässt, existiert nicht. Ich weiß nicht, inwieweit die AutorInnen der Broschüre *CO2 als Maß aller Dinge* mit den oben skizzierten philosophischen Denkrichtungen vertraut sind,[393] aber sie kommen zu sehr ähnlichen Schlussfolgerungen. »Der Versuch, die Wirklichkeit und ihre Widersprüche in CO2-Einheiten abzubilden und miteinander austauschbar zu machen, bringt kulturelle, symbolische und epistemische Gewalt mit sich.« (Moreno C. et al. 2016, 65) Das mag im ersten Moment etwa überzogen klingen, ist aber der Sache nach korrekt. Auch Menschen, ihr Wissen, ihr Charakter, ihre Fähigkeiten, kurzum ihre Persönlichkeit soll mit Zahlen erfasst werden. Das geschieht zum Beispiel durch die österreichische Arbeitsmarktverwaltung (AMS), die Erwerbsarbeitslose mittels eines Computerprogramms in drei Kategorien einteilt. Es ist offensichtlich, dass der reale Mensch dabei nicht erfasst wird. Ebenso wenig kann die Mannigfaltigkeit der Mensch-Natur-Verhältnisse durch Zahlen, noch dazu durch eine einzige, erfasst werden. All diese Messungen werden den Dingen nicht gerecht, weder der Natur noch dem Menschen. Genau das aber geschieht, wenn die Ppm-Zahl der CO2-Konzentration zum Maß aller Dinge wird. Alles, was aus dem Raster der CO2-Messungen herausfällt, wird gewaltsam als Nebensache abgestempelt.

Insofern macht die Aussage, CO2 zum Maß aller Dinge zu machen, führe zu »kultureller, symbolischer und epistemischer Gewalt«, durchaus Sinn. Die unbestrittene, vom IPCC über die Staatskanzleien bis zur Klimabewegung hegemoniale Orientierung ist geradezu ein Musterbeispiel für den Triumph der Mathematisierung der Natur. Auch die AutorInnen der Studie sehen sehr klar, dass die Zahl als Maß aller Dinge weit über eine bloße Berechnung der Welt hinausgeht und in praktisches Verhalten umschlagen muss. »Ein metrischer [in Zahlen messender] Verstand erfordert eine metrische Geisteshaltung, eine eigene Denkweise, mit der sich die Welt in Form von Zahlen begreifen lässt. Von zentraler Bedeutung ist dabei auch, wer misst und wer oder was vermessen wird oder wie und wozu gemessen wird.« (Moreno C. et al. 2016, 59) Aus dem Wie, Wer und vor allem dem Wozu resultiert der Fokus auf die Emissionsreduktionen, alles andere kann nur Beiwerk sein. Die Doppelbedeutung des Wortes »Nenner« als mathematischer Fachausdruck

---

[393] Sie beziehen sich offenbar primär auf Werner Sombart und Eve Chiapello, die aus anderen Denktraditionen kommen.

wie auch als primäres Ziel des Handelns erlaubt die Aussage: Entscheidend ist, dass alle Maßnahmen gegen die Klimaveränderung auf einen gemeinsamen Nenner gebracht werden können.

Das kennen wir doch

Aber warum ist uns die Thematisierung der Welt durch einen einzigen Maßstab so vertraut? Warum scheint es einzuleuchten, dass CO_2 tatsächlich das Maß aller Dinge ist, jene Zahl, deren Minderung nicht nur den Planeten rettet, sondern zahlreiche Probleme wie Hunger, Krieg, Krankheiten, wirtschaftliche Krisen, schwindende Artenvielfalt usw. angeblich entschärft? Weil es diese Zahl schon längst gibt und wir tagtäglich damit rechnen. Es ist das Geld, das Maß aller Dinge. Eine Wiese ist keine Wiese, sondern ein Grundstück mit Marktwert. Eine Kuh ist keine Kuh, sondern einige Kilogramm Fleisch mit unterschiedlicher Qualität, die unterschiedliche Preise ermöglichen. Die bunte Warenwelt ist in Wirklichkeit nur Träger von Geldwerten. Marx zeigt gleich zu Beginn seines Hauptwerkes *Das Kapital*, dass alle Dinge an einem einzigen Maßstab gemessen werden. Es ist dies sehr vereinfacht gesagt das Geld; alles hat so seinen Preis. Doch dabei bleibt es nicht, der Zweck des Kapitals besteht darin, sich zu vermehren, aus Geld noch mehr Geld zu machen. Unter diesem Gesichtspunkt verwandelt sich alles in Geldwerte, die als solche in die Kalkulation eingehen. Auch die Menschen werden so zu Kostenfaktoren. Das Kapital prüft die Arbeitskraft und versucht sie Gewinn maximierend einzusetzen.

Die Homologie zwischen CO_2 als Maß aller Klimadinge und dem Geld als Maß aller Wirtschaftsdinge ist verblüffend. Sowohl die CO_2-Monisten wie auch die KapitalbesitzerInnen behandeln die Dinge, Menschen, Landschaften, Wälder und Wiesen, als wäre ihr wahres Wesen eine Zahl. Es ist derselbe Weltzugang, der sich von der bunten Oberfläche der Dinge nicht täuschen lässt und auf den Rechengrößen als ihren wirklichen, entscheidenden Kern beharrt. Das Konkrete wird dem Abstrakten untergeordnet. Man weiß, in Wirklichkeit besteht die Welt aus Zahlen. Ist das Kapital daran interessiert, wie profitabel die Produktion ist und welche Waren sich besonders gut verkaufen, so fragen die Alarmisten danach, was sich besonders gut zur Emissionssenkung eignet und was nicht. Einen Unterschied gibt es jedoch: Die

Prinzipien stehen in einem reziproken Verhältnis zueinander. Vom einen soll es möglichst wenig, vom anderen möglichst viel geben. Aber auch hier zeigt sich eine geradezu verblüffende Wahlverwandtschaft. Beide Kalküle, das Weniger des einen und das Mehr des anderen, tendieren zu einer schrankenlosen Umsetzung. Widerstand soll nicht geduldet werden. Wer sich der Rationalität der Berechnung nicht unterordnet, wird moralisch verurteilt und mit Zwangsmaßnahmen bedroht. Profit wird ohne zu zögern auch mit Gewalt herausgepresst. Ebenso zögern nicht wenige innerhalb der Klimabewegung für Zwangsmaßnahmen zu plädieren, manche erwägen sogar eine Klimadiktatur.

Es ist eine Illusion zu meinen, die *Reduktion* des CO_2-Gehalts stünde im Widerspruch zur *Vermehrung* des Geldes. Entweder das eine oder das andere? Es gibt wohl Stimmen aus der Wirtschaft, die befürchten, der Green New Deal würde zu höheren Rohstoff- und Energiepreisen führen, die die Wettbewerbsfähigkeit ihres Geschäftes mindern würden. Ebenso gibt es innerhalb der Klimabewegung Strömungen, die fest davon überzeugt sind, die Reduktion von CO_2 sei mit dem Kapitalismus nicht zu machen. Das mag im Detail zutreffen, aber in Wahrheit harmonieren beide Kalküle bestens miteinander. Beiden ist die reale, raumzeitliche Welt nur das Mittel, nicht der Zweck. Es vereint derselbe Weltzugang, nämlich die konkrete, raumzeitliche Mannigfaltigkeit einem einzigen Maß zu unterwerfen. Man sollte herrschende Kreise nicht unterschätzen. Was sich aus der Perspektive eines kleinen mittelständigen Unternehmens als Problem darstellen mag, so man nicht in der Sparte der erneuerbaren Energieproduktion tätig ist, stellt sich aus der Perspektive der großen Konzerne als Chance dar. Das Kapital hat längst begriffen, dass sich die Steigerung des Profits wunderbar in die Senkung von CO_2 fügt. Es kann im Prinzip, sich einem einzigen Maß aller Dinge zu verschreiben, nichts Bedrohliches finden, es ist doch auch sein Prinzip: Die vielfältigen Interessen und Bedürfnisse der Menschen sollen den Berechnungen untergeordnet werden. Erklären die einen höhere Löhne als wirtschaftlich schädlich und günstige Wohnungen als ökonomisch unvernünftig, so die anderen das Bedürfnis nach einer warmen Wohnung oder gar nach Fernreisen als unverantwortlich und klimaschädlich. Das eigene Prinzip der Verwandlung der Welt in das Maß aller Dinge, den Preisen einerseits und der CO_2-Emission andererseits, soll gesellschaftlich verpflichtend werden. Die Menschen haben sich dem Kalkül der Zahlen zu unterwerfen.

Literatur

Alexander, Ralph (2023) *Wetterextreme: Der Kurswechsel des IPCC,* https://www.thegwpf.org/publications/wetterextreme-der-kurswechsel-des-ipcc

Alimonti G. et al. (2022) *A critical assessment of extreme events trends in times of global warming,* https://www.researchgate.net/publication/357805134_A_critical_assessment_of_extreme_events_trends_in_times_of_global_warming

Andela N. et al. (1017) *A human-driven decline in global burned area,* https://www.science.org/doi/10.1126/science.aal4108

Andreasen R. et al. (2023) *Change in Antarctic ice shelf area from 2009 to 2019,* https://tc.copernicus.org/articles/17/2059/2023/

Aristoteles, (1972) *Nikomachische Ethik,* übersetzt und herausgegeben von Olof Gigon

Artus, Ingrid (2023) *Proteste gegen die Verlängerung der Lohnarbeit. Ein Pariser Demonstrationstagebuch,* Sozial.Geschichte Online, https://sozialgeschichte-online.org/2023/08/14/proteste-gegen-die-verlangerung-der-lohnarbeit-ein-pariser-demonstrationstagebuch/

Bates J. R. (2021) *Polar Sea Ice and the Climate Catastrophe Narrative,* https://www.thegwpf.org/content/uploads/2021/12/Bates-Sea-Ice-Trends.pdf?mc_cid=7a3485fd02&mc_eid=c4b2833fdd

Blühdorn, Ingolfur (2008) *Klimadebatte und Postdemokratie. Zur gesellschaftlichen Bewältigung der Nicht-Nachhaltigkeit,* https://www.files.iwm.at/uploads/Transit36_Bl%C3%BChdorn.pdf

Blühdorn, Ingolfur et al. (2020) *Nachhaltige Nicht-Nachhaltigkeit. Warum die ökologische Transformation der Gesellschaft nicht stattfindet,* Bielefeld

Bohnstingl, René; Obermayr, Linda Lilith; Reitter, Karl (2023) *Corona als gesellschaftliches Verhältnis. Brüche und Umwälzungen im kapitalistischen Herrschaftssystem,* Kassel

Cedillo, Raúl Sánchez (2023) *Dieser Krieg endet nicht in der Ukraine,* Wien, Linz, Berlin, London, Málaga, Zürich

Connolly, Ronan et al. 2021 *How much has the Sun influenced Northern Hemisphere temperature trends? An ongoing debate,* https://iopscience.iop.org/article/10.1088/1674-4527/21/6/131/pdf

Cook J. et al. (2013) *Quantifying the consensus on anthropogenic global warming in the scientific literature,* https://iopscience.iop.org/article/10.1088/1748-9326/8/2/024024

Council on Environmental Quality (Hg.) (1980) *Global 2000. Bericht an den Präsidenten,* Frankfurt am Main

Davis, E. D. et al. (2023) *Suppressed basal melting in the eastern Thwaites Glacier grounding zone,* https://www.nature.com/articles/s41586-022-05586-0

Ganteför, Gerd (2012) *Klima. Der Weltuntergang findet nicht statt,* Weinheim

Graham G. C. et al. (2022) *Rapid retreat of Thwaites Glacier in the pre-satellite era,* https://www.nature.com/articles/s41561-022-01019-9

Hegerl, C. et. al (1996) *Detecting Greenhouse-Gas-Induced Climate Change with an Optimal Fingerprint Method,* https://www.researchgate.net/publication/259063016_Detecting_Greenhouse-Gas-Induced_Climate_Change_with_an_Optimal_Fingerprint_Method

Hong X. et al. (2017) *A global-scale investigation of trends in annual maximum streamflow*, https://www.sciencedirect.com/science/article/abs/pii/S0022169417304171

Horton, Benjamin P. et al. (2014) *Expert assessment of sea-level rise by AD 2100 and AD 2300*, https://www.researchgate.net/publication/259123765_Expert_assessment_of_sea-level_rise_by_AD_2100_and_AD_2300

Ionita, M. et al., (2021) *Past megadroughts in central Europe were longer, more severe and less warm than modern droughts'* Commun. Earth Environ., 2:61, 1–9 *(2021)*, https://doi.org/10.1038/s43247-021-00130-w

IPCC (2021a) *Klimawandel 2021, Naturwissenschaftliche Grundlagen. Zusammenfassung für die politische Entscheidungsfindung*, https://portal-cdn.scnat.ch/asset/bce9d3cf-33e0-54c1-a001-146bed1507fe/AR6-WGI-SPM_de.pdf?b=d267c0f5-8481-595b-a4f7-b408bc386507&v=1d9ab1c4-c0b2-58e3-9dbf-3a5ccc99dfad_0&s=aaODKx3wBT_nBG2-aCfCKKfO7EuFs5YwSouWam6xNfnvjHo-oAjDwQmwf3uGiSXPNYnygZRVfBuirofUOjIqmzpz_weImXz6eROAhtElCWDfw7qgkqSz3cAowzr29SMs3iFexyGgJJtAwGFvzZ46k40PQoOYnDeKUHhhVkeLN_w

IPCC (2021b) *Climate Change Physical Science Basis*, https://www.ipcc.ch/report/ar6/wg1/

IPCC (2021c) *Weather and Climate Extreme Events in a Changing Climate*, Kapitel 11 des Climate Change – Physical Science Basis Reports, https://www.ipcc.ch/report/ar6/wg1/downloads/report/IPCC_AR6_WGI_Chapter11.pdf

IPCC (2023a) *Climate Change Synthesis Report, Summary for Policymakers*, https://report.ipcc.ch/ar6syr/pdf/IPCC_AR6_SYR_SPM.pdf

IPCC (2023b) *Synthesebericht zum Sechsten IPCC-Sachstandsbericht (AR6)*, https://www.de-ipcc.de/media/content/Hauptaussagen_AR6-SYR.pdf

Jappe, Anselm (2023) *Beton. Massenkonstruktionswaffe des Kapitalismus*, Wien

Kalt, Tobias (2022) *Kämpfe für Klimagerechtigkeit*, In: Handbuch Politische Ökologie, Daniela Gottschlich, Sarah Hackfort, Tobias Schmitt. Uta von Winterfeld (Hg.), 173–182, Bielefeld

Kench S. et al. (2018) *Patterns of island change and persistence offer alternate adaptation pathways for atoll nations*, https://www.nature.com/articles/s41467-018-02954-1

Krauß, Werner; von Storch, Hans (2013) *Die Klimafalle: Die gefährliche Nähe von Politik und Klimaforschung*, München

Kriegler Elmar et al. (2009) *Imprecise probability assessment of tipping points in the climate system*, https://www.pnas.org/doi/10.1073/pnas.0809117106

Lenton, Timothy M. et al. (2008) *Tipping elements in the Earth's climate system*, https://www.pnas.org/doi/10.1073/pnas.0705414105

Lightfoot, H. D.; Mamer, O. A. (2014) *Calculation of Atmospheric Radiative Forcing (Warming Effect) of Carbon Dioxide at Any Concentration*, https://www.researchgate.net/publication/279284206_Calculation_of_Atmospheric_Radiative_Forcing_Warming_Effect_of_Carbon_Dioxide_at_Any_Concentration

Ljungqvist, F. C. et al. (2020) *Climate and society in European history*, https://wires.onlinelibrary.wiley.com/doi/full/10.1002/wcc.691

Loehle, C. et al. (2020) *Hurricane trend detection*, https://www.researchgate.net/publication/343589123_Hurricane_trend_detection

Lomborg, Bjørn (2009) *Cool it, Warum wir trotz des Klimawandels einen kühlen Kopf bewahren sollten*, München

Lüning, Sebastian; Vahrenholt Fritz (2021) *Unerwünschte Wahrheiten. Was Sie über den Klimawandel wissen sollten*, München

Lüning, Sebastian; Vahrenholt Fritz (2021b) *Unanfechtbar? Der Beschluss des Bundesverfassungsgerichtshofs zum Klimaschutz im Faktencheck.* München

Lüthi, Alfred (1978) *Zermatt und die Hochalpenpässe*, Buchdruckerei Tscherrig

Marx, Karl (MEW 19) *Kritik des Gothaer Programms*, Seite 13–32, Berlin

Marx, Karl (MEW 23) *Das Kapital*, Band 1. Berlin

Marx, Karl (MEW 25) *Das Kapital* Band 3, Berlin

Masselot Pierre et al. (2023) *Excess mortality attributed to heat and cold: a health impact assessment study in 854 cities in Europe*, https://www.thelancet.com/journals/lanplh/article/PIIS2542-5196(23)00023-2/fulltext

Mccrann, M. et al. (2018) *Sea Levels In A Changing Climate*, https://www.researchgate.net/publication/325012781_Sea_Levels_In_A_Changing_Climate

Meadows Dennis, Meadows Donella, Zahn Erich, Milling, Peter (1994) *Die Grenzen des Wachstums: Bericht des Club oft Rome zur Lage der Menschheit*, 16. Auflage, Stuttgart, zitiert als (Meadows et al. 1994)

Millán L., et al. (2022) *The Hunga Tonga-Hunga Ha'apai Hydration of the Stratosphere*, https://agupubs.onlinelibrary.wiley.com/doi/full/10.1029/2022GL099381

Miyahara, H. et al. (2021) *Gradual onset of the Maunder Minimum revealed by high-precision carbon-14 analyses*, https://www.nature.com/articles/s41598-021-84830-5

Moreno Camila; Speich Chassé, Daniel; Fuhr, Lili (2016) *CO2 als Maß aller Dinge. Die unheimliche Macht von Zahlen in der globalen Umweltpoliti*, Heinrich Böll Stiftung, Schriften zur Ökologie, Band 42

Moreno, Camila; Speich Chassé, Daniel; Fuhr, Lili (2016) *CO 2 als Maß aller Dinge*, Herausgegeben von der Heinrich-Böll-Stiftung

Rahmstorf, Stefan; Schellnhuber, Joachim (2019) *Der Klimawandel*, München

Resch, Christine; Steinert, Heinz (2011) »Kapitalismus, Porträt einer Produktionsweise.«, 2. Auflage, Münster

Sarwar, G.M. (2013) *Sea-Level Rise Along the Coast of Bangladesh*, https://www.researchgate.net/publication/290462338_Sea_Level_Rise_Along_the_Coast_of_Bangladesh

Servigne, Pablo; Stevens Raphaël (2022) *Wie alles zusammenbrechen kann*, Wien

Singh, Hansi A.; Polvani, Lorenzo M. (*Low Antarctic continental climate sensitivity due to high ice sheet orography* https://www.nature.com/articles/s41612-020-00143-w

Spencer, Roy W; Christy, John R. (2023) *Effective climate sensitivity distributions from a 1D model of global ocean and land temperature trends, 1970–2021*, https://link.springer.com/article/10.1007/s00704-023-04634-7

Stefani, Frank (2021) *Solar and Anthropogenic Influences on Climate: Regression Analysis and Tentative Predictions*, https://www.mdpi.com/2225-1154/9/11/163

Sterner, Michael (2023) *So retten wir das Klima*, München

Turco M. et al. (2016) *Decreasing Fires in Mediterranean Europe*, https://journals.plos.org/plosone/article?id=10.1371/journal.pone.0150663

Turner J. et. al. (2016) *Absence of 21st century warming on Antarctic Peninsula consistent with natural variability*, https://www.nature.com/articles/nature18645?error=cookies_not_supported&code=672cdf6c-b5ae-4115-833c-62bdc7f3b342

van Westen M. R. et al. (2021) *Ocean eddies strongly affect global mean sea-level projection*, https://www.researchgate.net/publication/350774270_Ocean_eddies_strongly_affect_global_mean_sea-level_projections/link/6082f5e08ea909241e1ebf85/download

van Wijngaarden, W. A.; W. Happer (2019) *Infrared Forcing by Greenhouse Gases*, http://www.cadelange.nl/cawp/wp-content/uploads/2022/04/Infrared-Forcing-by-Greenhouse-Gases-2019-Revised-3-7-2022_long_version.pdf

van Wijngaarden, W. A.; W. Happer (2020) *Dependence of Earth's Thermal Radiation on Five Most Abundant Greenhouse Gases*, https://www.researchgate.net/publication/341997882_Dependence_of_Earth%27s_Thermal_Radiation_on_Five_Most_Abundant_Greenhouse_Gases

von Storch, Hans (2023) *Der Mensch-Klima-Komplex*, Bonn

Welzbacher, Christian (2011) *Architekturkritik*, in: W. Sonne (Hg.) Die Medien der Architektur, München, Seite 231–244

West, Andy A. (2023) *The Grip of Culture. The Socialpsychology of Climate Change Catastrophism*, Published by The Global Warming Policy Foundation

Wilson, D.; Gea-Banacloche, J. (2012) *Simple model to estimate the contribution of atmospheric CO2 to the Earth's greenhouse effect*, https://www.researchgate.net/publication/258606621_Simple_model_to_estimate_the_contribution_of_atmospheric_CO2_to_the_Earth's_greenhouse_effect

Yongjing. M. et al. (2021) *Efficient measurement of large-scale decadal shoreline change with increased accuracy in tide-dominated coastal environments with Google Earth Engine*, https://www.sciencegate.app/document/10.1016/j.isprsjprs.2021.09.021

Zeller, Christian (2023) *Fossile Gegenoffensive – Grüner Kapitalismus ist nicht in Sicht*, in Emanzipation – Zeitschrift für ökosozialistische Strategie, https://emanzipation.org/2023/08/fossile-gegenoffensive-gruener-kapitalismus-ist-nicht-in-sicht/

Zharkova, Valentina (2020) *Modern Grand Solar Minimum will lead to terrestrial cooling*, https://www.ncbi.nlm.nih.gov/pmc/articles/PMC7575229/

Zhong, W.; Haigh, D. J. (2013) *The greenhouse effect and carbon dioxide*, Imperial College London, https://www.researchgate.net/publication/258816506_The_greenhouse_effect_and_carbon_dioxide